仨源论与仨源易经
Trialism and IChing

王礼强 著

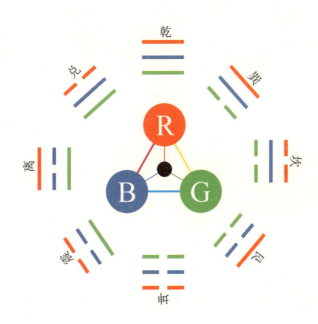

东南大学出版社
SOUTHEAST UNIVERSITY PRESS

图书在版编目(CIP)数据

仁源论与仁源易经/王礼强著. —南京:东南大学出版社,2014.10
ISBN 978-7-5641-5117-1

Ⅰ.①仁… Ⅱ.①王… Ⅲ.①哲学—思维方法—研究②《周易》—研究 Ⅳ.①B02②B80③B221.5

中国版本图书馆 CIP 数据核字(2014)第 178944 号

仁源论与仁源易经

出版发行	东南大学出版社
社　　址	南京市四牌楼 2 号　邮编　210096
出 版 人	江建中
网　　址	http://www.seupress.com
电子邮箱	press@seupress.com
经　　销	全国各地新华书店
印　　刷	南京顺和印刷有限责任公司
开　　本	700mm×1000mm　1/16
印　　张	20.25
字　　数	362 千
版　　次	2014 年 10 月第 1 版
印　　次	2014 年 10 月第 1 次印刷
书　　号	ISBN 978-7-5641-5117-1
定　　价	99.00 元

本社图书若有印装质量问题,请直接与营销部联系。电话(传真):025-83791830

感　　恩

我要衷心地感谢我的初中物理老师罗智安先生,尽管他已经不在人世,因为没有他的呵护和关怀,就没有我的今天,更不会写出《仨源论与仨源易经》这本书,因为是他第一次告诉我:五彩缤纷的世界是由三原色形成的。

我要衷心地感谢我的高中物理老师程根信先生,由于他教学有方,使我对物理科学一直保持着浓厚的兴趣。在高考中,由于对同位素(氕、氘、氚)概念缺乏深刻的理解,使我丢失了一分没有取得满分,至今还记忆犹新。正是因为这一分,使我不得不记住中子在同位素(氕、氘、氚)中的重要性,也是我在本书中提出"仨性论"的重要思想来源之一,也是我坚信"中性"的伟大和重要的原因之一。

我要衷心地感谢我的大学电工原理老师王瑞禹先生,尽管他已经不在人世。由于他的鼓励和关心,使我勇敢地放弃推荐参加考研才得以获得公派留学法国。由于我们师生之间无拘无束地对电场和磁场的深入研讨,使我第一次冥冥中感到:"场"和"势"既不是物质也不是精神,应该是某个第三"元"。这也是我在本书中提出"仨元论"的重要思想来源。

我要衷心地感谢经常给我指点迷津的茅山道士高正宏先生,使我喜欢上中国的道教文化,初次了解《周易》。

我要衷心地感谢给我健康的著名老中医——南通医学院教授朱良春先生和安徽大地的中医三剑客(小杨,小伍和小任)。因为是他们让我认识到中国的中医文化博大精深,是他们让我知道中医有三宝:中草药、针灸和气功,也是他们让我开始研究古典的《阴阳五行论》。只有充分了解和理解了《阴阳五行论》,我才感悟到要写"仨行论"的必要。

我要衷心地感谢我的法国同学和好友 Yves BARLIER 和 Gille 先生，通过与他们的交流和讨论，使我能更好地理解笛卡儿的《二元论》和西方人的"三位一体论"，为我的《仁源论》研究提供了非常宝贵的建议和案例。

我要衷心地感谢给我鼓励和认可的南京大学哲学系教授胡大平先生，他期望我把《仁源论》这颗宝贝大树的根系保养好，并逐步让它枝叶繁茂，繁花似锦，硕果累累。

需要感谢的人很多，在此就不一一致谢了，不过我还是要谢谢我的助理孙洁女士和我的大学同学陈书贵先生，为本书提供了许多宝贵的修改建议；尤其需要特别感谢的是，东南大学出版社的张丽萍编辑，她用科学哲学的精神，勤奋、好学和细致的工作态度，以及丰富的职业经验，为本书的结构优化和润色做出了再创性的贡献。

在纪念邓小平诞辰 110 周年之际，我要向他老人家致敬，衷心地感谢这位伟大的改革开放总设计师。因为没有邓小平的解放思想，我就不可能上高中和大学，更不可能公派出国留学。同时，也要感谢伟大的祖国和人民对我的培养和教育。

最后，我要感谢生我养我的父母，因为没有他们就没有我，他们的勤劳和真诚以及他们对我的期待和激励影响了我的一生。同时，我也要感谢我的三个孩子王庭昀、王子源和王子阳对老爸的支持和期待，也希望这本书的出版能让他们受到激励更上一层楼。

王礼强

目 录

引言 ·· 1

上篇 仨源论

第一章 思想之源 ·· 8
人生的感悟 ·· 8
儿时的困惑:人为什么是老三 ···················· 8
少时的疑问:为什么色彩世界只有三原色 ···· 9
真有阴阳人 ··· 10
人生坐标在哪里 ······································ 11
公平在哪里 ··· 12
"三"的数字吉利吗 ·································· 14

传统文化的启迪 ·· 15
老子的"三生万物"是什么意思 ················ 15
为什么批孔的关键是批中庸之道 ·············· 15
八卦中的三爻(yáo)是什么 ····················· 16

"三"的哲学极致 ·· 16
"三"是中是和 ·· 16
"三"是少当中的最多 ····························· 17
"三"是多当中的最少 ····························· 17
"三"是拐点,是起点,也是终点 ·············· 18

三分法比二分法更科学 ······························ 18
三分法最高效 ··· 19
三分法比二分法更能把握事物的运动方向 ·· 19

  有些属性的确定只能采用三分法 ················ 20
  天下和世界也是三分的 ························ 21

第二章　何谓"存在"和"仨源" ························ 24
 何谓"存在" ·· 24
  存在的定义 ···································· 24
  存在的状态 ···································· 24
  存在的种类 ···································· 25
 何谓"仨源" ·· 26
  仨源的定义 ···································· 26
  仨源三维坐标体系 ······························ 27
  仨源体 ·· 29
  仨源函数 ······································ 31
  如何确定"存在"的存在 ·························· 32
  时原 ·· 33
  度原 ·· 33
  本原 ·· 34
 不同层面的仨源 ···································· 35

第三章　时原中的仨源 ································ 36
 时间段与时期 ······································ 36
 间隙与脉动 ·· 37
 周期与传代 ·· 38

第四章　度原中的仨源 ································ 40
 度量及其类型 ······································ 40
  标量 ·· 40
  矢量 ·· 41
  积量 ·· 41
 度量仨源定律 ······································ 41

标量仨源定律 · 41
　　矢量仨源定律 · 43
　　积量仨源定律 · 45

第五章　本原中的仨源 · 47
　本原论 · 47
　　一元论(monism) · 47
　　笛卡儿二元论(dualism) · 48
　　仨元论(trialism) · 48
　本质论 · 50
　　西方始基论 · 50
　　东方五行论 · 53
　　仨行论 · 54
　本性论 · 58
　　一性论 · 58
　　老子的二性论 · 58
　　仨性论 · 59

中篇　仨源易经

第六章　《周易》及其成因成谜 · 64
　《周易》概述 · 64
　　周易八卦 · 64
　　周易六十四卦 · 68
　《周易》成因成谜 · 70

第七章　何谓"变化"和"仨源之变" · 71
　显隐之变 · 71
　仨源之变 · 72
　量变和质变 · 73

第八章　仨易八卦 ····· 75
美女招亲哥仨动心（上） ····· 75
仨易八卦的定义 ····· 76
仨易八卦源于仨源显隐之变 ····· 78
案例：三原色的仨易八卦 ····· 78

第九章　仨易八卦卦象的吉凶排序 ····· 80
仨易八卦卦象的界定 ····· 80
仨易八卦卦象的吉凶排序 ····· 81
仨易八卦卦象的吉凶代码 ····· 82

第十章　仨易六十四卦 ····· 84
美女招亲哥仨动心（下） ····· 84
仨易六十四卦的定义 ····· 86
仨易六十四卦源于仨源之变 ····· 87
　　用仨性论推演六十四种组合 ····· 95
　　用仨源度量计算推演六十四种组合 ····· 99
　　仨易卦象和仨码的定义 ····· 100
仨易六十四卦包含仨源之间的相生相克 ····· 101
　　从仨易卦象中找仨源之间的相生相克 ····· 101
　　从仨码中找仨源之间的相生相克 ····· 102
　　仨易卦象与仨源之间相生相克的对应关系表 ····· 104
仨易六十四卦包含内外变因八卦 ····· 112

第十一章　仨易六十四卦卦象的吉凶排序 ····· 115
卦象吉凶排序的推演计算 ····· 115
卦象的吉凶排序 ····· 123

第十二章　仨源易经对弈周易 ····· 132
仨源易经破解周易成因之谜 ····· 132

破解周易八卦的成因·· 132
　　破解周易六十四卦的成因·· 134
　仨源易经与周易的比较··· 144
　　仨易八卦对弈周易八卦·· 144
　　仨易六十四卦对弈周易六十四卦····································· 146

下篇　应用指南

第十三章　使用仨源易经进行科学预测的方法······················· 158
　寻找和确定问题的"仨源"·· 158
　　案例1：刘滨谊教授的景观设计三元论································ 160
　分析问题可能的表现方式·· 160
　　案例2：民主可能呈现的八种方式···································· 161
　　案例3：处事之道可能呈现的八种方式································ 161
　用六种方法获取仨易卦象·· 162
　　占卜法··· 163
　　　方法F1：占卜仨易八卦的卦象··································· 163
　　　方法F2：占卜仨易六十四卦的卦象······························· 164
　　科学分析法··· 165
　　　方法F3：从仨源显隐状态推理仨易八卦的卦象······················ 165
　　　方法F4：从仨源之变推理仨易六十四卦的卦象····················· 167
　　　方法F5：从仨源相生相克关系推理仨易六十四卦的卦象·············· 168
　　　方法F6：从内外变因推理仨易六十四卦的卦象····················· 169
　根据卦象分析形势预测吉凶·· 170
　　仨易八卦的卦象分析··· 171
　　仨易六十四卦的卦象分析··· 172
　科学预测案例分析·· 175
　　预测事物的发展趋势··· 175
　　　案例4：学生素质的提高问题···································· 176
　　预测与对手的竞争优势··· 177

　　　　案例5：在招标中如何确定与对手的竞争优势 ·············· 177
　　预测与伙伴的合作前景 ·············· 178
　　　　案例6：预测爱情的前景和吉凶 ·············· 178
　　　　案例7：预测合资企业的前景和吉凶 ·············· 179
　　预测多极世界的形势和吉凶 ·············· 181
　　　　案例8：预测"美、中、日"三角关系所产生的吉凶 ·············· 181
　　判断个体与群体的融洽度 ·············· 184
　　　　案例9：调查部门经理在团队中的融洽度 ·············· 185

第十四章　科学研究的案例应用 ·············· 187
案例1：色彩世界 ·············· 187
　　光源色彩 ·············· 187
　　　　光源色彩的仁源 ·············· 188
　　　　光源色彩的仁易八卦 ·············· 188
　　　　光源色彩的仁易六十四卦 ·············· 189
　　颜料色彩 ·············· 193
　　　　颜料色彩的仁源 ·············· 194
　　　　颜料色彩的仁易八卦 ·············· 194
　　　　颜料色彩的仁易六十四卦 ·············· 195
　　视觉色彩 ·············· 195
　　　　视觉的仁源 ·············· 196
　　　　视觉的仁易八卦 ·············· 196
　　　　视觉的仁易六十四卦 ·············· 197
案例2：性别与性取向 ·············· 197
　　性别基因的仁源 ·············· 198
　　性别基因的仁易八卦 ·············· 199
　　性取向的仁易八卦 ·············· 200
　　性配对的仁易六十四卦 ·············· 201
案例3：血型世界 ·············· 201
　　血型世界的仁源 ·············· 202

血型外相的仨易八卦 ································ 202
　　血型配对的仨易六十四卦 ··························· 203

第十五章　提升生活质量的案例应用 ·············· 204
案例 4：爱情 ·· 204
　　爱情的仨源 ·· 204
　　爱情的仨易八卦 ···································· 205
　　爱情的仨易六十四卦 ······························· 208
案例 5：处事之道 ······································ 209
　　处事之道的仨元 ···································· 210
　　处事之道的仨易八卦 ······························· 210
　　处事之道的仨易六十四卦 ·························· 212
案例 6：需求 ·· 213
　　需求的仨源 ·· 214
　　需求的仨易八卦 ···································· 215
　　满足需求的仨易六十四卦 ·························· 216
案例 7：追求 ·· 216
　　西方人权 ··· 217
　　东方三星 ··· 219
　　东西世俗 ··· 221
案例 8：养生 ·· 223
一般养生 ·· 223
　　一般养生的仨源 ···································· 224
　　一般养生的仨易八卦 ······························· 224
狭义的养生——初级养生 ···························· 225
　　养身的仨行 ·· 226
　　养身的仨易八卦 ···································· 226
　　养身的仨易六十四卦 ······························· 227
广义的养生——高级养生 ···························· 228
　　高级养生的仨源 ···································· 228

高级养生的仁易八卦 ·· 229

　　　高级养生的仁易六十四卦 ······································· 229

　养精 ·· 230

　　　养精的仁源 ·· 230

　　　养精的仁易八卦 ·· 231

　　　养精的仁易六十四卦 ··· 231

　养神 ·· 232

　　　养神的仁源 ·· 232

　　　养神的仁易八卦 ·· 233

　　　养神的仁易六十四卦 ··· 233

　养气 ·· 234

　　　养气的仁源 ·· 234

　　　养气的仁易八卦 ·· 235

　　　养气的仁易六十四卦 ··· 235

第十六章　企业经营和管理的案例应用 ························· 236

　案例9：合作共赢 ··· 236

　　　合作利益的仁源 ·· 236

　　　合作利益的仁易八卦 ··· 237

　案例10：企业经营 ··· 238

　　　企业 ·· 238

　　　企业经营 ·· 240

　　　企业资源 ·· 242

　　　企业业务 ·· 243

　　　企业制度 ·· 245

　　　企业供给 ·· 247

　　　市场需求 ·· 249

　　　市场营销 ·· 251

　　　竞标策划 ·· 252

　　　推广策划 ·· 254

    渠道策划 ·· 256

案例 11：项目投标 ·· 258
    对目标项目真实性的确定 ································· 258
    对项目投标的整体谋划 ··································· 260
        前期战略分析 ······································ 261
        中期战术谋划 ······································ 263
        后期管控执行 ······································ 269

附 录

附录一：仨易和周易八卦查询表 ·························· 274
    仨易八卦的定义表 ······································· 274
    仨易八卦的吉凶表 ······································· 275
    仨易和周易八卦的卦辞表 ································· 276

附录二：仨易和周易六十四卦查询表 ······················ 277
    仨易六十四卦的定义表 ··································· 277
    仨易六十四卦的相生相克表 ······························· 285
    仨易六十四卦的内因外因表 ······························· 293
    仨易和周易六十四卦的吉凶表 ····························· 295
    仨易和周易六十四卦的卦辞表 ····························· 303

参考文献 ··· 309

后记 ··· 310

引　言

这是一本用自己三十多年来点点滴滴的感悟、思考和积累,历时五年时断时续笨拙地笔耕而成的处女之作。

全书在对古今中外的传统哲学思想做了"加、减、乘、除"运算的基础上,通过科学推导与论证形成了自己的理论体系——《仨源论与仨源易经》,这是一种全新的世界观和方法论,把各种复杂的问题简单化和科学化,使看似无从预测的变化变得有规可循、有据可依、有方可测,真正起到了"前续古人,后启来者"的作用。

1. 聚合中国传统《五行论》"金、木、水、火、土"中的"金、木、土",形成了"仨行论"的"火、水、鋜(jù)"。

2. 将中国的道家老子的"阴、阳"《二性论》发展为"阴、阳、中"的"仨性论"。

3. 把中国的圣人孔子的"仁"字思想发展为"仨"字思想;并提出世间的关系不只是两两关系而是三角关系。

4. 在法国哲学家笛卡儿的《二元论》"物质和精神"的基础上,增加了另外一个独立"能"元,形成了"仨元论"的"质、神、能"。

5. 把基于阴、阳两分法的《周易》发展为基于三分法的《仨源易经》。

书中提出并解决了以下三大难题:

第一,世界是几元的? 也就是"存在"的本体是一元的、二元的还是三元的?

第二,"存在"的变化有规可循吗?《仨源易经》能否反映这种"变化"的规律?

第三,两个"存在"之间的匹配,应该遵循的,是基于两分法的阴阳八卦与六十四卦? 还是基于三分法的仨源八卦与六十四卦? 哪一个更科学?

本书科学地证明了任何层面的世界都是由三个相互独立而又相互作用的仨源(即三元)所形成,即我们所属的世界,要么是对立和中立所形成的统一的仨源世界,要么是你、我、他(锤、剪、布)所形成的三集世界,要么是"八仙过海,各显神通"的三原色所形成的五彩缤纷的色彩世界。从而得出结论:一切"存在"的内核,既不是老子的阴阳鱼,也不是孔子的"仁",而是"仨",从而形成自己的理论体系《仨源论》。

本书利用数学组合和生物学显隐等原理,科学地推导并证明了一切"存在"的变化都是有规可循的,"存在"的质变就是"存在"中的仨源(三元)所形成的八卦,"存在"的量变加质变就是"存在"中的仨源所形成的六十四卦。从而得出结论:"仨源"是一切存在的内核,"仨易八卦"是存在的外显形式(外相),而"仨易六十四卦"则是存在与时俱进的可能变化方式。我们的世界是不断变化和与时俱进的;我们的发展趋势和处境是由"仨易六十四卦"的卦象决定的。《仨源易经》确实能科学地反映一切"存在"的变化规律,为我们研究、推广、使用和复兴中华经典《周易》提供了宝贵的科学依据。

本书还科学地阐明了两个"存在"之间的匹配是否合适,其实质就是由这两个"存在"的八卦与八卦相匹配而形成的六十四卦的吉凶排序所决定的。基于两分法的阴阳八卦与六十四卦不能体现吉凶排序,只有基于三分法的仨源八卦与六十四卦才能体现吉凶排序。因此,后者比前者更能科学地预测。为了与基于两分法的《周易》(或《易经》)区分,本书命名其叫《仨源易经》。通过科学推导的以《仨源论》为基础的《仨源易经》不但提升了《周易》的科学性与应用性,而且让一直以来神秘莫测的古代《周易》揭开了神秘的面纱,是对中国传统文化经典《周易》的重大突破与发展。

写作本书时,也有不少重大发现:

首先,通过对《仨源论与仨源易经》的研究,我们发现了周易八卦和周易六十四卦的成因,并帮助我们阐明了传统《周易》的实质和成因。

其次,我们发现了周易八卦卦象中的"三爻"就是"仨行论"中的"仨源";周易六十四卦卦象中的"六爻"就是仨源——天、地、人之间的相互作用。

再次,通过《仨源易经》的科学推导,对周易六十四卦卦象重新进行了排序,形成了一个有固定顺序的吉凶排序。

最后,通过对"周易六十四卦"卦象卦辞按照《仨源易经》的顺序重新进行排序,恰好反映了一个王朝的衰退和另一个王朝的兴起。

本书既强调哲理的逻辑性,又追求哲理的科学性和缜密性,更追求哲理的实用性。主要体现在:

1. 在对《仨源论》的推理论述过程中,本书采用了先立论再推论,并大量采用了数学和物理公理。

2. 在对《仨源易经》的推理论述中,本书不仅采用了数学中的排列组合概念,还运用了生物学的显隐性等原理。

3. 为了通俗易懂,本书还采用了直角三棱锥的立体几何图,使"仨源"在坐标系中的位置一目了然;尤其是三原色的应用,更使得"仨源"各具特色,形象生动。

4. 用大量的篇幅介绍了《仨源论与仨源易经》在各个领域案例的应用,从而帮助我们更快地抓住问题的实质,帮助我们发现问题和分析问题,帮助我们解决问题和预测趋势。

本书分为上、中、下三篇。

上篇:仨源论

本篇首先采用自叙的方式,阐述了三分、三元、三性和三维以及"三"成为哲学极致的思想形成过程,从而提出一切"存在"的本体都是"仨源"的理论。其主要论点是:

1. 一切"存在"都有三种形式(造化、意造、臆念)和三种状态(无、虚、实),确定"存在"之所以存在的唯一证据就是找到"存在"的三原(时原、度原、本原)。

2. 一切"存在"都有仨时(时间点、时间段、脉动)或(前、中、后)。

3. 我们感知"存在"就是把握了"存在"的度原,度原的量化就是度量,而度量(标量、矢量、积量)都可分解为"仨源"。

4. 我们认为一切"存在"的本原都是满足某种"需"的"用",而这种"用"是通过"存在"中的三个功能元(质、神、能)来实现的。与法国哲学家笛卡儿的《二元论》"物质和精神"相比,增加了"能"元,强调了"能"元的重要性。

5. 我们认为一切"存在"的本质,即"存在"的始基或"存在"中的"质"元,都是由"存在"的仨行(水、火、錾)构成的。与传统的《五行论》"金、木、水、火、土"相比,聚合了"金、木、土"成錾,从而使每个层面都是"仨源",形成了"仨行论"。

6. 我们认为一切"存在"的禀性中都含有仨性(阴、阳、中)。与传统的道家老子"阴阳"《二性论》相比,增加了"中"性,更加突出了"中"性的重要性。

中篇:仨源易经

本篇首先立论,一切"存在"的变化(量变和质变)都是由"存在"中的"仨源"之变所引起的,再根据"存在"的显隐和仨变特征,推导出《仨源易经》。其主要论

点是:

1. 存在的仨源,在其显性和隐性特征的驱使下,其外相可能的呈现形式就是一个"八卦",八种"卦象"是外相的八种极致。"仨易八卦"反映了"存在"的静态表相或质变结果,揭示了存在的仨源的静态显隐组合方式,即仨源的外相形式或外在表现方式,而"仨易六十四卦"则反映了"存在"的动态趋势或量变加质变。

2.《仨源易经》解释了《周易》的成因,解决了从古至今几千年来存在于人们心中的疑惑,从而使我们更加相信《周易》的科学性。需要指出的是,阴阳形成不了"八卦"和"六十四卦",只有"仨源"才能形成"八卦"和"六十四卦"。

3. 无论仨易卦象中的还是周易卦象中的"爻"其实就是仨源中"源",而其"爻变"则有三种涵义:一是反映了该"爻"的变化趋势,二是反映了仨源之间的作用是相生还是相克的关系,三是反映了该"爻"在内外变因中的贡献虚实。

4. 针对同一个卦名,《周易》和《仨源易经》拥有相同的卦辞和爻辞;周易卦象采用了黑白形式,而仨易卦象采用了三原色形式;仨易卦象采用了并卦形式,而周易卦象采用了串卦形式,仨易卦象的左卦等于周易卦象的内卦(下卦),仨易卦象的右卦等于周易卦象的外卦(上卦);但是同一卦名,卦辞相同,在两个体系中的卦序则是不同的。

5. 第一次提出并证明了无论"八卦"还是"六十四卦"都有一个相对固定的吉凶排序,而且这个吉凶排序就反映在《仨源易经》的卦序中,《仨源易经》中卦序代表了卦象的吉凶排序和吉凶代码。而在《周易》中,卦序无特别意义。

6. 为了获取卦象,在《周易》中,我们只能通过占卜法;而在《仨源易经》中,我们不仅可以通过占卜法,还可以通过科学分析法。

7. 周易卦象只能定性地反映事物变化趋势,而仨易卦象不仅能定性,还能定量地反映事物变化趋势。

下篇:应用指南

在本篇首先告诉读者如何利用"仨源"抓住问题的实质,如何利用《仨源易经》进行科学预测,再通过十个方面的案例全面系统地介绍了本书在科学研究、提升生活质量以及企业经营中的应用,展示了《仨源论与仨源易经》的潜在价值和使用领域。其主要使用流程是:

1. 首先要找到问题的"仨源",也就是抓住问题的实质。

2. 其次要根据"仨源"之变或"仨源"之间的相生相克关系或内外变因对"仨

源"的贡献虚实,确定和画出"仨易卦象"。为了获取仨易卦象,我们提出了四种科学分析法和两种占卜法。

3. 最后再根据"仨易卦象"确定卦名、卦辞、吉凶代码和吉凶排序。

朋友相聚,谈及本书,都问:此书有何"用"?

我的回答:万物皆为"用",可如何"用",仁者见仁,智者见智。

音乐为什么是世界语?因为它能用最简单的"旋律、节奏和音色"表达情感和境界,使不同民族和语种的人都能自由沟通和理解。哲学更应该像音乐那样,使东西方产生共识,使各个学科产生共鸣,使各民族之间产生和谐和理解。

我很欣赏台湾哲学家傅佩荣最近在其微博中的一段话:"中国哲学重视的是整体见解、实用知识、道德倾向、社会关系,并且自从先秦的儒家与道家出现之后,就很少能有全新的一家之言了。西方哲学的风貌,从古至今都是百家争鸣,因为他们以哲学为'爱智',勇于慎思明辨、追求真理,不惜自创一套名词、自寻一种方法、自立一套架构,然后不管说得对不对,好不好,都可以清楚展示、供人品评。"

希望我这三十几年的思考和积累,能给读者带来一种全新的不一样的感受。

喜欢研究哲学、易经和管理学的读者,本书值得一读。

建议喜欢本书的朋友,也可与下列哲学书籍混读:

《周易》、《道德经》、《论语》、法国笛卡儿的《二元论》、《西方哲学史》和《中国哲学史》等。

本书还特别献给那些喜欢研究"三"和"仨源论"的朋友!对喜欢研究"顶层设计"的朋友也应该大有裨益。希望与志趣相投的朋友们共同建立一个《仨源论与仨源易经》俱乐部。

最后,拙作中一定有不少不妥之处,恳请读者不吝赐教,批评指正,多多交流与探讨!有相同志趣的朋友欢迎与我联系!

我的邮箱:francois. wang@dolphin-holding.com。

上篇

仁源论

万物之本皆为用
本之仨元质能神
质之仨行水火荃
禀之仨性阴阳中
审时度势勿忘本
适时度事利于本

一元论认为一切存在"非友则敌""非男则女""非善则恶""非白则黑"。

二元论则认为一切存在皆是"阴阳同体",就像老子《道德经》所述"阴中有阳,阳中有阴",就像张贤亮的小说《男人的一半是女人》;如果抛开"物质决定精神"或"精神决定物质"之前提,那么《唯物论》和《唯心论》,其实它们都是属于笛卡儿的《二元论》。

一元论和二元论的共同点都采用了"二分法"。但是一元论的"二分法"是不彻底的二分法,违背了《周易》的"天人合一"的道理,也违背了孔子的"身、家、国、天下"合一的道理。二元论体现了传统的"对立统一",而一元论则扼杀了次要矛盾。

从数学角度来看,一元论是个点,可以反映在一维直线坐标轴上,二元论是条直线,可以反映在二维平面直角坐标系中。

仨源论简单地理解就是"三元论",是"二元论"的升华,是建立在"三分法"基础上的论述;阐明了黑、白之外还有"灰",阴、阳之外还有"中",物质、精神之外还有"能"。从数学角度来看,仨源论体现的是由三元所形成的锐角三角形或由三元所形成的三维直角坐标系。

仨源论就是研究"存在"的内核与本体。

为什么是"仨源论"而不用"三元论"?为什么世界是仨源的?请看本篇。

第一章 思想之源

人生的感悟

人生的感悟是点点滴滴的积累。有的根深蒂固,有的与时俱进,有的则一晃而逝。

儿时的困惑:人为什么是老三

我出生于一个渔民之家。

我儿时住过的无为"小泊圩",经常发水涝洪灾。

记得在我7岁的那年,我家鱼塘里养的鱼不清楚为啥原因全都死了,平时指望以鱼养家的父亲一下没了主意,还欠了一身的债。我们全家只好靠乞讨和下水打捞被洪水淹没的尚未熟的麦子过日子。

现在的人一定会认为讨饭是一件痛苦而耻辱的事,可那时的我却感到要饭也是挺幸福的。每当我走进附近的村民家里要饭,他们对我都很客气,让我吃饱后,再带点饭回去,好像他们都知道并且很同情我家的遭遇。

我至今都无法忘记他们的朴素、善良和爱心,以及他们的社会正义感和同情心。

我发誓有朝一日等我发达了一定设法回报他们。

从那时起,我父亲就希望我做一个顶天立地的汉子,还要我"敬天地,畏鬼神"。

他总说:"天、地、人三才之中,人不过是老三而已。"

尽管那时我还小,不过还是能听懂"人定胜天""人有多大胆,地有多大产""工人阶级一声吼,地球也要抖三抖"等等之类的标语的含义。

因此难免对父亲说的话产生了怀疑:人明明是老大嘛,咋是老三呢?

有一次,当我唱着"爹亲娘亲不如毛主席亲"的歌曲回家时,父亲严肃地骂道:"老子打死你,天下最亲的不是我和你的妈,还有别人?扯淡!"

所有的这一切使我更加怀疑我的父亲所说的"天、地、人三才之中,人不过是老三而已",因为父亲所说的总是与"标语"和"歌曲"唱反调。

而事实到底怎样呢?

读者们,你们相信"人定胜天""人有多大胆,地有多大产""爹亲娘亲不如毛主席亲"吗?

时间如白驹过隙,一晃到了天命之年,回想往事,我才意识到父亲的正确——在天和地面前,我们人类永远是老三,爹娘才是我们的至亲最亲。

少时的疑问:为什么色彩世界只有三原色

我是渔民的儿子。

少时,我就是父亲的好帮手,我与父亲经常到处打鱼,住无定所,因此也无法上学。直到1975年,那年我正好11周岁,也就是我家从无为搬到青阳的第四年,父亲送了30斤鱼,托人让我直接上了小学五年级。

我的入学成绩"相当好",数学得了25分,语文得了35分。

我还记得,那所小学叫乌鱼塘小学,离我家有四五公里的路程,学校周边有一片参天大树林,不远处还有一个"五七"干校。

由于离家太远,中午无法回家吃饭,因此我和其他几个无法回家的同学就在森林里玩耍和爬树抓松鼠,夏天偶尔也去旁边的池塘挖藕。

在乌鱼塘小学,我有一个可亲可爱的数学老师,他叫罗智安,还有一个可恨可恶的语文老师,他姓什么都记不清了。

语文老师让我写"批林批孔和反'右倾'翻案风"的文章,我实在不会写,只好啃笔头。为此我经常被罚站,放学了还不让我早回家。特别是,有一次他让我写一篇批判我父亲的文章,题为"新的资产阶级暴发户",更使我在同学面前感到无地自容。我当然没有写,我怎么会批判我的父亲呢!?……一个勤劳善良而又能干的农民,一个现代意义上的养鱼专业户,一个最早就靠苦干加巧干而致富的万元户。结果,因为此事,我一直未能加入红卫兵。

罗智安老师一开始就是我的数学老师,由于他平时对我很关心,使我对数学产生了浓厚的兴趣,最后不负众望,每次考试我的数学成绩几乎都是100分。

1976年打倒"四人帮"后,我上了初中,我最喜欢的罗老师也成了我的物理老师,我感到无比幸福,因此我上物理课就特别认真。

应该就是我14岁的那年,在一次物理课上,罗智安老师给我们讲解了光学理论。在课堂上他告诉我们,阳光可以分解成不同的色谱:红、橙、黄、绿、蓝、靛、紫,而且用等比的红、蓝、绿还可以合成白光;根据牛顿的研究结果,只有红、绿、蓝三种光色不能被分解,同时利用红、绿、蓝三色还能产生世界上的任何色彩,由此牛顿就把红、蓝、绿三色定义为光的"三原色"。

在课后,他又告诉我们,就是当时刚面世的彩色电视机也是根据三原色RGB(红、绿、蓝)原理发明的,电视机里的彩色显像管就是三原色发射器。

这是我第一次接触"三原色",也是我第一次,不敢相信,但还是接受了"五彩缤纷的色彩世界是由三原色形成的"这个无可争辩的事实。

这也许是我第一次冥冥中想到的"仨源论"的萌芽。

从那时起,我就在想:形成色彩世界的为什么不是"二原色"而是"三原色"?难道人类世界不只是男人和女人还有第三性吗?难道动物世界不仅有公和母还有第三性吗?难道植物世界不仅有雄和雌还有第三性吗?

其实,这些疑问已经伴随了我的前半生,直到我的《仨源论》的完成。

真有阴阳人

有一次,我和一个法国朋友在巴黎的 Boulevard Saint-Germain des Prés 路旁的咖啡店喝咖啡,马路对面正好是一家高档时尚品牌店"HERMES"。

那不就是在中国炒得很火的"爱马仕"品牌店吗?

我的那位法国朋友就给我讲起了关于"HERMES"的故事。他说:"爱马仕"是中性品牌,它的每件东西既适合男人用也适合女人用,更适合同性恋人用。他又说:"HERMES"其实就是 Hermaphrodites(阴阳人,雌雄同体)的缩写,是一个古希腊的阴阳同体的神。

传说,Hermaphrodites 神就是人类的祖先。

原来我们的祖先是阴阳人,后来分工细化才产生了男人和女人。

真是:正常原是非正常,非正常乃是真正常。

在此后,为了证明除了男人和女人之外还有不男和不女的人存在,我确实跑了不少红灯区,最后也确实亲眼看到了第三性——阴阳人。

其实,通过网上搜索,我们不难发现许多动物都存在阴阳同体现象,如生蚝、蜗牛、蚯蚓、扁蛎、肝蛭、寄生蜂、海鲈、海兔、海鞘、船蛆等等;而且世界上大多数植物都是雄雌同体的,如玉米等。

人生坐标在哪里

也许你牛,你会说:"我就是我,我的生活不用看别人,我就是世界中心。"

可我做不到,我的人生必须有个参照系!

也许"你"就是我的参照系,跟着你走,我就要赶上甚至超过你,背着你行,虽然方向不同,不过咱俩连起来总成一条线。

而"他"的出现,我该怎么办? 如果"你和他"都是我的参照系,要么咱仨一条线,你追、他赶、我也超,其实在排队;要么咱仨不同线,三点定成面,你奈何不了我,我奈何不了他,相互连接就是一个三角形;我是选线还是选面? 我已经无法判断和选择我的参照系,只好自问:我的人生坐标在哪里?

其实,在社会团体中,咱仨不算啥,众人拾柴火焰高。众人的标准应该才是我的参照系,因为你、我和他都是众人中的一员。如果我把你、他以及众人作为三维坐标系的轴,那么我就是这个坐标系中的一个点。

可是,"你"和"他"作为我的人生坐标合适吗? 当然不合适,因为在众人中,会有 N 个"你"和"他",我该选择哪个"你"和"他"呢?

因此,我必须再找到另外两个相对稳定和可靠的人生坐标,来代替"你和他"。

首先,我应该把大自然的所望作为我的一个人生参考轴,因为我们生活在大自然中,我们不仅要崇拜和敬畏天地,而且都应该按自然规律办事。

其次,我必须把我的上帝所望作为我的另一个人生参考轴,因为我们的生活离不开我们的衣食父母和主宰我们的上帝,无论我们愿意还是不愿意。

由于每个人的衣食父母和主宰他的上帝不同,因此我认为这个"上帝参照系"是因人而异的和与时俱进的。

现在,我终于找到我的人生三维坐标系,我有了三个相对稳定的人生参考轴,即众人参考轴、大自然参考轴和上帝参考轴。我的人生所作所为只会是这三个相互独立的参考轴所形成的三维坐标系中的一个点。

因此,我的人生坐标在哪里?我的回答就是:我的人生只能活在由众人所望、大自然所望和上帝所望所形成的直角四面体内。

我不相信也得相信:我的潜在价值就是这个直角四面体所给我的空间。

公平在哪里

我的父亲叫王达炳,我的母亲叫唐钱兰,他们养了二儿一女,我是家中的老大,弟弟是老小。

小时候,像当时的其他家一样,我家也过着贫穷拮据的日子。我们那里奉行一种不成文的分配方法,叫做"新老大,旧老二,缝缝补补给老三"。这句话的意思就是父母给孩子买件新衣,先给老大穿,等老二长高了再给老二穿,最后等老三长大了又给老三穿。

这种分配方法,初看起来很不公平,因为老大总是穿新的,老二总是穿旧的,老三得穿旧且补过的。其实,公平不公平只有父母和我们兄妹仨知道,我们知道在那个年代这是一种既节俭又聪明的通行做法,我们更相信父母的无奈和内心的公平。

我比我的父母幸运,因为他们生活在那个一切以阶级斗争为纲的毛时代,而我从12岁开始就进入了一个以经济建设为中心的邓时代。毛主席逝世后,我开始上学了,凭着自己的聪明和勤奋,我考上高中,考上了大学,还考上了国家公派出国留学生;在我自豪和兴奋的同时,我由衷地感谢党的改革开放政策和邓小平的英明决策;后来回想起来,我更感谢当时公正和公平的高考制度。

1989年"六四"以后,我对邓小平产生了不好的感觉,可是在1992年他南巡的时候,我还是被他那强有力的手召唤回国了,我要感恩报国,我要把我的满腔热血洒在祖国大地。

1993年初,我回到了祖国怀抱,开始在东南大学任教,虽然我的工资只有我在法国的五十分之一,可我并不觉得后悔和不公平,因为我们欠祖国的实在太多,就像我们欠父母的太多一样,它需要我们用一生来回报。

时间如白驹过隙,一晃我是仨娃的父亲了,我们不算富人,可日子还过得去,只能算中产吧。

我们在上海浦东有一个不算豪华的小别墅,我的邻居是个亚洲花样溜冰冠军,他有一个可爱的儿子叫青青。

青青的母亲是个干部,他爷爷曾经是个船大夫,现在退休在家,据说退休金不菲,他外公和外婆过去是当官的,现在退居二线了,收入也很丰厚。

青青的父母也是独生子,青青可能得到的关爱可想而知了,除了父母的爱还有爷爷奶奶和外公外婆的爱。青青是他们家的宝贝和唯一的根,青青想要什么就有什么,可谓:青青进入了共产主义。

而我的仨娃可没有青青那样幸运了,我的父母是农民,我的老婆没有工作,我挣钱不仅要养仨娃还要养父母和老婆,因此我仨娃所感受的关爱和享受的资源可能还不如青青一个人多。

今天,我的仨娃已经感到了不公平;再过十年,当他们成为社会的生力军时,我也许为他们仨感到不公平,因为消耗三分之一的关爱和资源的他们仨却要为社会创造三份劳动力。

不像我小时候,我们兄妹仨从不怀疑父母的偏心和公平公正,分配东西一向都听父母的;而现在不行了,我的仨娃经常为分配不公而吵吵闹闹,甚至大打出手,这使得我不得不寻找新的公平分配方法。

他们仨都学过《孔融让梨》这一课,有一次要分一个梨,我就想用"孔融让梨"这个方法,可是我的老二首先提出反对,他说:"我是老二,上有姐姐,下有弟弟,这样一来我总是没分了,好吧,即使我不参加,那么姐姐和弟弟又该如何分呢,是先老大还是先老小?是先女士还是先先生?"我看老二说的很有道理,看来"孔融让梨"这个办法在现实中很难实施,只好放弃。

我说,由老爸来分配,你们同意吗?他们仨都不同意,因为他们怕老爸不公平,会偏心;那我只好说抽签,虽然他们不是很高兴,还是勉强接受了。这种用"运气"来分配,虽然大家不吵了,可当我看到一个孩子在吃,两个孩子在看时,我的心里很不是滋味!

后来,我把梨分成几乎均等的三份,再使用抽签之法,他们仨感到更公平,我也感到舒畅了。

为了促进他们仨刻苦努力学习,我准备采取奖惩办法。我的办法一提出,他们又吵吵嚷嚷了,说我的办法不公平:老大说,她有特长,可我没设奖励;老二说,他最喜欢的是辅课,可我没设奖励;老三说,他的综合成绩好,可我只奖励单科。结果,我只好请他们仨提出奖项和评比标准,再由他们仨投票决定,最后签字画押生效。看来,民主才是公平公正的前提,只要发扬民主,公平的办法总是能找到的。公平在哪里?公平在每个人的心里。

"三"的数字吉利吗

有一年春节,我在我的家乡青阳九华山过年。

在好友的介绍下,正月初三那天,我有幸与正在值班的仁能方丈畅谈了三个多小时,感到受益匪浅。

仁能方丈在青阳西华乡修了一个庙叫清源寺。

让我记忆犹新的就是他讲的三句话和三个字。

第一句话是:"人从欲望中生";

第二句话是:"天生我才必有用";

第三句话是:"天不生无根之草"。

第一个字是:"山";

第二个字是:"善";

第三个字是:"散"。

他解释道,"山"其实就是"仁";而"山、善、散"的意思就是:"仁"者行"善",只要从所赚之中拿点出来去"散"。

在我的家乡,"善、散和山"读出来都是"三"的音,因为我们那里的人都不会发卷舌音。

看来,不会发卷舌音也是好事,反正遇到"好的字"就发"三"的音。

其实"三"在上海话里意思更好,还有"赚"的意思。

有一次,我请一位上海美女在建国饭店喝咖啡,我们谈得很投机,希望以后多加合作。谈了四个小时后,正当我准备买单时,美女看了一下单子,却非要争抢着买单,我问她为什么?

她笑着说:"你看168.30元!这个数字太吉利啦。"

我说:"如果没有那个尾数'3'就更好了,正好是'一路发'。"

她笑得更欢了,调皮地说:"你难道不懂上海话呀!?'3'在上海话里就是'赚';所以'168.30'在上海就是'一路发——赚啦'。"

她一边笑一边付好了账单。

我只好说,既然如此吉利,那就让你破费了。

看来,在中国做生意,无论买或卖都喜欢选个吉利的成交价。

传统文化的启迪

老子的"三生万物"是什么意思

在道德经中,老子说"道生一,一生二,二生三,三生万物",我的理解是,老子也认为"三"是构成万物的充分和必要条件。

为什么批孔的关键是批中庸之道

2 500年前的孔子所推崇处事之道,除了或左或右二道外,还有第三道,就是"中庸之道"。所以"中庸之道"是儒家的处事方法。这是否是在说:万物万事皆含"阴、阳、中",守"中"才能把握"本"?可见"中"的重要性。

八卦中的三爻(yáo)是什么

3 000年前的"易经八卦",提出的"阴阳三爻"是否也意味着:"三爻"是构成万物的充分和必要条件。

"三"的哲学极致

"三"这个数是一个哲学极致。

在代数里,我们把数分为正数、负数和零这三类。

在算数里,我们把大于三的数,称为多,把小于三的数,称为少。

在契约中,我们把合约方之外的各方,称为第三方。

"三"这个数到底奇特在哪里呢?

"三"是中是和

"三"包含着最小奇数"1"和偶数"2"。

"三"是最小单数和最小双数的和。

"三"包含着阳(1)和阴(2)。

在数学二进制里,阳为"01",阴为"10"。

"01"+"10"="11"。

"11"其实就是二进制的"三",所以说,"三"是阴和阳的和。

"三"是完美数,正好等于小于它的两个正整数之和。

"三"是中比数。"三"除以"三"得最小整数"一";而"三"乘以"三"得最大数"九",所以说,"三"是最小数"一"和最大数"九"的中比数。

在数学三进制里,"一"为"001","九"为"100","三"为"010",不难看出,"三"是"一"和"九"的中比数。

大天下"一"三均分正好余下小天下"一",也就是"一"除以"三"其余数正好是十分之一。

"三"是少当中的最多

中国古人造字,从"一"到"三"有规可循,而从"四"到"九"无规可循。显然,"三"被古人认为是最大的数。

中国古代"三"字也表示"多"的意思,比如"三人行必有我师""三顾茅庐"等等。

据说,两个匈牙利贵族决定做一次数数游戏——谁说出的数字最大谁赢。最后他俩都说出他们所想到的最大数字——"三"。

其实,有不少非洲探险家证实,在某些原始部落里,不存在比三大的数字。要是这个数字比三大,他们就会说"许多个"。显然,"三"也是许多国家认为的最大数。

俗话说"好事不过三",发奖牌也是金、银、铜。

"三"是多当中的最少

我们发奖牌,第三名是最低奖。

多边形中最少边形是三角形。

任何稳定体至少有三点保持在同一个面上。

任何一种多阶段的循环最少含三个阶段。

事物的变化和发展最少有三个阶段。

三维坐标是确定空间方位的充分条件。

一个家庭得以延续也是从"三"开始的,没有第一个孩子的出现,家庭就不能得以延续,所以"三"是多的起点。

"三"是拐点,是起点,也是终点

说"三"是拐点,是因为大于三的时候,我们就可以分为三类;说"三"是拐点,是因为"三"是多和少的分界点;说"三"是拐点,是因为"三"是生和死的融合点。

说"三"是起点,是因为"三"是多的起点,也是少的起点,"一"和"二"只是"三"的残缺。

说"三"是终点,是因为"三"是少中的最多;说"三"是终点,是因为一切存在都有三个阶段;说"三"是终点,是因为合同双方之外的一切利益主体都可归为"第三方";说"三"是终点,是因为空间的万物所受之力都可分解到一个三维坐标系的坐标轴上。

在我们的民主生活中,从开始的每人三种选择到最后的结果显示都是"三"种,这也说明了一切从"三"开始,到"三"结束。

三分法比二分法更科学

我们所说的"二分法"和"三分法"是指哲学范畴;而生活中的分割和分类,则可按需随意切分。

"二分法"就是将事物一分为二,如正面和负面、大和小、长和短,等等。

"三分法"则将事物一分为三。"三分法"不仅考虑了事物的对立面,还考虑了事物的中立面。

二分法是忽略中立找对立;而三分法的关键是在对立中找中立;有些情况下,中立就是对立之外的灰色面。

譬如,一个自然数,用二分法可分为"0"和"正负数",再用二分法可将"正负数"分为"正数"和"负数";而三分法就可直接将该数分为"0"、"正数"和"负数"。因此,三分法比二分法更高效直观,也更科学。

三分法最高效

如果我们将数字"9"这个大数字使用不同的分解法去分解,通过分解效率比较,我们发现还是用三分法效率最高。因为

- 用二分法需要分 4 层,$2×4=8$,效率为 $\frac{1}{8}$
- 用四分法需要分 2 层,$2×4=8$,效率为 $\frac{1}{8}$
- 用五分法需要分 2 层,$2×5=10$,效率为 $\frac{1}{10}$
- 用六分法需要分 2 层,$2×6=12$,效率为 $\frac{1}{12}$
- 用七分法需要分 2 层,$2×7=14$,效率为 $\frac{1}{14}$
- 用八分法需要分 2 层,$2×8=16$,效率为 $\frac{1}{16}$

而用三分法只需要分 2 层,$2×3=6$,效率为 $\frac{1}{6}$,所以,三分法的效率最高。

三分法比二分法更能把握事物的运动方向

二分法的线性思维

对于物体的运动属性,假如采用二分法,我们先将其分为"静"和"动"两个属性,再将"动"分为"上动"和"下动",这样通过二次二分法,我们才得到三种运动属性,即"静"、"上动"和"下动"。

二次二分法,采用了如图 1-1 所示的直线思维方式。

这种二次"二分法"的线性思维方式,使我们很难把握事物三种状态的互变路线和规律。

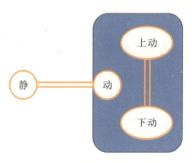

图 1-1

三分法的三角思维

同样对于物体的运动属性,如果采用三分法,我们就可直接将运动分为"静"、"上动"和"下动",这样就很容易把握事物三种状态的互变路线图。

三分法采用了如图 1-2 所示的三角思维方式。

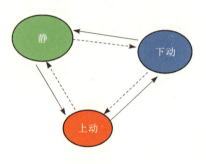

图 1-2

采用三分法后,物态的变化逻辑就不一定要走线性道路,从"上动"可以不经过"静"而直接到"下动",就像正数可以不经过"0"而直接变为负数,也就像"固态"可以不经过"液态"而直接变为"气态"。

有些属性的确定只能采用三分法

分解和确定一个三角形

我们要想动一动三角形的任一角或任一边,一定会牵动三角形的全身(三角和三边),可谓"牵一发而动全身"。

要确定一个三角形,我们知道可以有下列方法:

1) 三边确定法;

2) 二角一边确定法;

3) 一角二边确定法。

当然还有一个大前提,就是三点不能共线,或者说两边之和大于第三边。

由上可知,无论何种方法,都需要三个已知量才能确定一个三角形,因此确定一个任意三角形只能采用三分法。

确定质点在空间的位置和运动方向

我们要确定某个质点的位置或运动方向一定是相对某个原点和坐标系的。

要确定质点的运动方向只能通过三维坐标系的矢量坐标分解法,将运动方向分别分解到三维坐标系的 x、y、z 轴上。

要确定质点的空间位置,要么通过三维坐标系标出质点在坐标系上的 x、y、z 坐标,要么通过极坐标系把质点位置用模长和两个模夹角表示出来。当然还有一个大前提,就是坐标原点不能同质点重合。

由上可知,无论何种方法,都需要三个已知量才能确定一个质点的位置或运动方向,因此空间质点的位置和运动方向只能采用三分法。

确定颜色

我们都习惯了五颜六色的七彩世界,可是让我们说出世界上到底有多少种颜色的确很难。不过牛顿的《三原色原理》为我们带来了福音,现在我们知道任何颜色都可分解为三原色——红、蓝、绿,同时,也告诉了我们两色不足以产生所有色彩,三原色之外的颜色都能由三原色合成。

由此可见,某种颜色的合成或确定只能通过三分法,即由三原色法确定。

天下和世界也是三分的

天下是三分的

天下的一切存在皆含仨性:"阴、阳、中",天下自身也不例外,也有仨性:"阴、阳、中",阴阳二性形成对立面,中性是中立面,这就是为什么天下是对立和中立的统一。

同一性矛盾的三方面就是两个对立面和一个中立面,它们既相互独立又相互斗争和依存。由此,天下可分为甲、乙、丙三个天下,可用图1-3表示。

图1-3

世界也是三分的

天下的一切事物,大到整个宇宙,小到近乎于零,都是相互关联的。这种关联虽有强弱、轻重和直接间接之分,但也改变不了一切事物相互联系和相互作用的事实。

从空间上来看,任何事物,既包含着其他事物,又同时被另外一些事物所包含。

从时间上来看,任何现时事物,既延续着它的过去,又同时蕴藏着它的未来。

从相互作用上来看,任何事物,既控制着某些事物,又同时被其他事物所控制。

事物与环境之间有着千丝万缕的联系,在这些联系中,有些环境会主宰你,而另外有些却被你所主宰,成为你的奴仆。

天下的万物都脱离不了它所处的环境,假如我们把环境分属为三个不同的世界:"我的世界"、"你的世界"和"他的世界",那么所处环境事物就一定存在于这三个世界之中。

我们把"我的世界"、"你的世界"和"他的世界"称之为仨集世界。

上述"仨集"关系并非一成不变的,随着时间的流逝和空间的变化,"你、我、他"的世界都会变化,"主仆"关系也会发生变化。其实,"主仆"关系也只是为了共同利益而建立的一种合作关系。

需要指出的是,三分天下中的甲、乙、丙之间的关系是对立加中立的同一关系,而三分世界中的你、我、他之间的关系是相互利用和相互控制的协作关系。

世界有三集,三集你、我、他;互为主仆隶,形成布拳叉。过去你控我,今朝我控他;明日谁控谁?还得算一卦。仨集世界可用图 1-4 表示。

图 1-4

第二章　何谓"存在"和"仨源"

　　本篇是关于"存在"的本体论,是关于"存在"的方法论和世界观,所以我们必须对"存在"进行定义。

　　同时,本篇要写"仨源论",而"仨源论"又是一个完全崭新的概念,因此我们要对"仨源"进行定义。

何谓"存在"

存在的定义

　　"存在"就是世间的万事、万物和现象,是我们所关注的一切世界,是具有明确生存意义的个体或群体,可以小到原子大到天下;可能是一个个体,也可能是一个系统或一个具有明确目标的群体。

存在的状态

　　"存在"有三种状态,要么是"无",要么是"实",要么是"虚"。

何谓"无"

　　"无"就是相对"有"的不存在,就是从未出现过。"无"也可能是我们人类认识世界的不足和局限。

何谓"实"

"实"是相对"虚"的"有",也就是实实在在的"有"。"实"也可看作"有"的显性状态。

何谓"虚"

"虚"是相对"实"的"有"处在"无"的状态。"虚"也可看作"有"永远无法达到的极限,如零和无穷、纯虚和纯实、纯白和纯黑、绝对光明和绝对黑暗、绝美和绝丑等等。"虚"也可看成"有"的隐性状态。

存在的种类

"存在"分为造化存在、意造存在和臆念存在。

造化存在

造化存在是指天然的,自然的或按上帝旨意创造的存在。造化存在既有动机性,也有被迫性或偶然性,譬如地球、山川、人,等等。

意造存在

意造存在是指人或高级动物为达到"用"的需要,根据相关自然法则并模仿相关自然存在而创造的存在,譬如汽车、电话、电脑、房屋、蜂巢,等等。

臆念存在

臆念存在是指人或高级动物为实现某种用途,在思想意识中形成的一种臆想存在,譬如某些还未实施建造但已在脑海中形成的规划和设计方案。

何谓"仨源"

"文艺、文化和文明"本是三个不同的概念,可偏偏就有许多人无意或有意地把它们混淆或混为一谈。同样,"三分"和"仨源"也是两个不同的概念,千万不要混为一谈。"三分"不一定是"仨源",而"仨源"肯定是一种"三分"。譬如:三个苹果分成三份,是"三分"而不是"仨源";把社会中的人群按财富分成富人、穷人和中产阶层,既是一种"三分",也是一种"仨源";颜色可以有许多分法,但是颜色中的仨源,只有一种,那就是"三原色"。要读懂本书,就得从理解仨源的定义入手。

仨源的定义

"仨源"就是指某存在中的三个相互独立且相互关联的源。

其中"源"是指代词,泛指根源,源头,源泉,原初,原本,元素,要素,因素,禀性,类别,行列,"五行"中的行。

我们之所以选择"源"字作为指代词,是因为本书的核心是研究"存在"的世界观和方法论,必然要对存在及其所涉及的各个层面进行分解;通过分解研究,我们发现"存在"中的不同世界都是由三个不同要素决定的,就像不在同一线上的三点决定一个面一样,只是不同世界中所包含的内涵不同而已,为了方便起见,我们才选择一个指代词来代表不同世界中的组成要素。

我们之所以选择"源"字作为指代词,还有下面几个理由:

1. "源"的异体字就是"厵",可以直观地理解为"三原";

2. "源"的偏旁,既可看成三点水,也可看成"三",因此"源"既是水源,又是"三原";

3. "源"与表示数学代数中的"元"和表示哲学概念的"元"正好同音;

4. "源"有时与"原"通用,都有原始和原本的意思;

5. "源"也是中国传统哲学阴阳五行中的哲学术语。

而"仨"的定义则是:

1. 作为数量词:不仅表示"三个",且是三个不同的个体;"仨"中既含有数词"三",又含有量词"个";它所代表的"三个"是内涵不同的三个东西。仨中所含的"三个",既有不同性,又有统一性。

2. 作为代词:表示三维直角坐标系的 I 象限;表示直角三菱锥或直角四面体。

3. 作为名词:表示三角关系;表示万物的内核。

"仨源"定义也可以用如图 2-1 所示的仨源三维坐标系来形象表示。

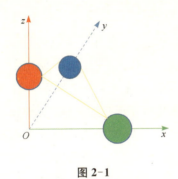

图 2-1

仨源三维坐标体系

据说有一次笛卡儿躺在床上休息,但是他的大脑却没有休息,他一直在寻思着通过什么手段把几何图形中的每一个点和方程的每一组解关联起来。这个时候,他看到房顶上有一只蜘蛛在织网,他又看到墙角的三面墙相交出三条线,他立即想到把墙角作为原点,把这三条线作为数轴,那么蜘蛛的位置不就可以通过这三条数轴上的数来表示吗。后来笛卡儿发明了平面直角坐标系,后人在笛卡儿的平面坐标系的基础上发明了三维坐标系。常用的三维坐标系分两种:左手坐标系和右手坐标系。当确定了 x 轴、y 轴方向之后可以通过左手或右手来确定 z 轴的方向。图 2-2 所示的就是左手坐标系和右手坐标系的规则示意图。

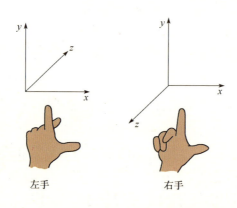

图 2-2

弯曲拇指、食指和中指使它们两两相互垂直,拇指指向 x 轴正方向,食指指向 y 轴正方向,中指指向 z 轴正方向。左手坐标系使用左手,右手坐标系使用右手。三维笛卡儿坐标 (x, y, z) 是在三维笛卡儿坐标系下的点的表达式,其中,x、y、z 分别是拥有共同的零点且彼此相互正交的 x 轴、y 轴和 z 轴的坐标值。

我们知道作用在同一质点上的 N 个力可以通过两种方法求得合力。第一种方法就是空间矢量叠加法,最后得到一个合力矢量,如图 2-3 所示。第二种方法就是三维坐标分解法,先将各个力的矢量分别分解到三维坐标的三个坐标轴上,再将三个轴上的分解力分别相加,就可获得三个轴上的合力,此轴上合力就是 N 力的合力矢量在三维坐标上的分解力。

既然空间的点可以用三维坐标系来表达,那么空间的面是否也可以用三维直角坐标系来表示呢?

我们都知道不在同一条线上的三点可以确定一个面,那么处于三个直角坐标系坐标轴上的三点不也可以确定一个面吗!而且此三点正好符合同一世界的亻原特征:亻原既相互独立又相互作用。

因此,为了体现和理解亻原之间的相互独立性,我们把亻原分别放入一个三维坐标系的三个坐标轴上,就得到一个亻原三维模型。由亻原和原点 O 组成的四面体就叫亻原三维四面体,也是亻原所形成的世界。在此世界中,各轴相互垂直互不干扰,由此保证了任何轴上的一源都无法分解到其他轴上。

如图 2-4 所示中,三原色红、蓝、绿分别表示亻原和 z、y、x 轴。

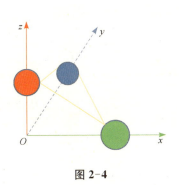

图 2-3　　　　　　　　图 2-4

仨源体

仨源体就是由三维直角坐标轴上的仨源和原点所形成的直角三菱锥或直角四面体。

"仨源体"可用仨源三色模型来表示,如图 2-5 所示。

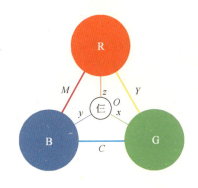

图 2-5

图中 R、B、G 分别代表仨源,并用各自所对应的三原色来表示,R 用红色 Red,B 用蓝色 Blue,G 用绿色 Green;M、C、Y 分别代表两源之间的合成作用,并用各自所对应的三原色的补色来表示,M 用品红 Magenta,是 R 源和 B 源的合成,C 用青色 Cyan,是 G 源和 B 源的合成,Y 用黄色 Yellow,是 R 源和 G 源的合成。

x、y、z 是以仨为 O 点，按右手法则，从我们人眼看过去的三维直角坐标系，并将所对应的仨源坐标分别表示为 Green、Blue 和 Red 仨色。x、y、z 也可看成是以仨为 O 点，按左手法则，从我们远处看过来的三维直角坐标系。

从图 2-5 中我们不难看出三色和仨源之间的和谐性，因为颜色之间相互关系正好反映了仨源之间的相互关系，即 $M=R+B$，$C=B+G$，$Y=R+G$。

图中的 $ORBG$ 所构成的直角三菱锥就是我们要定义的仨源体。

仨源体的体量

就是直角三菱锥 $ORBG$ 所包含的体积，是仨源 OR、OB 和 OG 共同作用的结果，是仨源世界的内在实力和对外影响力。

仨源体的面量

就是由任意两源与中心圆点所形成的三角形面积，是该两源共同作用的结果；仨源体有四个面量，分别是 ORB、ORG、OBG 和 RGB。

仨源体的线量

就是任意一源到中心圆点的距离，是该源对仨源世界的贡献值；仨源体有三个线量，分别是 OR、OB 和 OG。

假设仨源体的线量分别为 a，b 和 c，即 $a=OR$，$b=OB$，$c=OG$；

那么仨源体的面量分为 $\triangle ORB=\frac{1}{2}ab$，$\triangle ORG=\frac{1}{2}ac$ 和 $\triangle OBG=\frac{1}{2}bc$；

仨源体的体量就是 $O-RBG=\frac{1}{6}abc$。

需要指出的是，上述仨源体的量与现实世界中仨源世界所产生的作用量可能相差一定的比例，这是由于量化定义的不同所产生的。在下面运动力学的案例中，我们将更清晰地看到这个问题的存在。

假设一个物体在恒力 F 作用下从静止开始运动，经过 t 时后，运动速度为 v。

运动力学定律告诉我们：

运动体的平均功率 $=\frac{1}{2}\times$力$\times$速度$=\frac{1}{2}\times F\times v$；

运动体的运动距离 $=\frac{1}{2}\times$速度$\times$时间$=\frac{1}{2}\times v\times t$；

冲量＝力×时间＝$F \times t$；

功＝$\frac{1}{2}$×力×速度×时间＝$\frac{1}{2} \times F \times v \times t$。

而仨源体却告诉我们：

仨源体的线量分别为力 F，时间 t 和速度 v。

仨源体的面量分别为 $\frac{1}{2} \times F \times v$，$\frac{1}{2} \times F \times t$ 和 $\frac{1}{2} \times v \times t$。

仨源体的体量为 $\frac{1}{6} \times F \times v \times t$。

计算仨源体的体量变化

假设仨源的微小变化量分别为 Δa、Δb 和 Δc，那么仨源体的体量变化为

$$\Delta T = \frac{1}{6}(a+\Delta a)(b+\Delta b)(c+\Delta c) - \frac{1}{6}abc$$

$$= \frac{1}{6}(ab\Delta c + a\Delta bc + \Delta abc + a\Delta b\Delta c + \Delta ab\Delta c + \Delta a\Delta bc + \Delta a\Delta b\Delta c)$$

又因为 Δa、Δb 和 Δc 的变化量甚微，因此可以推出 $\Delta a \times \Delta b$，$\Delta a \times \Delta c$，$\Delta b \times \Delta c$ 和 $\Delta a \times \Delta b \times \Delta c$ 都可忽略不计。

$$\Delta T \approx \frac{1}{6}abc\left(\frac{\Delta a}{a} + \frac{\Delta b}{b} + \frac{\Delta c}{c}\right)$$

由此可见，仨源体的体量变化与各源变化量的百分比之和成正比。

仨源函数

仨源函数是指反映仨源体中线、面和体之间的函数关系。

我们也可把一个世界和这个世界中的仨源关系称之为"仨源函数"。

采用仨源函数"仨( )"表示之后，我们对各种世界的描述就简单了。譬如，三分世界、三集世界、三性世界就可表达如下：

天下（三分）＝仨(A，B，C)

世界（三集）＝仨(你，我，他)

性态（三性）＝仨(阳，中，阴)

运动力学
$$W = f(t, F, v)$$
做功＝仨(时间,外力,速度)

电学
$$E = f(t, U, I)$$
电能＝仨(时间,电压,电流)

气体学
$$C = f(P, V, T)$$
气体常量＝仨(气压,体积,温度)

社会学
三个代表＝仨(生产力,利益,文化)
社会治理＝仨(合情,合理,合法)

法学
判案＝仨(动机,过程,证据)

战略学
战略＝仨(天时,地利,人和)

逻辑学
立论＝仨(假设,常理,推理)

如何确定"存在"的存在

确定一个"存在"是否真的存在,是由"存在"的仨原(也可叫仨源)决定的,"存在"一定具备仨原。

存在的仨原就是时原、度原和本原,可用图2-6表示。

图 2-6

1. "时原"描述了存在出现的时间点和时间段。
2. "度原"描述了存在被人类所感知的本质外相。
3. "本原"描述了存在之所以存在的原因。

确定"存在"之所以存在的依据就是找到它的"时、度、本"。"存在"一定是适"时""度"事立于"本"的存在,"存在"一定是审"时""度"势利于"本"的存在。

时原

存在一定是一段时间的存在,是有始有终的存在。

存在一定是不断发展的,而其内在的变化一定有相应的节拍与间隙。

我们把存在的上述特征,称之为存在的时原。

存在的时原随存在的出现而出现,也随存在的消失而消失。

存在的时原既是主观的,也是客观的,它是主观和客观的统一,主观体现了时原的相对性,客观体现了时原的永恒性。

度原

任何存在,无论是造化存在还是意造和臆念存在,在被认识、被感知和被思知后,就会在我们人脑中形成一定的印象、特征和属性。

我们把这些印象、特征和属性称之为存在的度原。

存在有许多度原。度原是主观意识，是主观对存在的反映。有存在就有"度"，有了"度"才能确定"有"。对于存在，每个人都有自己的"度"，所以度原既有个体性，又有群体性。我们人类认识世界和改造世界就是从认识和改变存在的度原入手的，因为存在的度原就是存在的现象，我们只有通过现象才能找到本质。

我们感觉感知"存在"就是从把握其属性的"度"开始的，因为任何存在的属性都是在一定的"对立与中立相统一"的"度"中。当我们在感知存在的某个属性时，要么首先找到这个属性的对立面，如高低、大小、长短等等，再来寻找该属性的中间参照点；要么首先确定该属性的中性点，再去确定该属性的对立面。"对立与中立相统一"的度是我们认识和分析存在的基础。

需要指出的是，存在内部的"对立"面并非是对称面（或真正的对立方），而是彼此相依为命的"互立"面。

存在中的每个度原，不仅定性地反映了"存在"的某个属性，而且能定量地反映"存在"的属性。我们用"度量"把存在中的度原进行量化，以便能更好更准确地把握"存在"的属性。

本原

关于存在的本原定义，真是仁者见仁，智者见智，有的定义为存在的起源、原因和初衷，有的定义为存在的始基，有的定义为存在的本性。

我们把"存在的起源论"定义为"本原论"，它由"质、能、神"三元构成；把"存在的始基论"定义为"本质论"，它由"火、水、鎏"三行构成；把"存在的本性论"定义为"本性论"，它由"阴、阳、中"三性构成。下一章中将详细论述。

存在的本原皆为"用"，既是存在的使命，又是存在之所以存在的根本原因。

存在的本原就是"天生我材必有用"中的"用"。没有"用"的存在，就失去了它的存在理由和意义，就是无本之木和无根之草。

无论是造化存在，还是意造存在和臆念存在，其"本原"皆为"用"；满足需求的"用"才能完成存在的使命，才能实现存在的价值。

任何存在都带有一定的使命来到这个世界，使命是它为"用"的初衷。

任何存在都是有价值的存在，而其价值只有在使用中才能体现。

任何存在都是满足一定需求的存在,满足需求的存在才是有用的存在。

不同层面的仨源

不同层面的仨源,其相互作用的结果表现是不一样的;时、度、本仨原之间的相互作用结果表现为存在,质、能、神仨元之间的相互作用结果表现为本原,火、水、錾仨行之间的相互作用结果表现为质元。

如果我们把存在中的仨原、仨元、仨行所形成的仨世界用三个三维仨源来表述,就产生了一个三维仨源体系(图 2-7)。

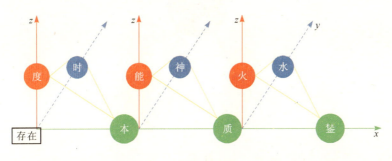

图 2-7

总之,我就是我,一个普通的存在。

我的性别,可以是男,是女,是阴阳人,或无性别取向处于虚态。

我的血型,可以是 A,是 B,是 AB,或为 O 不产生抗体处于虚态。

我带着一定的使命和任务来到我所属的世界,我的时空和"度"反映了我的存在。我的本原是为"用",是通过"能、神、质"仨元来实现的;我的本质中包含了"火、水、錾"仨行。

第三章 时原中的仨源

世界上的"存在"一定是有生有死的存在,也就是某个"时间段"的存在,而"存在"被感知一定是在某个时间点的事,而且"存在"一定是不断变化的存在,而其变化的节拍是由其内在的脉动和外在环境决定的。

存在的时原包含了存在的仨时:时间点、时间段和脉动率,如图 3-1 所示。

图 3-1

时间段与时期

时间,既是一种奇特的感觉,又是一种奇怪的量。时间点,是相对另外一个原始点的时间段,而时间量就是两个时间点所形成的时间段的度量。

根据存在的发展阶段,"时原"有仨源,即前期、中期和后期,也可以称之为过去、现在和未来。

时原不是一成不变的,而是与时俱进的;"时原"中的仨源既相互独立又相互作用;它们之间的关系可用图 3-2 表示。

"时原"中的仨源关系反映了存在自身不同发展时间段的相互关系。从图 3-2 中不难看出中期的存在既受到其前期的影响,又受到其后期的影响。

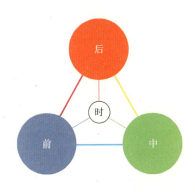

图 3-2

间隙与脉动

时间对于宇宙来说是永恒的、连续的,但是对于一个存在自身来说却是不仅有限而且还是有间断、有间隙的,我们把这种"间隙"称之为存在的"脉动"。

其实,早在古巴比伦时期,巴比伦人就已经发现了存在中的"脉动"。他们把手放在心脏上感觉到了身体内心的跳动,他们就把这种心跳称之为"脉动"。

在此基础上,古巴比伦人又把两个最近的脉动之间的时间段称之为"秒",这也是当时"秒"时间单位的唯一来源。

实际上,任何存在都有它的脉动。同一个存在,在不同时间点,它的心跳和脉动也是不断变化的。就拿动物来说,每种动物都有自己的心跳和脉动,就是动物体内的细胞分裂也有一定的间隙和脉动,而且心跳(或间隙)和脉动都有差异,都不一样。同样,植物也会有时间间隙和脉动的存在。

当然,同类存在的心跳和脉动还是具有一定的相对稳定区间。

所以一切存在的时原都是发展变化的,而这种变化既有连续性也有间隙性。

周期与传代

时间是周期性的,因为所有记录时间的仪器和天象都是周期性的。

对于一个存在的时原来说,时原的周期性是不言而喻的。时原的周期性是存在传代的前提条件。

在一个家庭中,老子、儿子和孙子这种三代关系,也可以说是周期性传代关系,这是因为在这三代关系中都含有共同的遗传基因。

三代关系可用图 3-3 来表示。

图 3-3

上述三代仨源关系中,我们不难看出,老子、儿子和孙子既是三个不同的存在,也是同一个遗传基因在不同周期和时期的表现形式。

三代之间既相互独立,又相互作用和影响。儿子的成长既受老子和孙子的影响,又会影响老子和孙子;老子的成长既受儿子和孙子的影响,又会影响儿子和孙子;同样,孙子的成长既受老子和儿子的影响,又会影响老子和儿子。

上述的三代关系,使我们把不同时期的遗传基因拉到了同一个时间点,更容易理解时原的仨源关系中前期、中期和后期之间的相互独立和相互影响关系。

时原的仨源关系中,存在的"现在"和"未来"之间的影响是相互的。"现在"影响"未来"好理解,而"未来"影响"现在"确实难以理解。

比方说，每个家长都有望子成龙的渴望，而这种"渴望"就必然会为孩子的潜能开发提出希望并开始"前期"的投资，所以，为了实现"未来"的潜能，必然会影响小孩的"现在"教育。就拿著名的钢琴家郎朗来说，他的父亲为了希望自己的儿子郎朗能在"未来"成为一名顶级的钢琴家，在他很小的时候就开始培养和教育了。可以相信，他、他的父亲还有他的老师，在很早的"过去"，就为郎朗"现在"的成就做出了艰辛和巨大的贡献。

第四章　度原中的仨源

存在中的"度原",不仅定性地反映"存在"的某个属性,而且能定量地反映"存在"属性,定量地表示存在的属性用度量表示。

度量及其类型

存在的度量

是把存在中的"度原"进行量化,以便我们能更好更准确地把握存在的属性。

存在中的度量有各色各样,有长度、体积、重量、温度、能量、电荷量、受力量、功率、电能量,等等。

存在中的度量是我们把握"存在"和区别"存在"的关键。

必须记住,存在中的度量一定包含着其度量单位,而且随"时原"的变化,存在的度量也是不断变化的。

存在中的度量有三种类型,即标量、矢量和积量。

标量

标量(Scalar)

只有数值大小或正负而没有方向的度量。这些度量之间的运算可采用一般的代数法则。

常见的标量,有质量、密度、温度、功、能量、路程、速率、体积、时间、热量、电阻、功率、势能,等等。

矢量

矢量(Vector)

既有数值大小又有方向的度量。这些度量之间的运算可采用三角形或正交分解法法则。

常见的矢量,有力、力矩、线速度、角速度、位移、加速度、动量、冲量、角动量、场强,等等。

积量

积量(Product)

可以为标量,也可以为矢量。它是由两个或两个以上度量相乘来决定的。积量来源遵循下列法则:

1. 标量乘以标量,其积量为标量,如长方体的体积等于长方体的长×宽×高;

2. 标量乘以矢量,其积量为矢量,如作用在物体上的合力等于物体的质量乘以加速度;

3. 矢量乘以矢量,其积量为标量,如作用在物体上的力所做的功等于力乘以在力方向上的位移。

度量仨源定律

标量仨源定律

存在中的标量度量,能且仅能分解为同类仨源度量之标量和,反之亦然。我们把不作为的源定义为虚源,虚源标量用"0"表示。

我们把标量仨源函数表示为:$S=S^0+S^++S^-$。

其中,S、S^0、S^+、S^-都是标量。

标量仨源体用如图4-1表示。

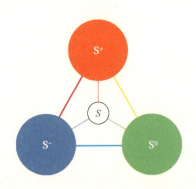

图4-1

理解这个定律的关键是要理解一切标量世界都是由对立双方加中立的同一性所形成的世界,这就是为什么必须分解为仨源的原因。

如果分解为"二源"只能反映对立双方的统一性,而无法体现中立面。

很多人看了这个定律以后,虽然觉得等式一定成立,但是不觉得有任何意义,因为任何一个数,理所当然地可以分解为另外三个数的和。

但是,当一个数不仅仅是个数,还是某个存在的特性和度量的时候,情况就不一样啦!假设一个原子有三个电子、三个质子和三个中子,在失去一个电子后,它的电荷为+1,那么我们如何表述这个带电离子呢?

如果S表示带电量,那么$S=+1$,可是我们无法知道其他粒子的电荷数。

如果我们知道它还有两个电子,不难算出,它一定有三个质子。因为我们知道,原子中只有电子和质子带电,且电子带负电,质子带正电,所以根据$S=S^++S^-$,其中S^-为负电荷量,S^+为正电荷量。

可得$S^+=+3$,即$+1=+3+(-2)$。

可是,我们还是无法知道中子数,因此只有采用标量仨源定律,一切皆可迎刃而解了,这是因为我们知道:

$$S=S^0+S^++S^-$$

即：+1=3×0+3×(+1)+2×(-1)
由此可见，一个原子一定且必须包含质子、中子和电子这仨源。

案例：村民选举

青阳县杜村乡新风村正在举办村长选举。

假设候选人只有一人，选民有 50 人，如果选举结束后，有 30 票支持，10 票反对，10 票弃权，那么这个结果就可表述为：

$$S(总票) = S^0(弃权) + S^+(支持) + S^-(反对)$$
$$S(50) = S^0(10) + S^+(30) + S^-(10)$$

因此，我们不难发现，这个选举结果只能用仨票仨源：支持、反对和弃权才能表述清楚。如果没有上述仨源，我们就无法理解选票的分类。

矢量仨源定律

存在中的矢量度量，能且仅能分解为同类仨源度量之矢量和，反之亦然。我们把不作为的源定义为虚源，虚源矢量用"$\vec{0}$"表示。

我们把矢量仨源函数表示为：$\vec{V} = \vec{V_x} + \vec{V_y} + \vec{V_z}$。

其中，$\vec{V}$、$\vec{V_x}$、$\vec{V_y}$、$\vec{V_z}$ 都是矢量。

我们把矢量仨源体表示为如图 4-2 所示。

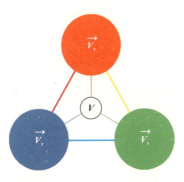

图 4-2

理解这个定律的关键是要理解在矢量空间里任何三维坐标系最多只能容纳三个相互独立的坐标轴,这就是为什么最多只能分解为仨源的原因。

如果分解为"二源",那么只能反映一个平面二维坐标系,而无法体现坐标系的空间方位。

我相信学过力学物理的人对这个定律不会有任何理解的问题。

我们知道作用在同一质点上的 N 个力可以通过空间"矢量叠加法",最后得到一个合力矢量 $\vec{V}$;再通过三维坐标分解法,将合力矢量 $\vec{V}$ 分解到三维坐标的三个坐标轴上,显然就可得到合力矢量 $\vec{V}$ 在三维坐标轴上的分解力 $\vec{Vx}$、$\vec{Vy}$、$\vec{Vz}$。

当然,我们也可以先将作用在同一质点上的 N 个力通过三维坐标分解法分别分解到三维坐标的三个坐标轴上,然后分别累加求出各个坐标轴上的合力 $\vec{Vx}$、$\vec{Vy}$、$\vec{Vz}$,最后再将坐标轴上的分相 $\vec{Vx}$、$\vec{Vy}$、$\vec{Vz}$ 矢量相加也可得到最终合力 $\vec{V}$。

由此可见,$\vec{V}=\vec{Vx}+\vec{Vy}+\vec{Vz}$,如图 4-3 所示。

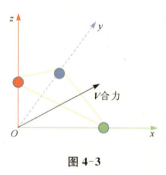

图 4-3

案例:勾股定理

假设一个矢量 $\vec{V}$ 的模为 5 cm,将其分解到直角坐标系的 x 和 y 轴上,如果 $Vx=4$ cm,那么 $Vy=3$ cm,也就是

$$\vec{V}=\vec{Vx}+\vec{Vy}+\vec{Vz}=\vec{Vx}+\vec{Vy}+\vec{0}$$

其中,$\vec{Vz}=\vec{0}$,$\vec{Vz}$ 为虚源。

积量仨源定律

存在中的积量度量,能且仅能分解为异类仨源度量之乘积,反之亦然。我们把不作为的源定义为虚源。积量因子中的虚源可以是标量也可以是矢量,如果是标量就用"1"表示,如果是矢量就用"$\vec{1}$"表示。

我们把积量仨源函数表示为:

$$|P|=|A_z|\cdot|B_y|\cdot|C_x|$$

其中,P、A_z、B_y、C_x可以是标量,也可以是矢量。

我们把积量仨源体用如图4-4所示。

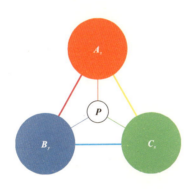

图 4-4

根据标量仨源定律和矢量仨源定律,我们知道,任何度量,无论是标量还是矢量,都可以分解为且只能分解为同类仨源度量的标量或矢量和。

同样,任何积量度量,无论是标量还是矢量,都可以分解为且只能分解为异类仨源度量的标量积或矢量积。当该积量度量只能分解为两个异类度量的积时,我们就假设另外一源处于虚态,如电功=电流×电压就可理解为电功=电流×电压×1。

理解这个定律的关键是要理解在我们现实的三维空间里,最多只能容纳三个相互独立而又相互关联的异类度量,这就是为什么最多只能分解为仨源的原因。

如果强行分解为"四源",那么其中"一源"一定可以被分解或被分配到另外的仨源之中。如果强行分解为"N个源",那么只要找到两个相互独立的源后,所有剩下的源其实就会自动聚合为第三源。

案例：体积与电量

假设积量为长方体的体积 P，其仨源因子分别为长 a、宽 b 和高 c，那么

$$P = a \cdot b \cdot c$$

同样，假设积量为电量 E，其仨源因子分别为时长 t、电流 I 和电压 U，那么

$$E = t \cdot I \cdot U$$

第五章　本原中的仨源

本原论

一元论(monism)

"一元论"一词是18世纪德国数学家、物理学家、唯心主义哲学家沃尔夫创造的。一元论认为存在的本源是唯一的,要么是物质要么是意识。因此,一元论的观点,要么是唯心论,要么是唯物论。

所以,关于存在的起源和来源方面的学术,有唯心论和唯物论两种观点。

唯心论
唯心论认为存在的本源是意识的,是主观的。其主要特征是"我思故我在"。

唯物论
唯物论认为存在的本源是物质的,是客观的。其主要特征是物质不以人的意识而存在,物质决定意识。

笛卡儿二元论(dualism)

笛卡儿二元论认为宇宙中一切存在包含意识和物质两个实体；意识和物质是两种绝对不同的实体，意识的本质在于思想，物质的本质在于广袤；物质不能思想，意识不会广袤；二者彼此完全独立，不能由一个决定或派生另一个。

一元论与二元论的最大区别在于：

一元论是从人类认识存在的角度来研究存在的本源，而二元论则是从存在自身的实质内涵角度来研究存在的本源。

二元论的观点自古希腊就存在，其典型代表是柏拉图。柏拉图认为万物中皆有灵魂和始基。

二元论的观点虽然早已存在，但是二元论的概念是很晚才由17世纪法国哲学家笛卡儿提出的。

仨元论(trialism)

在一元论和二元论的基础上，根据"仨源定律"，提出了"仨元论"，其内涵表述如下：

一切存在的本原由"质、神、能"仨元所构成，"质、能、神"仨元既相互独立又相互关联。现实表象中，或呈其一，或呈其二，或呈其三。存在的本原是在"质"、"神"和"能"仨元共同作用下实现的。

存在的本原构成可用图 5-1 来表示。

图 5-1

"质"元

"质"就是存在中所包含的质料或始基,就是各种物质元素和能量。它体现了存在的物质性。

"神"元

"神"就是存在中的美和结构,神经系统,反映和变化规律,记忆密码和逻辑思维法则。"实事求是"和"科学观"就是探索存在中的神元。

"能"元

"能"就是欲望,就是能力,就是功能,就是势和场,就是"天生我才必有用"中的"才"。

(1) 欲望就是心气,是发挥潜能的保险锁和前提;
(2) 能力使人具备技能、智慧和权力;
(3) 功能使存在有用;
(4) 势和场使存在具有做功的潜能。

怎样理解一切存在皆有仨元:质、神、能呢?下面我们用案例来进一步说明。

案例:房子、汽车和人

就拿咱们当今最关心的房子来说吧,无论是建房还是买房,我们就得关心房子中的仨元:质、神、能。

首先,我们会关心房子的用料,如水泥、石灰、钢筋、砖瓦、涂料、木材、卫浴、厨房设施、地板、大理石,等等,上述的用料其实就是房子的"质"元。

其次,我们会关心房子的外观、造型、结构、采光、朝向、通风、装修色调、采暖和制冷技术,等等,这些就是房子的"神"元。

最后,我们一定会评价房子的适用性、功能性、升值空间和价值,等等,这一切其实就是房子的"能"元。

同样,对于汽车来说,制造车子的各种材料就是汽车的"质"元;车子的外观、造型、结构、颜色和运作原理就是汽车的"神"元;而汽车的功能、性能和用途其实就是汽车的"能"元。

就我们人自身而言,我们具有"物质"和"精神"是不言而喻的,但是我们也必须认识到人人皆有"潜能",且"潜能"就是我们的才能,也就是本章所强调的仨元中的"能"元。

本质论

本质论就是研究万物的始基论。

西方始基论

古希腊泰勒斯的"水"论

古代埃及和巴比伦的神话说,泰初之世,一切皆水,"水"为原始的混沌状态,万物皆由水产生。

古希腊神话说,海洋之神奥克安诺创造了万物。

泰勒斯是古希腊第一个伟大哲学家,生于约公元前624年,他也认为世界万物都是由"水"形成的,水是万物的始基;万物生于水而归于水,水是不变的本体。

泰勒斯之所以把万物的本质认作为"水",主要理由是:

一方面,一切生命都依赖于水,生命从海洋诞生,人体中含量最多的物质是水,水是生命的基础。

另一方面,希腊人作为一个航海民族,水哺育了他们,自然对水具有亲和力,使他们对水抱有深厚感情。

阿那克西美尼的"气"论

阿那克西美尼,古希腊哲学家,出生于约公元前570年,他认为世界万物都是由"气"组成的;他主张"气"为万物的始基。

他的著作残篇说:我们的灵魂是"气",这气使我们结成整体,整个世界也是一样,由气息和气包围着。使物体凝聚和浓缩的是冷,使它稀薄和松弛的是热。除了我们这个宇宙外,还有无数的宇宙,这些宇宙都有生灭的过程,生于气而返于气。

他的解释是:

1. 一切万物由气构成。因为根据气的基本规定和形态,依照浓度不同或变化而成为火、风、云、水、土、石以至万物。

2. 气是一切的起始与归宿。因为一切都由气构成,都形成于气,那么一切就又都会消解为气、还原为气,即出自于什么,就会复归于什么。

3. 气是一切的生存条件。

4. 气是驱动者与被驱动者的中介和媒介。

毕达哥拉斯的"数"论

毕达哥拉斯,古希腊著名的哲学家和数学家,他是第一个使用"哲学"一词的人,他认为哲学家应是爱智慧的人,"哲学"就是"爱智慧",他认为:万物由"数"构成,万物的本质是"一";数的基本单位是"一",一加偶数为奇数,一加奇数为偶数,也就是说"一"自身包含着奇、偶两种不同的特性;数学的本质就是万物的本质。

其理由如下:

首先,从事物的生成看,数先于事物而存在,是构成事物的基本单元。因为由"数"产生点,从点产生线,从线产生面,从面产生体,从体产生我们感觉所及的一切形体。

其次,从事物的性质看,数的规定性决定了事物的规定性,数是事物的范型。数的规定性主要是对立和比例。如数具有对立的性质,事物中也就具有对立的性质;数之间存在着和谐的比例关系,那么事物中也存在着和谐的比例关系。

最后,数能反映自然和社会属性,因为"1"就是智慧,"2"就是意见,"3"就是全体,"4"就是正义,"5"就是婚姻,"6"就是灵魂,"7"就是机会,"8"是爱情,"9"是理性,"10"是完满。

赫拉克利特的"火"论

赫拉克利特,著名的古希腊哲学家,出生于公元前530年。他认为,万物中含有"火"(神),"火"才能推动万物的变化,万物从"火"中产生而又重新分解为火。火的变化与运动,使万物的相互转化有规律,这种规律称之为"道"。人生的目的是追求真理,认识自然的规律,而不是追求享乐。

其理由是:

1. 有秩序的宇宙对万物都是相同的,它既不是神也不是人所创造的,它的过去、现在和将来永远是一团永恒的活火,按一定尺度燃烧,也按一定尺度熄灭。

2. 火是诸元素中最精致并且是最接近于没有形体的东西;更重要的是,火既是运动的,又能使别的事物运动。

恩培多克勒的"水、气、火、土"论

恩培多克勒,著名的古希腊哲学家和预言家。他认为,万物由"水、气、火、土"组成;这些元素是永恒存在的,并由另外两种抽象元素"爱和恨"使它们连结或分离。

恩培多克勒的思想把泰勒斯、阿那克西美尼、赫拉克利特和齐诺弗尼斯等人的思想糅合在一起;因为泰勒斯认为万物的始基是"水",阿那克西美尼认为万物的始基是"空气",赫拉克利特认为万物的始基是"火",齐诺弗尼斯认为万物的始基是"土"。

他还认为,世界上的一切变化并不受任何的目的所支配,而是受"机遇"与"必然"所支配;存在着有一种循环,那就是:当各种元素被爱彻底地混合之后,斗争就会开始,便逐渐又把它们分开;当斗争把它们分开之后,爱就会开始,便又逐渐地把它们结合在一起。从而说明,每种合成的实体都是暂时的,只有元素及其之间的爱和斗争才是永恒的。

亚里士多德的"冷、热、干、湿"论

亚里士多德,最伟大的古希腊哲学家、教育家。他认为,万物是由四种原始性质"冷、热、干、湿"所形成;这四种元素,具有可被人感觉的两两对立的性质,根据不同比例组合就可形成万物。

亚里士多德认为,"气"是热和湿的混合物;而热和干形成"火"!

由此,亚里士多德根据其建立的如图 5-2 所示

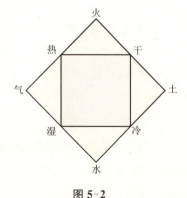

图 5-2

的两个正方形,推导出了恩培多克勒的四原始基:土、气、火、水。

东方五行论

《五行论》认为万物由"金、木、水、火、土"五种基础物质构成,并把这五种基础物质"金、木、水、火、土"称之为五行。而且认为此五行之间还会相生相克。水生木:水滋润草木;木生火:草木燃烧生火;火生土:火燃烧后形成灰土;土生金:土中有矿石并能提炼金属;金生水:金冷则凝水,金热则化水。水克火:水可灭火;火克金:火可熔金;金克木:金器可以锯木、砍木、雕木;木克土:草木之根既可以钻入土中,草木又可以破土而出;土克水:土可以吸水,又可以挡水。

后来古代道家学派,加上阴阳之说用于人体上,就形成了中国中医的传统理论《阴阳五行论》。

《阴阳五行论》可用图5-3来表示。图中五色表示五行,黄色代表金,蓝色代表水,绿色代表木,红色代表火,褐色代表土。水代表肾,火代表心,木代表肝,土代表脾,金代表肺。

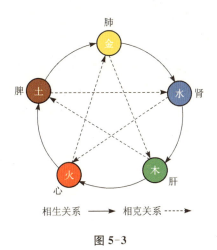

图 5-3

仨行论

本书在古今中外本质论的基础上,根据"仨源定律",提出了"仨行论",其内涵表述如下:

一切存在的本质(或存在的质元)由"水、火、壵"仨行所构成,"水、火、壵"仨行既相互独立又相互关联。现实表象中,或呈其一,或呈其二,或呈其三。存在的质元是在"水、火、壵"仨行共同作用下实现的。

"仨行论"认为"水、火、壵"仨行是构成万物的基础物质。存在的本质构成可用图 5-4 来表示。

图 5-4

"水"行

"水"就是传统的"金、木、水、火、土"五行中的"水",其外在表现为冷和湿,而其内在表现为粘合和固定质子与中子形成物质结构的势能,包括引力势能、电势能、电场势能、分子势能和弹性势能。

"火"行

"火"就是传统的"金、木、水、火、土"五行中的"火",其外在表现为干和热,而其内在表现为电子的运动动能以及质子和中子的振动能。

"壵(jù)"行

"壵"就是传统的"金、木、水、火、土"五行中的"金、木、土"的三行之聚合。

"鋈"是根据象形字所创造,很像金銮殿的銮;其音,声母取之于金,韵母取之于木和土;其音同"聚",意寓聚合而成。

如果用现代化学知识来理解"鋈"的话,那么"鋈"中的"木"代表有机物,"鋈"中的"土"代表非金属,"鋈"中的"金"代表金属。"鋈"也可理解为物质失去水和内能后的残留物。

如果用现代原子论来理解"鋈"的话,那么"鋈"中的"木"代表电子的质量,"鋈"中的"土"代表中子的质量,"鋈"中的"金"代表质子的质量。也就是"鋈"是物质中的质子、中子和电子的质量总和。

仨行论中的"火"正好代表阳光,表象红色;"水"正好代表雨露,表象蓝色;而"鋈"正好代表土壤和树木,表象绿色。其寓意就是,万物离不开阳光、雨露和土壤,就像五彩缤纷的世界离不开红、蓝、绿三原色。

从"五行论"推导"仨行论"

"仨行论"的提出,主要基于下列原因:

首先,"仨行论"是中国古代《五行论》和古希腊亚里士多德的"冷、热、干、湿"本质论的有机整合。

其次,我们不难发现,传统的"金、木、水、火、土"五行中,除了"水"和"火"无法相容外,"金、木、土"都有"实物"之性,完全可以聚为一行,这样"五行"就转化为"三行"了。

再次,我们也可利用图形转换法和《仨源论》的分解和聚合法,将传统的"金、木、水、火、土"五行转化为"水、火、鋈"仨行。具体做法如下:

1. 把"中医的阴阳五行相生相克图"中"木"放到"金"和"土"之间,我们可得到图 5-5。

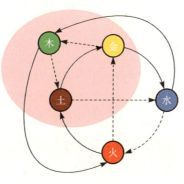

图 5-5

2. 再把图 5-5 中的"土、木、金"三行聚合为一个整体,并称之为鏊(Jù),便可得到"火、水、鏊"仨行,如图 5-6 所示。

最后,有兴趣的朋友可以查阅南京大学余亚纲所著的《生命三元论》,你会发现另外一种数学推导方法,也可将"五行"转为"三行"。

同样,把鏊分解为另外三行"土、木、金",便得到图 5-7 所示的"土、木、金"三行之间的相生相克关系。

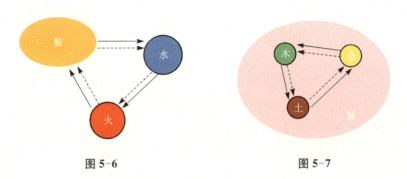

图 5-6　　　　　　　　　图 5-7

从现代"原子论"推导"仨行论"

最古老的"原子论"是由古希腊哲学家德谟克利特提出的。他在探讨物质的本质时,提出了原子论的思想。他认为万物的本质是原子和虚空。

原子是一种最后的不可分割的物质微粒,它的基本属性是"充实性",每个原子都是毫无空隙的。虚空的性质是空旷,原子得以在其间活动,它给原子提供了运动的条件。

近代的"原子论"是由英国化学家约翰·道尔顿于 1803 年提出的。在解释物质的本质的理论时,他说明所有的物质皆由原子构成。尽管从现在的观点来看,道尔顿的观点是非常简洁而有力的,但是由于实验证据的缺乏和道尔顿表述的不力,这一观点直到 20 世纪初才被广泛接受。

近代的"分子学说"是由意大利的阿莫迪欧·阿伏伽德罗于 1811 年提出的。

他认为:分子是能单独存在,并保持纯物质的化学性质的最小粒子。原子是参加化学反应的最小质点,分子则是在游离状态下的单质或化合物能够独立存在的最小质点。分子是由原子组成的,单质分子由相同元素的原子组成,化合物分子由不同元素的原子组成。在化学变化中,不同物质的分子中各种原子进行重新结合。

自从法国哲学家和物理学家笛卡儿提出了原子可分论后,现代原子论告诉我们：

万物的本质是原子,而原子又是由质子、中子和电子构成的,因此形成物质的本质是三子:质子、中子和电子。

其中,电子是不断运动的,其质量很轻,含有动能,并带着负电荷(或正电荷);质子是相对静止的(除了振动和重组状态),其质量相对较重,带有正电荷(或负电荷);中子也是相对静止的(除了振动和重组状态),其质量相对较重,不带有任何电荷。在物质中,除了电子的运动动能以及质子和中子的振动动能外,物质中的质子、中子和电子之间还存在着各种凝固势能以便确保物质结构的相对稳定性。

因此,一切物质中含有三种"质源":质量、动能和势能。如果用红色表示"动能",用蓝色表示"势能",用绿色表示"质量",那么物质的仨源体为如图 5-8 所示。

图 5-8

图 5-8 中的仨源解释如下:

1. 动能:物质中的质子、中子和电子的各种运动动能之和,对于一个相对稳定的物质来说,其动能主要是指物质中电子的运动动能。

2. 势能:物质中的质子、中子和电子之间的各种凝固势能之和,包含引力势能、电势能、电场势能、分子势能和弹性势能。

3. 质量:物质中的质子、中子和电子的质量总和。

如果我们把上述的"动能"用"火"表示,把上述的"势能"用"水",把上述的"质量"用"螯"表示,那么我们就可得到本书定义的仨行论。

由此可见,我们不仅可以从古代的"五行论"推导出"仨行论",还可以从现代的"原子论"推导出"仨行论"。

本性论

一性论

传统的本性论认为存在的本性,要么是"善",要么是"恶",要么是"中"。

男人就是男人,女人就是女人;公就是公,母就是母;雄就是雄,雌就是雌;中就是中。也就是说,在同一存在中本性是唯一的,即"一性论"。

一性论认为对立而相对存在的二性只能出现在两个不同的相对同类实体中。

老子的二性论

2 500年前的老子(也就是《道德经》的创始人)认为:

任何存在中皆含"二性",即阴性中含有阳性,阳性中含有阴性,男人中也有女性,女人中也有男性,雄中包含雌性,雌中包含雄性。

用双鱼图(又叫太极图)表示,如图5-9所示。

图5-9

老子还认为二性可以相互转换,譬如乐极生悲、福兮祸所依、祸兮福所伏,塞翁失马焉知非福,等等。

由上可知,与传统的一性论相比,老子的二性论不仅首次提出了二性同在一物之中,还指出了二性之间主次转换的辩证关系。

仨性论

本章在古今中外本性论的基础上,根据"仨源论",提出了"仨性论",其内涵表述如下:

一切存在的本性由"阴、阳、中"仨性所构成,"阴、阳、中"仨性既相互独立又相互关联。现实表象中,或呈其一,或呈其二,或呈其三。存在的本性是在"阴、阳、中"仨性共同作用下实现的。

存在的本性构成可用图 5-10 来表示。

图 5-10

阴性

就是相对于阳性和中性的属性;就像原子中的带负电荷的电子属性是相对于带正电荷的质子和不带电荷的中子而言的那样;就像投票中的反对是相对于赞成和弃权而言的那样。

阳性

就是相对于阴性和中性的属性;就像原子中的带正电荷的质子属性是相对于

带负电荷的电子和不带电荷的中子而言的那样；就像投票中的赞成是相对于反对和弃权而言的那样。

中性

就是相对于阴性和阳性的属性；就像原子中的不带电荷的中子属性是相对于带负电荷的电子和带正电荷的质子而言的那样；就像投票中的弃权是相对于反对和赞成而言的那样。

万物皆含仨性，其解释如下：

解释之一：判断中的三性

我们判断任何属性都是从相对的三性开始的，当我们判断某个属性为"善"的时候，在我们的心中，一定存在另外两个对比属性，即"恶"和"中"；当我们判断某个属性为"大"的时候，在我们的心中，一定存在"小"和"中"这两个对比属性；所以说，万物皆有三性。

解释之二：中性或第三性的存在

传统的一性论告诉我们，万物只有一性，要么公要么母，要么雄要么雌，要么男要么女。然而，在现实中，除了男人和女人外，还有阴阳人；生蚝除了雄、雌外，还有雄雌同体的；蜜蜂除了蜂王和雄蜂外，还有工蜂；最近世界各地都在立法使同性恋合法化，其实同性恋就是第三性或中性，说句笑话，如果我们的社会今天还不接受第三性的话，那么我们将来就无法填写性别表了。

再有，中性这个概念和使用，早就出现在很多语言学中了，譬如法语和德语中的名词和代词就分中性、阳性和阴性。其实，所有的对立统一中都含中性，中性是它们的轴和参照系。如在大小、多少、高低、远近、厚薄、上下、左右、前后、轻重、正负等对立面中都有中性的存在。

需要指出的是，在很多情况下，中性显示了其伟大的力量。

首先，社会的主流应该是中间群体，处理好中间群体的问题，才能解决广大民众的根本利益。

其次，在黑白之间的灰色地带就是中间带，而社会管理好坏就取决于对中间带的问题解决。

最后,现代管理中,有很多都可以采用计算机管理,唯独两极之外的中间模糊地带必须依靠人的干涉。

解释之三:看似二性中的第三性

现实中的正常与非正常和寻常与非寻常,看似相对的二性,其实也包含第三性。假如我们将正常定位为"中"性,那么非正常的正向变动就为"阳"性,负向变动则为"阴"性;同样,假如我们将寻常定位为"中"性,那么非寻常的正向变动就为"阳"性,负向变动则为"阴"性。

动静,看似相对的二性,其实也包含第三性。假如我们把静定义为"中"性,那么上动就为"阳"性,下动则为"阴"性。

解释之四:三性比比皆是

生命周期中也有三性,从生到死都有中间段,人的生命最精彩的部分其实都在中间段,生为阳性,死为阴性。

三性的存在比比皆是,如物有三态,即气态、液态和固态;人有三性,即男人、女人和中性人;数有三量,即大、中、小。

中篇

仨源易经

万事之变皆为易
量变质变都是变
八卦和六十四卦
显示趋势和变化
量变须审时度势
质变要适时度事

《易经》是中国最古老的哲学经典，是五《经》之首。《易经》有多种版本，但使用最多的还是由西周时期周文王所著的《周易》。《易经》在中国古代是政治家、统治者、军事家们用于运筹帷幄和治国安邦的重要思想依据，但是，奇怪的是，从古至今几千年以来，《易经》的成因始终是一个谜团，无人知晓，无据可依，特别是"三爻"为何"物"自始至终没有任何解释。

我们知道《易经》是关于"变化"的学术，但是我们要问：何种变化？

本篇在《仨源论》的基础上，通过科学推导可能的变化组合，证明了八卦和六十四卦确实反映了存在的所有变化，从而证明了《易经》的科学性，并且阐明了《易经》的成因。

通过"二分法"来推导"阴阳"生"八卦"是不科学的，只有仨源论能真正科学地解读《易经》，因此"阴阳八卦"应该为"仨源八卦"，阴阳《易经》应该叫做《仨源易经》。

《仨源易经》就是研究"存在"的变化及趋势。

过去，我们只能通过占卜法获取《周易》的卦象，而现在我们还可以通过科学分析法获取《周易》的卦象。

过去，我们只能通过《周易》的卦象卦辞判断吉凶，而现在我们还可以通过卦象的仨易排序来判断卦象的吉凶。

过去，我们不知道卦象中"爻"的含义，现在我们很清楚每个"爻"代表什么。

欲知详情，请看本篇。

第六章 《周易》及其成因成谜

《周易》概述

《周易》，又称《易经》，"易"字据说来源于"蜥蜴"的蜴，有变色龙的意思。

《易经》就是关于变化的学术，是中国最古老的哲学经典。

《易经》有多种版本，使用最多的还是由西周时期周文王所著的《周易》。

《易经》的核心就是解释易经"八卦"和"六十四卦"；"八卦"描述了万物赖以生存的客观元素和自然现象，而"六十四卦"则反映了万物之变及其可能的变化方式和吉凶预测。

在中国古代，《易经》是政治家、统治者、军事家们用于运筹帷幄和治国安邦的重要思想依据，也是民众百姓作为养生、预测祸福、经商盈利的占卜工具。《易经》的实际运用水平高低和差异取决于各人对卦辞涵义的理解深浅。不同时期、不同流派，人们对于卦象卦辞的解释和理解也是不同的。

周易八卦

八卦最早是由伏羲所创，故称伏羲八卦，又称先天八卦，传说是由距今七千年的伏羲氏观物取象所作。形成的阴阳八卦图如图6-1所示。

其中，乾一为天、兑二为泽、离三为火、震四为雷、巽五为风、坎六为水、艮七为山、坤八为地。此八卦代表了万物赖以生存的客观元素和自然现象。

图 6-1

后天八卦出自周文王，只是为了迎合九宫格的需要，将八卦的排序作了点调整。先天八卦(如左图)与后天八卦(如右图)的卦图如图 6-2 所示。

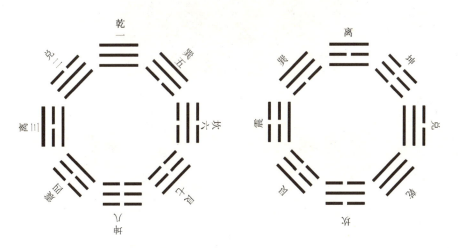

图 6-2

先天八卦图为乾上坤下，后天八卦图为离上坎下。

就八卦如何产生，无人知晓，不过后人也有戏说。如《易·系辞传》说："易有太极，是生两仪，两仪生四象，四象生八卦。"

注释为：太极就是一，是道，是浑沌元气；太极动而生阳，静而生阴，是生两仪；一阴一阳这个两仪又各生一阴一阳之象，生出四象；四象(即少阳、老阳、少阴、老阴)再各自生阴生阳，生出八卦，即四象生八卦。

伏羲(xī)又作宓羲、庖牺、包牺、伏戏,亦称牺皇、皇羲、太昊,史记中称伏牺,是中华民族人文始祖。相传伏羲为人首蛇身(如图6-3),与其妹女娲成婚,生儿育女,成为人类的始祖。如图6-4为四川合江张家沟二号墓出土的伏羲女娲图。

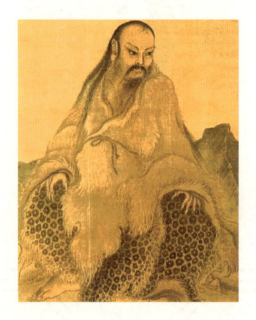

图 6-3

图 6-4

古人关于十个数字的内涵：

> 无极生太极，太极生两仪，
> 两仪生三才，三才生四象，
> 四象生五行，五行生六合，
> 六合生七星，七星生八卦，
> 八卦生九宫，一切归十方。

一元：太极

两仪：阴阳

三才：天、地、人

四象：指少阳、太阳、少阴、太阴

  1. 在筮数上体现为七、九、八、六；

  2. 从方位角度为东、南、西、北（东青龙、南朱雀、西白虎、北玄武）；

  3. 从季节论四象为春、夏、秋、冬；

  4. 从月论为朔、望、上弦、下弦。

五行：木、火、土、金、水

六合：上、下、东、西、南、北

七星：日、月、金、木、水、火、土

八卦：乾、坤、震、艮、离、坎、兑、巽

九宫：一宫坎（北），二宫坤（西南），三宫震（东），
  四宫巽（东南），五宫中（寄于坤），六宫乾（西北），
  七宫兑（西），八宫艮（东北），九宫离（南）。

巽4	离9	坤2
震3	中5	兑7
艮8	坎1	乾6

十方：八方＋上下（东、西、南、北、东南、东北、西南、西北、上、下），也就是佛教中说的十方世界。

周易六十四卦

据《史记·周本纪》记载:文王"其囚羑里,盖益易之八卦为六十四卦。"

也就是说,当时文王(西伯昌)被崇侯虎陷害而被殷帝纣囚禁在羑里整七年,在狱中,西伯昌潜心研究易学八卦,通过八卦相叠从而推演出现在《易经》中所记载的乾、坤、屯、蒙等六十四卦。

在《周易》中,周文王画出了六十四卦的每个卦象和卦名,并一一作出了解释,这种解释后人称之为卦辞、爻名和爻辞,并用于吉凶占卜。

譬如,第四卦卦名为蒙,卦象为。

其卦辞和爻辞原文如下:

蒙:亨。匪我求童蒙,童蒙求我。初筮告,再三渎,渎则不告。利贞。

初六:发蒙。利用刑人,用说桎梏。以往,吝。

九二:包蒙,吉。纳妇吉。子克家。

六三:勿用娶女。见金夫,不有躬,无攸利。

六四:困蒙,吝。

六五:童蒙,吉。

上九:击蒙。不利为寇,利御寇。

其卦辞和爻辞用白话文可解释为:

蒙卦:通顺。不是我求蒙昧的童子,而是蒙昧的童子向我求教。第一次求教可以告诉他,第二次、第三次来麻烦,就不再理睬他。利于占问。

倒数第一阴爻:启发蒙昧,利用受刑的人,脱掉他们的枷锁,用在出外,不利。

倒数第二阳爻:包容蒙昧,吉。娶妇,吉。子能够成家。

倒数第三阴爻:不用去抢女,看见武夫,要丧命,无所利。

倒数第四阴爻:困于蒙昧,不利。

倒数第五阴爻:蒙昧的童子(处于好的地位可教导),吉利。

最上阳爻:攻击蒙昧,作为侵略是不利的,作为抵抗侵略是有利的。

与此同时,为了实现占卜的需要,在《周易》中,周文王还给出了一种占卜方法,告诉我们如何获得一个卦象,使我们轻松预测未来。具体做法是:

1. 首先必须是心中有事,难于决策,祈求上帝;其次必须相信上帝。
2. 双手握住自己心爱的一枚硬币,三拜后,将硬币投到桌上。
3. 如果硬币的"字"在上,就在纸上画一个实线作为阳爻,如果硬币的"花"在上,就在纸上画一个虚线作为阴爻。
4. 依次重复2~3的过程五次,就可获得从底爻到上爻所叠加的六十四卦之一的卦象。
5. 再根据《周易》找到该卦象所对应的卦辞和爻辞。

譬如,第一次得虚爻,第二次得实爻,第三次得虚爻,第四次得虚爻,第五次得虚爻,第六次得实爻,可得第四卦——蒙。

周易阴阳八卦和六十四卦图如图6-5所示,六十四卦的卦歌:

图 6-5

乾为天，天风姤，天山遁，天地否，风地观，山地剥，火地晋，火天大有；
坎为水，水泽节，水雷屯，水火既济，泽火革，雷火丰，地火明夷，地水师；
艮为山，山火贲，山天大畜，山泽损，火泽睽，天泽履，风泽中孚，风山渐；
震为雷，雷地豫，雷水解，雷风恒，地风升，水风井，泽风大过，泽雷随；
巽为风，风天小畜，风火家人，风雷益，天雷无妄，火雷噬嗑，山雷颐，山风蛊；
离为火，火山旅，火风鼎，火水未济，山水蒙，风水涣，天水讼，天火同人；
坤为地，地雷复，地泽临，地天泰，雷天大壮，泽天夬，水天需，水地比；
兑为泽，泽水困，泽地萃，泽山咸，水山蹇，地山谦，雷山小过，雷泽归妹。

《周易》成因成谜

奇怪的是，从古至今几千年以来，八卦图的成因始终是一个谜团，无人知晓，无据可依，特别是"三爻"为何"物"自始至终没有任何解释。

因为在《周易》中，周文王并没有告诉我们六十四卦的成因，他只是给出了六十四卦的卦象、卦名、卦辞、爻名和爻辞，以及如何使用占卜获得卦象。

关于《周易》六十四卦的成因，后人也有两种猜测，一种认为是利用"阴阳二分法"推演所获，一种则认为是利用两个伏羲八卦的叠加推演所成。

假如采用阴阳二分法，八卦生十六卦，十六卦生三十二卦，三十二卦生六十四卦，六十四卦再生一百二十八卦，等等。以此类推，永无止境，那么周文王为什么只停留在六十四卦上？

假如采用叠加法，两个伏羲八卦的叠加正好推演出六十四卦，那么我们又要问：为什么是双重叠加而不是三重或四重叠加呢？

第七章　何谓"变化"和"仨源之变"

所谓"变化"就是"存在"发生了新的状况。初渐谓之变,变时新旧两体俱有;变尽旧体而有新体,谓之化(《礼记·中庸》)。

世上唯一不变的就是变化。梁启超说,"变者,天下之公理也"。

哲学释义:变化是改的条件,变化决定发展,是结果的原因,是思维的终极目的,是世界的结局,是时间的开端、空间的结尾,是矛盾的主体,是运动的表里,是光明里的黑暗、黑暗里的生机,是有和无的前提,是自我的整个有意无意的全过程变。

"变化"并非无规律可循。"实事求是"就是寻找变化规律,"易经"就是寻找和预测变化趋势。

由于"存在"的各个层面都是由仨源构成的,所以"存在"的变化一定是由其内在的仨源所引起的变化。因此,我们不仅要关注"存在"之变,更要研究其"仨源"之变。

显隐之变

我们知道任何"存在"必有三种状态:无、虚和实。"无"是相对"有"的无,"有"是相对"无"的有,"虚"是相对"实"的虚,"实"是相对"虚"的实;"虚"既是相对"有"的无,又是相对"无"的有。

假设"无"和"虚"为"存在"的隐性状态,那么"实"就是"存在"的显性状态。"存在"的显性状态与隐性状态之间的相互转换,就是显隐之变。

"隐性"和"显性"两个概念来源于现代遗传学。遗传是指经由基因的传递,使后代获得亲代的特征。核心特征的遗传主要是由染色体上的基因所确定的,而基因又是由其显性和隐性特征所决定的。

有些在孙子辈上显示的特征,却没有出现在儿子辈上,这并不表明在儿子身上不含有其遗传基因,只是该基因处于隐性状态。

同样,我们不难想象,仨源中某个源没有外显,并不表示该源不存在,而是处于隐性状态,也可以看成处于虚态。

根据上篇《仨源论》,我们知道"存在"的各个层面都是由仨源构成的,所以"存在"中的仨源也会出现显隐之变。

仨源之变

在显性状态下,无论"存在"和其"仨源"的变化都有三种趋势:要么变强、变大,要么变弱、变小,要么维持不变,我们称之为"仨变"。

仨变可用仨源:阳、阴、中来表示,其仨源体可以表示为如图7-1所示。

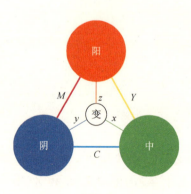

图 7-1

量变和质变

常规的量变定义

量变又称"渐变",与质变相对,指事物在数量上的增加或减少以及场所的变更,是一种连续的、逐渐的、不显著的变化。唯物辩证法认为,量变是事物运动的基本状态之一,它由事物内部矛盾着的各个方面又统一又斗争而引起,是事物每时每刻都在进行的连续不断的变化,因此,它具有客观普遍性。

量变有两种不同的情况,一种是一般情况下的量变,这是事物自身存在的延续和渐进的变化,事物的质没有发生变化;一种是临近关节点的量变,事物数量的增加或减少会破坏物质的稳定性,为质变和飞跃做准备。由于事物量的规定性的多方面性及条件的大相迥异,事物量变的形式可以分为不同的种类。一般而言,量变的基本形式有数量的增减和空间排列结构、秩序的变化两种。而在事物发展过程中,这两种量变形式是经常相互交织在一起的,量变最终会向质变转化。

事物的运动变化,总是先从量变开始,在一定界限内,量的增加或减少,不致引起事物质的变化。但是,量的变化一旦超出一定限度,就会出现飞跃,使旧质消失,新质产生。而在新质基础上,又产生新的量变过程,从而构成事物无限多样的发展过程。因此,量变是质变的准备,没有量变就没有质变。量变和质变一样,也有向上和向下两种性质的区别,即有前进性和倒退性量变的区别,这是两种方向相反的量变过程。量变中还渗透着部分质变的过程,量变和质变都不是以纯粹形态出现的,二者互相交错、互相渗透。

常规的质变定义

"质变"(qualitative change)是事物从一种质态向另一种质态的转变,是事物运动的基本状态之一,是同"量变"相对的,又称为突变。"质变"是在量变的基础上发生的,标志着量的渐进过程的中断。事物的质变根源在于事物的内部矛盾运动。

当事物的内部矛盾斗争激化,使基本矛盾双方主次地位发生根本变化,原来处于被支配地位的非主要矛盾方面上升为决定事物性质的主要方面时,一事物就转化为另一不同质的事物。事物的质变瓦解了事物原有的质量统一体,破坏了事物的相对静止状态,突破了事物原有的度,从而呈现出显著的、迅速的和剧烈的变化。

质变在事物发展中具有重要地位。质变是事物发展的决定性环节,是造成世界上千差万别的事物及其丰富个性的根据。质变的过程中,事物处于显著变动状态,质变一般是明显的、突发的、非连续性的,因而也叫飞跃,渐进过程中的中断或革命。

质变相对应于量变,是指较大的变化,事物的本质或者性质发生了变化,是一个哲学的概念。而量变是事物的属性发生较小的变化,而本质或者性质没有发生变化。例如冰随着温度的增加逐渐升温,这一过程叫做量变,而一旦达到 0℃,则冰(在一个大气压下)融化成水,这一过程叫做质变。由此可以归纳出一个哲学概念,即量变引起质变。

我们知道"存在"的变化,其实都是由其对应的"仨源"变化引起的,反之亦然。因此"存在"的量变和质变也可以看成是由其"仨源"引发的。

我们认为所谓"量变"就是"存在"在下列三个条件下所发生的仨变,否则就是质变:

1. 仨源的变化没有出现显隐之变;
2. 仨源的变化没有导致仨源的权重变化;
3. 仨源的变化没有改变已有的仨足鼎立关系或已有的一源独大之势。

所谓"仨源权重"就是"仨源"中每个源对"存在"的贡献大小。

所谓"仨足鼎立"就是"仨源"中每个源对"存在"的贡献大小能形成一个三角形,反之则为一源独大之势。

需要指出的是,与传统的"量变"和"质变"定义不同的是,我们并不认为"量变"和"质变"一定有必然的联系,它俩仅是一种相对的存在形式;"质变"不一定需要发生"量变","量变"只有在适当的条件下才会出现"质变"。

仨源易经既包含了"存在"的"量变",又包含了"存在"的"质变"。

仨易八卦反映了"存在"的"质变";而仨易六十四卦则反映了"存在"的"质变和量变"。

第八章 仨易八卦

美女招亲哥仨动心（上）

张家有个美丽的女儿待嫁，希望通过抛绣球招上门女婿，王家的仨儿子就坐在一起商讨此事。哥仨想：我们仨要不要去，是仨都去，还是派代表去？聪明的老三立马就说："此事对于我们仨共有八种选择。"老大和老二则不以为然，调侃地说："你怎么知道，吹牛。"老三不慌不忙地先在纸上画了三根上下对齐的虚线形成▅▅图案，解释道："最上面的线代表大哥你，最底下的线代表我，而中间线代表二哥他，这是咱仨的第一种选择，也就是咱仨都不去。"接着他把最上面的虚线画成实线形成▅▅图案，解释道："大哥是长子，理当优先，你代表咱家，这是咱仨的第二种选择。"接着他又把最上面的实线变回虚线，把中间线画成实线形成▅▅图案，解释道："如果大哥不去，理当二哥去，这是我们的第三种选择。"接着他再把中间实线变回虚线，把最底下的虚线画成实线形成▅▅图案，解释道："如果大哥和二哥不去，那么我就代表咱仨去，这是咱们的第四种选择。"接着他又把图案画成▅▅，解释道："大哥和二哥你们俩去，我不去，在家陪父母，这是第五种选择。"接着他又把图案变成▅▅，解释道："如果二哥实在不愿去，那么我就和大哥去，这是我们的第六种选择。"接着他再把图案换成▅▅，解释道："如果大哥是长子，不愿意做上门女婿，那么我和二哥去，这是咱们的第七种选择。"最后，他把图案画成▅▅，解释道："抢绣球，人多机会大，不如哥仨都去，这是咱们的第八种选择。"

小弟讲完后,大哥和二哥不禁肃然起敬,竖起大拇指,齐声夸奖:"小弟真有智慧,居然把如此复杂的问题变得这般简单。"

上述笑话,是一个最好的八卦形成案例,用现代数学的组合概念也许我们一下就知道有八种选择,因为 $n=C_2^1 C_2^1 C_2^1$,却没八卦展示的如此清楚。

哥仨"去不去"的八卦:

言归正传,为了方便后面的论述,我们需要引入"隐性"和"显性"两个概念,简单地说,上述笑话中的"不去"就是"隐性","去"就是"显性",科学地说,"隐性"和"显性"两个概念来源于现代遗传学。

遗传是指经由基因的传递,使后代获得亲代的特征。核心特征的遗传主要是由染色体上的基因所确定的,而基因又是由其显性和隐性特征所决定的。

有些在孙子辈上显示的特征,却没有出现在儿子辈上,这并不表明在儿子身上不含有其遗传基因,只是该基因处于隐性状态。

同样,我们不难想象,仨源中某个源没有外显,并不表示该源不存在,而是处于隐性状态,也可以看成处于虚态。

仨易八卦的定义

根据《仨源论》理论,我们知道存在的任何度量都是由其内在的仨源度量相加或乘积而成,因此,如果仨源度量不变,只考虑仨源的显性和隐性特征,那么由仨源形成的度原度量,有且仅有八种形式和结果。

我们把上述八种组合方式称之为"仨易八卦",也叫"静态仨易八卦"。

假设仨源为源 z、源 y、源 x,其中源 z 为上爻标为红色,源 y 为中爻标为蓝色,源 x 为下爻标为绿色。

爻"—"为"显性",表示该源没有缺席,处于显性状态。

爻"— —"为"隐性",表示该源缺席,处于隐性状态,即"虚"态。

那么我们就可得到如表 8-1 所示的"仨易八卦的定义"表。

表 8-1　仁易八卦的定义

序	卦名	卦象	标量(S)	矢量($\vec{V}$)	积量($\vec{P}$ or P)
1	坤(kūn)				
2	艮(gèn)		S^+	$\vec{V_z}$	$|A_z|$
3	坎(kǎn)		S^-	$\vec{V_y}$	$|B_y|$
4	震(zhèn)		S^0	$\vec{V_x}$	$|C_x|$
5	巽(xùn)		$S^+ + S^-$	$\vec{V_z} + \vec{V_y}$	$|A_z| \cdot |B_y|$
6	离(lí)		$S^+ + S^0$	$\vec{V_z} + \vec{V_x}$	$|A_z| \cdot |C_x|$
7	兑(duì)		$S^- + S^0$	$\vec{V_y} + \vec{V_x}$	$|B_y| \cdot |C_x|$
8	乾(qián)		$S^0 + S^+ + S^-$	$\vec{V_x} + \vec{V_y} + \vec{V_z}$	$|A_z| \cdot |B_y| \cdot |C_x|$

在表 8-1 中：

1."序"表示"仁易八卦"的组合方式排的序号；

2."卦名"表示"仁易八卦"的每种组合方式名称，在此，针对相同的卦象，我们选择了与周易八卦中的卦象卦名；

3."卦象"表示"仁易八卦"的每种组合方式所对应的卦图；

4."标量"表示仁源的度量类别为标量；

5."矢量"表示仁源的度量类别为矢量；

6."积量"表示仁源的度量类别为积量；

S^0、S^+、S^- 分别表示形成标量度原度量 S 的仁源度量；

$\vec{V_x}$、$\vec{V_y}$、$\vec{V_z}$ 分别表示形成矢量度原度量 $\vec{V}$ 的仁源度量；

A_z、B_y、C_x 分别表示形成积量度原度量 $\vec{P}$ 或 P 的仁源因子度量。

仨易八卦源于仨源显隐之变

仨易八卦的形成原因就是因为仨源中的一源或多源出现隐性或显性特征所导致的。下面我们就拿形成标量度原度量的仨源来解说。

由于 $S=S^0+S^++S^-$，因此：

1. 当仨源标量度量 S^0、S^+、S^- 都处于隐性状态时，S 处于虚态；
2. 当仨源中有二源标量度量 S^-、S^0 处于隐性状态时，$S=S^+$；
3. 当仨源中有二源标量度量 S^+、S^0 处于隐性状态时，$S=S^-$；
4. 当仨源中有二源标量度量 S^+、S^- 处于隐性状态时，$S=S^0$；
5. 当仨源中只有一源标量度量 S^0 处于隐性状态时，$S=S^++S^-$；
6. 当仨源中只有一源标量度量 S^- 处于隐性状态时，$S=S^0+S^+$；
7. 当仨源中只有一源标量度量 S^+ 处于隐性状态时，$S=S^0+S^-$；
8. 当仨源都处于显性状态时，$S=S^0+S^++S^-$。

由此可见，由于仨源的显性和隐性特征，确实使仨源形成的度原度量产生了八种结果或八种计算方式，也就是说，仨源的显性隐性特征呈现了仨易八卦。

案例：三原色的仨易八卦

我们知道自然光是由三原色形成的，假如形成自然光的三原色出现了隐性状态，那么我们就可以得到三原色的仨易八卦如表 8-2。

表 8-2　三原色的仨易八卦

序	卦名	卦象	隐性色	矢量	形成色
1	坤（kūn）		全部隐性		黑暗
2	艮（gèn）		蓝色和绿色	$\vec{V_z}$	红色
3	坎（kǎn）		红色和绿色	$\vec{V_y}$	蓝色
4	震（zhèn）		红色和蓝色	$\vec{V_x}$	绿色
5	巽（xùn）		绿色	$\vec{V_z}+\vec{V_y}$	品红
6	离（lí）		蓝色	$\vec{V_z}+\vec{V_x}$	黄色
7	兑（duì）		红色	$\vec{V_y}+\vec{V_x}$	青色
8	乾（qián）		无隐性	$\vec{V_x}+\vec{V_y}+\vec{V_z}$	白色

第九章　仨易八卦卦象的吉凶排序

仨易八卦卦象的界定

我们认识存在是从存在的度原开始的,而每个度原又是由它的仨源构成的;但是仨源中的每个源对存在的贡献大小或多或少是不一样的,我们把仨源对存在的不同影响程度称之为"仨源权重"。

就像我们大家都熟悉的事实:决定一场战争的胜负取决于"天时、地利和人和",但是在此仨源中,孟子就说:"天时不如地利,地利不如人和。"

仨源的静态组合造就了仨易八卦,但是对应于仨源的仨爻排序不同就会形成不同的仨易八卦,更精确地说,如果我们没有事先规定好每个源所在"爻"的位置,那么针对同一种组合方式,就会画出六种卦象图案。譬如,已知仨源 A、B、C,其中 A 为显性标为红色,B 为隐性标为蓝色,C 为隐性标为绿色,如果不固定仨源的爻位,就会有如下六个卦象:

因此,在实际应用中,我们必须把权重最大的源作为下爻(或底爻),把权重最小的源作为上爻,把权重中等的源作为中间爻,特别是在计算八卦吉凶排序时,尤其重要,否则吉凶排序将无意义。

仁易八卦卦象的吉凶排序

为了对仁易八卦的卦象进行吉凶排序,我们要作如下的规定:

1. 假设仁源:X、Y 和 Z,且权重不同,X 源对存在的贡献最大为最重要源,Z 源对存在的贡献最小为最次要源。

2. 我们规定在画"仁易八卦"的卦象时,要把权重最重的 X 源所对应的爻作为下爻(或底爻),要把权重最次要的 Z 源所对应的爻作为上爻,要把 Y 源所对应的爻作为中间爻。针对上述的仁源:天时、地利和人和,要把"人和"所对应的爻作为底爻,把"地利"所对应的爻作为中间爻,把"天时"所对应的爻作为上爻。

3. 我们规定把底爻染成绿色,把中间爻染成蓝色,把上爻染成红色。针对上述的仁爻:天时、地利和人和,要把"人和"爻染成绿色,要把"地利"爻染成蓝色,要把"天时"爻染成红色。

有了此规定,针对一种仁源组合,我们就只能画出唯一的卦象。

仁易八卦的卦象真的能代表"吉凶"吗?其实不然,这里的"吉凶"只是反映了卦象在仁易八卦中的相对位置,或者说,仁源的某种组合所产生的度量值,在与其他组合所产生的度量值比较中,所处的相对地位,"值"高为"吉",反之则为"凶"。

根据上一章的仁易八卦的定义,只要我们选择不同的仁源及其权重,我们就可以计算出每个卦象的度量值,找到每个卦象在八卦中的吉凶排序。

假设源 $X=5$,源 $Y=4$,源 $Z=3$,就能得到表 9-1 所示的度量计算表。从计算表中,我们不难发现,无论仁源 X、Y、Z 所对应的度量是标量还是矢量或积量,按照仁易八卦的定义所叠加计算的结果排序几乎与仁易八卦的序号一致。我们把这种计算结果按从小到大的顺序进行排序,就是"仁易八卦的吉凶排序"。

当然,我们也可以选择其他权重,重新计算和排序,如果说仁源 X、Y、Z 的值能形成一个三角形,没有一源独大,那么我们就能保证仁易八卦的吉凶排序在任何情况下都不会变化,而且其吉凶排序就是仁易八卦的卦序。

表 9-1　仁易八卦的卦象所对应的度量计算(设 $X=5$, $Y=4$, $Z=3$)

序	卦名	卦象	标量(S)	矢量($\vec{V}$)	积量($\vec{P}$ or P)
1	坤(kūn)		0	0	0
2	艮(gèn)		3	3	3
3	坎(kǎn)		4	4	4
4	震(zhèn)		5	5	5
5	巽(xùn)		7	5	12
6	离(lí)		8	5.83	15
7	兑(duì)		9	6.40	20
8	乾(qián)		12	7.07	60

仁易八卦卦象的吉凶代码

从表 9-2 中,我们需要作出如下说明:

1. 你可能发现仁易八卦的吉凶排序与仁易八卦的序号一致,这是因为我们在画原始仁易八卦时,就已经考虑了仁易八卦的吉凶排序。

2. 仁易八卦和周易八卦的卦象没有区别,都可用二进制码表示。

3. 序号为 1 的坤卦,在仁易八卦中就是虚卦,也叫空卦,无吉凶代码。

4. 吉凶代码栏中的 n、m 就是吉凶代码,n 表示界,等于呈现的源数,$n=1$ 是下界,$n=2$ 是中界,$n=3$ 是上界;m 表示阶层,是界的细分。n 和 m 的数字越大越吉利,越小越凶。在现实中,我们把 $n=1$ 吉凶代码称之为"下签",把 $n=2$ 吉凶代码称之为"中签",$n=3$ 吉凶代码称之为"上签"。

5. 序号越高就越吉利,越低就越凶;吉凶代码也是反映吉凶程度,吉凶代码越高越吉利。

表 9-2　仨易八卦吉凶代码

序	卦名	周易八卦	仨易八卦	二进制码	吉凶代码
1	坤(kūn)			$\begin{pmatrix} 0 \\ 0 \\ 0 \end{pmatrix}$	0
2	艮(gèn)			$\begin{pmatrix} 1 \\ 0 \\ 0 \end{pmatrix}$	1.1
3	坎(kǎn)			$\begin{pmatrix} 0 \\ 1 \\ 0 \end{pmatrix}$	1.2
4	震(zhèn)			$\begin{pmatrix} 0 \\ 0 \\ 1 \end{pmatrix}$	1.3
5	巽(xùn)			$\begin{pmatrix} 1 \\ 1 \\ 0 \end{pmatrix}$	2.1
6	离(lí)			$\begin{pmatrix} 1 \\ 0 \\ 1 \end{pmatrix}$	2.2
7	兑(duì)			$\begin{pmatrix} 0 \\ 1 \\ 1 \end{pmatrix}$	2.3
8	乾(qián)			$\begin{pmatrix} 1 \\ 1 \\ 1 \end{pmatrix}$	3.3

第十章 仨易六十四卦

美女招亲哥仨动心（下）

在前面我们曾经讲过一个"美女招亲哥仨动心"的故事：张家有个美丽的女儿待嫁，希望通过抛绣球招上门女婿，王家的仨儿子就坐在一起，就要不要去进行了商讨。故事结尾告诉我们，哥仨"去不去"是由哥仨的仨易八卦决定的，即：

1. 坤卦：☷ 表示哥仨都不去；
2. 艮卦：☶ 表示只有大哥去，老二和老三不去；
3. 坎卦：☵ 表示只有老二去，老大和老三不去；
4. 震卦：☳ 表示只有老三去，老大和老二不去；
5. 巽卦：☴ 表示老大和老二去，老三不去；
6. 离卦：☲ 表示老大和老三去，老二不去；
7. 兑卦：☱ 表示老二和老三去，老大不去；
8. 乾卦：☰ 表示哥仨都去。

就在王家仨兄弟还在纠结"要不要去"的八卦卦象的选择时，故事又有了新的情节，因为临近招亲日期时，张家突然贴出一个告示说：凡是想要参加张家招亲的英俊青年，必须先备一份厚礼，而且概不退还。

王家仨兄弟听到这个消息后，又开始闹心了。哥仨想：这份厚礼也是一个不薄的数目，咱家要出仨份，更是很可观啊！因此哥仨就要不要送礼又开始讨论起来，有的说一定要"送"，有的说"不送"，难点是很难知晓哥仨各自内心的真实想法。

此时，聪明的老三又开始高谈阔论了，说道："'送不送'对于我们仨共有八种选择。"老大和老二虽不以为然，不过还是乐意听他道来。

这次老三又不慌不忙地先在纸上画了三根上下对齐的虚线 ▦ 图案，解释道："最上面的线还是代表大哥你的想法，最底下的线还是代表我的想法，而中间线还是代表二哥他的想法，这是咱仨的第一种选择，也就是咱仨都不想送。"接着他把最上面的虚线画成实线形成 ▦ 图案，解释道："大哥想送，而我和二哥不想送，这是咱仨的第二种选择。"接着他又把最上面的实线变回虚线，把中间线画成实线形成 ▦ 图案，解释道："大哥不想送，二哥则愿意送，而我也不想送，这是我们的第三种选择。"接着他再把中间实线变回虚线，把最底下的虚线画成实线形成 ▦ 图案，解释道："大哥和二哥你俩不想送，可我想送，这是咱们的第四种选择。"接着他又把图案画成 ▦，解释道："大哥和二哥你们俩想送，我不想送，这是第五种选择。"接着他又把图案变成 ▦，解释道："二哥不愿送礼，我和大哥却愿意送，这是我们的第六种选择。"接着他再把图案换成 ▦，解释道："大哥你不愿意送，而我和二哥都愿意送礼，这是咱们的第七种选择。"最后，他把图案画成 ▦，解释道："虽然破费不少，不过我们哥仨都愿意送礼，这是咱们的第八种选择。"

最后，他总结说，其实咱仨对"送不送"的想法就是一组仨易八卦，即：

1. 坤卦：▦ 表示我仨都不想送；
2. 艮卦：▦ 表示只有大哥想送，二哥和我不想送；
3. 坎卦：▦ 表示只有二哥想送，大哥和我不想送；
4. 震卦：▦ 表示只有我想送，大哥和二哥不想送；
5. 巽卦：▦ 表示大哥和二哥想送，我不想送；
6. 离卦：▦ 表示大哥和我想送，而二哥不想送；
7. 兑卦：▦ 表示二哥和我想送，大哥不想送；
8. 乾卦：▦ 表示我们仨都想送。

大哥和二哥听小弟讲完了，又一次肃然起敬，齐声说："确实如此！"。

可哪知,暂停少许后,小弟又开始画出了一个图案,他解释道:这个图案代表了咱仁"去不去"和"送不送"的一种选择方式,左边的乾卦表示咱仁都去,而右边的艮卦表示只有大哥想送礼,而我和二哥不想送礼。因此总体上讲,就是大哥不仅想去,而且还愿意不惜代价,这才是真心想参加这次招亲;二哥和我,虽然想去,可不愿意送礼,这就足够表明我俩只是想去看看,而非真心参加招亲。

随后,他又画出了一串组合,即:

解释道:我们"去不去"的乾卦与"送不送礼"的八卦组合,就会产生八组并卦,也就是说,一种"去不去"的选择必然有八种"送不送礼"的选择。

接着,他又说:如果我们把"去不去"八卦中卦象与"送不送"八卦中卦象两两合并,我们就能得到六十四组并列卦象,这就表示我们仁对"去不去"和"送不送"的组合选择共有六十四种。

小弟的上述表述,不仅让大哥和二哥心服口服,而且收获匪浅,更能理解老爷子为什么喜欢老三了,也难怪外人都说"小弟为神人"。

其实,上述两个八卦的卦象所组合的图案就是最原始的仁易六十四卦的卦象。

仁易六十四卦的定义

为了方便后面的论述,我们需要引入"并卦"、"串卦"、"并爻"和"长爻"四个概念。

并卦:就是把两个仁易八卦的卦象并列放在一起所形成的新型卦象,也就是本章将要介绍的仁易六十四卦的卦象。其形态如:。

串卦:就是把两个周易八卦的卦象上下串联放在一起所形成的新型卦象,也就是我们平时所见的周易六十四卦的卦象。其形态如：▅▅。

并爻：就是并卦中左右两个卦象中的同位爻两两合并所形成的长爻；并爻必须能反映合并前两爻的综合特性。譬如，针对并卦：▅▅，就有三个并爻，或三个长爻，分别是："▅▅ ▅▅"，"▅▅ ▅▅"，"▅▅ ▅▅"。

正常的爻（或短爻）只有实线和虚线两种状态，只能表示两种属性，如：阴与阳、上与下或虚与实，等等；而并爻（或长爻）却有"实实"、"虚虚"、"实虚"和"虚实"四种状态，能表示四种属性，如：阴、阳、中、虚或支持、反对、弃权和缺席。

如在上述笑话里，用现代数学的组合概念和并爻概念，我们一下就能知道针对"去不去"和"送不送"的问题共有六十四种选择。因为仨易六十四卦的卦象中的每个并爻有四种状态：赞成、反对、弃权和缺席，所以

$$n = C_4^1 C_4^1 C_4^1 = 64$$

仨易六十四卦源于仨源之变

根据《仨源论》理论，存在的任何度量都是由其内在仨源度量的相加或乘积而成；如果不仅考虑仨源的显性和隐性特征，还要考虑仨源度量变化：或变强，或变弱，或不变，那么仨源所形成的度原度量，有且仅有六十四种形式和结果。

我们把上述产生的六十四种组合方式称之为"仨易六十四卦"，也叫"动态仨易六十四卦"。

如果把每个源可能出现的四种状态，采用下列"长爻"符号表示：

变强或变大为"▅▅ ▅▅"；变弱或变小为"▅▅ ▅▅"；

不变为"▅▅ ▅▅"；隐性为"▅▅ ▅▅"；

源1为上爻标为红色，源2为中爻标为蓝色，源3为下爻标为绿色；

那么我们就可得到"仨易六十四卦"如表10-1-1～表10-1-7。

表 10-1-1　仨易六十四卦，卦序 1 仨源皆隐，2~10 只有一源为显性

序	仨易卦象	仨码	标量(S)	矢量($\vec{V}$)	积量($\vec{P}$ or P)
1		$\begin{pmatrix} F1 \\ F1 \\ F1 \end{pmatrix}$	全隐	全隐	全隐
2		$\begin{pmatrix} FF \\ F1 \\ F1 \end{pmatrix}$	$\downarrow S^+$	$\overrightarrow{\downarrow V_z}$	$|\downarrow A_z|$
3		$\begin{pmatrix} 1F \\ F1 \\ F1 \end{pmatrix}$	S^+	$\overrightarrow{V_z}$	$|A_z|$
4		$\begin{pmatrix} 11 \\ F1 \\ F1 \end{pmatrix}$	$\uparrow S^+$	$\overrightarrow{\uparrow V_z}$	$|\uparrow A_z|$
5		$\begin{pmatrix} F1 \\ FF \\ F1 \end{pmatrix}$	$\downarrow S^-$	$\overrightarrow{\downarrow V_y}$	$|\downarrow B_y|$
6		$\begin{pmatrix} F1 \\ 1F \\ F1 \end{pmatrix}$	S^-	$\overrightarrow{V_y}$	$|B_y|$
7		$\begin{pmatrix} F1 \\ 11 \\ F1 \end{pmatrix}$	$\uparrow S^-$	$\overrightarrow{\uparrow V_y}$	$|\uparrow B_y|$
8		$\begin{pmatrix} F1 \\ F1 \\ FF \end{pmatrix}$	$\downarrow S^0$	$\overrightarrow{\downarrow V_x}$	$|\downarrow C_x|$
9		$\begin{pmatrix} F1 \\ F1 \\ 1F \end{pmatrix}$	S^0	$\overrightarrow{V_x}$	$|C_x|$
10		$\begin{pmatrix} F1 \\ F1 \\ 11 \end{pmatrix}$	$\uparrow S^0$	$\overrightarrow{\uparrow V_x}$	$|\uparrow C_x|$

表 10-1-2　仨易六十四卦，卦序 11～19 只有 x 源为隐性

序	仨易卦象	仨码	标量(S)	矢量($\vec{V}$)	积量($\vec{P}$ or P)
11		$\begin{pmatrix} FF \\ FF \\ F1 \end{pmatrix}$	$\downarrow S^+ + \downarrow S^-$	$\overrightarrow{\downarrow V_z} + \overrightarrow{\downarrow V_y}$	$\lvert \downarrow A_z \rvert \cdot \lvert \downarrow B_y \rvert$
12		$\begin{pmatrix} 1F \\ FF \\ F1 \end{pmatrix}$	$S^+ + \downarrow S^-$	$\overrightarrow{V_z} + \overrightarrow{\downarrow V_y}$	$\lvert A_z \rvert \cdot \lvert \downarrow B_y \rvert$
13		$\begin{pmatrix} FF \\ 1F \\ F1 \end{pmatrix}$	$\downarrow S^+ + S^-$	$\overrightarrow{\downarrow V_z} + \overrightarrow{V_y}$	$\lvert \downarrow A_z \rvert \cdot \lvert B_y \rvert$
14		$\begin{pmatrix} 11 \\ FF \\ F1 \end{pmatrix}$	$\uparrow S^+ + \downarrow S^-$	$\overrightarrow{\uparrow V_z} + \overrightarrow{\downarrow V_y}$	$\lvert \uparrow A_z \rvert \cdot \lvert \downarrow B_y \rvert$
15		$\begin{pmatrix} 1F \\ 1F \\ F1 \end{pmatrix}$	$S^+ + S^-$	$\overrightarrow{V_z} + \overrightarrow{V_y}$	$\lvert A_z \rvert \cdot \lvert B_y \rvert$
16		$\begin{pmatrix} FF \\ 11 \\ F1 \end{pmatrix}$	$\downarrow S^+ + \uparrow S^-$	$\overrightarrow{\downarrow V_z} + \overrightarrow{\uparrow V_y}$	$\lvert \downarrow A_z \rvert \cdot \lvert \uparrow B_y \rvert$
17		$\begin{pmatrix} 11 \\ 1F \\ F1 \end{pmatrix}$	$\uparrow S^+ + S^-$	$\overrightarrow{\uparrow V_z} + \overrightarrow{V_y}$	$\lvert \uparrow A_z \rvert \cdot \lvert B_y \rvert$
18		$\begin{pmatrix} 1F \\ 11 \\ F1 \end{pmatrix}$	$S^+ + \uparrow S^-$	$\overrightarrow{V_z} + \overrightarrow{\uparrow V_y}$	$\lvert A_z \rvert \cdot \lvert \uparrow B_y \rvert$
19		$\begin{pmatrix} 11 \\ 11 \\ F1 \end{pmatrix}$	$\uparrow S^+ + \uparrow S^-$	$\overrightarrow{\uparrow V_z} + \overrightarrow{\uparrow V_y}$	$\lvert \uparrow A_z \rvert \cdot \lvert \uparrow B_y \rvert$

表 10-1-3　仨易六十四卦，卦序 20～28 只有 y 源为隐性

序	仨易卦象	仨码	标量(S)	矢量($\vec{V}$)	积量($\vec{P}$ or P)
20		$\begin{pmatrix}FF\\F1\\FF\end{pmatrix}$	$\downarrow S^+ + \downarrow S^0$	$\overrightarrow{\downarrow V_z} + \overrightarrow{\downarrow V_x}$	$\|\downarrow A_z\| \cdot \|\downarrow C_x\|$
21		$\begin{pmatrix}1F\\F1\\FF\end{pmatrix}$	$S^+ + \downarrow S^0$	$\overrightarrow{V_z} + \overrightarrow{\downarrow V_x}$	$\|A_z\| \cdot \|\downarrow C_x\|$
22		$\begin{pmatrix}FF\\F1\\1F\end{pmatrix}$	$\downarrow S^+ + S^0$	$\overrightarrow{\downarrow V_z} + \overrightarrow{V_x}$	$\|\downarrow A_z\| \cdot \|C_x\|$
23		$\begin{pmatrix}11\\F1\\FF\end{pmatrix}$	$\uparrow S^+ + \downarrow S^0$	$\overrightarrow{V_z} + \overrightarrow{V_x}$	$\|\uparrow A_z\| \cdot \|\downarrow C_x\|$
24		$\begin{pmatrix}1F\\F1\\1F\end{pmatrix}$	$S^+ + S^0$	$\overrightarrow{V_z} + \overrightarrow{V_x}$	$\|A_z\| \cdot \|C_x\|$
25		$\begin{pmatrix}FF\\F1\\11\end{pmatrix}$	$\downarrow S^+ + \uparrow S^0$	$\overrightarrow{\downarrow V_z} + \overrightarrow{\uparrow V_x}$	$\|\downarrow A_z\| \cdot \|\uparrow C_x\|$
26		$\begin{pmatrix}11\\F1\\1F\end{pmatrix}$	$\uparrow S^+ + S^0$	$\overrightarrow{\uparrow V_z} + \overrightarrow{V_x}$	$\|\uparrow A_z\| \cdot \|C_x\|$
27		$\begin{pmatrix}1F\\F1\\11\end{pmatrix}$	$S^+ + \uparrow S^0$	$\overrightarrow{V_z} + \overrightarrow{\uparrow V_x}$	$\|A_z\| \cdot \|\uparrow C_x\|$
28		$\begin{pmatrix}11\\F1\\11\end{pmatrix}$	$\uparrow S^+ + \uparrow S^0$	$\overrightarrow{\uparrow V_z} + \overrightarrow{\uparrow V_x}$	$\|\uparrow A_z\| \cdot \|\uparrow C_x\|$

表 10-1-4　仨易六十四卦，卦序 29～37 只有 z 源为隐性

序	仨易卦象	仨码	标量(S)	矢量($\vec{V}$)	积量($\vec{P}$ or P)
29		$\begin{pmatrix} F1 \\ FF \\ FF \end{pmatrix}$	$\downarrow S^- + \downarrow S^0$	$\overrightarrow{\downarrow V_y} + \overrightarrow{\downarrow V_x}$	$\lvert \downarrow B_y \rvert \cdot \lvert \downarrow C_x \rvert$
30		$\begin{pmatrix} F1 \\ 1F \\ FF \end{pmatrix}$	$S^- + \downarrow S^0$	$\overrightarrow{V_y} + \overrightarrow{\downarrow V_x}$	$\lvert B_y \rvert \cdot \lvert \downarrow C_x \rvert$
31		$\begin{pmatrix} F1 \\ FF \\ 1F \end{pmatrix}$	$\downarrow S^- + S^0$	$\overrightarrow{\downarrow V_y} + \overrightarrow{V_x}$	$\lvert \downarrow B_y \rvert \cdot \lvert C_x \rvert$
32		$\begin{pmatrix} F1 \\ 11 \\ FF \end{pmatrix}$	$\uparrow S^- + \downarrow S^0$	$\overrightarrow{\uparrow V_y} + \overrightarrow{\downarrow V_x}$	$\lvert \uparrow B_y \rvert \cdot \lvert \downarrow C_x \rvert$
33		$\begin{pmatrix} F1 \\ 1F \\ 1F \end{pmatrix}$	$S^- + S^0$	$\overrightarrow{V_y} + \overrightarrow{V_x}$	$\lvert B_y \rvert \cdot \lvert C_x \rvert$
34		$\begin{pmatrix} F1 \\ FF \\ 11 \end{pmatrix}$	$\downarrow S^- + \uparrow S^0$	$\overrightarrow{\downarrow V_y} + \overrightarrow{\uparrow V_x}$	$\lvert \downarrow B_y \rvert \cdot \lvert \uparrow C_x \rvert$
35		$\begin{pmatrix} F1 \\ 11 \\ 1F \end{pmatrix}$	$\uparrow S^- + S^0$	$\overrightarrow{\uparrow V_y} + \overrightarrow{V_x}$	$\lvert \uparrow B_y \rvert \cdot \lvert C_x \rvert$
36		$\begin{pmatrix} F1 \\ 1F \\ 11 \end{pmatrix}$	$S^- + \uparrow S^0$	$\overrightarrow{V_y} + \overrightarrow{\uparrow V_x}$	$\lvert B_y \rvert \cdot \lvert \uparrow C_x \rvert$
37		$\begin{pmatrix} F1 \\ 11 \\ 11 \end{pmatrix}$	$\uparrow S^- + \uparrow S^0$	$\overrightarrow{\uparrow V_y} + \overrightarrow{\uparrow V_x}$	$\lvert \uparrow B_y \rvert \cdot \lvert \uparrow C_x \rvert$

表 10-1-5 仨易六十四卦，卦序 38～46 仨源皆显性

序	仨易卦象	仨码	标量(S)	矢量($\vec{V}$)	积量($\vec{P}$ or P)
38		$\begin{pmatrix} FF \\ FF \\ FF \end{pmatrix}$	$\downarrow S^+ + \downarrow S^- + \downarrow S^0$	$\overrightarrow{\downarrow V_z} + \overrightarrow{\downarrow V_y} + \overrightarrow{\downarrow V_x}$	$\lvert\downarrow A_z\rvert \cdot \lvert\downarrow B_y\rvert \cdot \lvert\downarrow C_x\rvert$
39		$\begin{pmatrix} 1F \\ FF \\ FF \end{pmatrix}$	$S^+ + \downarrow S^- + \downarrow S^0$	$\overrightarrow{V_z} + \overrightarrow{\downarrow V_y} + \overrightarrow{\downarrow V_x}$	$\lvert A_z\rvert \cdot \lvert\downarrow B_y\rvert \cdot \lvert\downarrow C_x\rvert$
40		$\begin{pmatrix} FF \\ 1F \\ FF \end{pmatrix}$	$\downarrow S^+ + S^- + \downarrow S^0$	$\overrightarrow{\downarrow V_z} + \overrightarrow{V_y} + \overrightarrow{\downarrow V_x}$	$\lvert\downarrow A_z\rvert \cdot \lvert B_y\rvert \cdot \lvert\downarrow C_x\rvert$
41		$\begin{pmatrix} FF \\ FF \\ 1F \end{pmatrix}$	$\downarrow S^+ + \downarrow S^- + S^0$	$\overrightarrow{\downarrow V_z} + \overrightarrow{\downarrow V_y} + \overrightarrow{V_x}$	$\lvert\downarrow A_z\rvert \cdot \lvert\downarrow B_y\rvert \cdot \lvert C_x\rvert$
42		$\begin{pmatrix} 11 \\ FF \\ FF \end{pmatrix}$	$\uparrow S^+ + \downarrow S^- + \downarrow S^0$	$\overrightarrow{\uparrow V_z} + \overrightarrow{\downarrow V_y} + \overrightarrow{\downarrow V_x}$	$\lvert\uparrow A_z\rvert \cdot \lvert\downarrow B_y\rvert \cdot \lvert\downarrow C_x\rvert$
43		$\begin{pmatrix} 1F \\ 1F \\ FF \end{pmatrix}$	$S^+ + S^- + \downarrow S^0$	$\overrightarrow{V_z} + \overrightarrow{V_y} + \overrightarrow{\downarrow V_x}$	$\lvert A_z\rvert \cdot \lvert B_y\rvert \cdot \lvert\downarrow C_x\rvert$
44		$\begin{pmatrix} 1F \\ FF \\ 1F \end{pmatrix}$	$S^+ + \downarrow S^- + S^0$	$\overrightarrow{V_z} + \overrightarrow{\downarrow V_y} + \overrightarrow{V_x}$	$\lvert A_z\rvert \cdot \lvert\downarrow B_y\rvert \cdot \lvert C_x\rvert$
45		$\begin{pmatrix} FF \\ 11 \\ FF \end{pmatrix}$	$\downarrow S^+ + \uparrow S^- + \downarrow S^0$	$\overrightarrow{\downarrow V_z} + \overrightarrow{\uparrow V_y} + \overrightarrow{\downarrow V_x}$	$\lvert\downarrow A_z\rvert \cdot \lvert\uparrow B_y\rvert \cdot \lvert\downarrow C_x\rvert$
46		$\begin{pmatrix} FF \\ 1F \\ 1F \end{pmatrix}$	$\downarrow S^+ + S^- + S^0$	$\overrightarrow{\downarrow V_z} + \overrightarrow{V_y} + \overrightarrow{V_x}$	$\lvert\downarrow A_z\rvert \cdot \lvert B_y\rvert \cdot \lvert C_x\rvert$

表 10-1-6　仨易六十四卦，卦序 47～55 仨源皆显性

序	仨易卦象	仨码	标量(S)	矢量($\vec{V}$)	积量($\vec{P}$ or P)
47		$\begin{pmatrix} FF \\ FF \\ 11 \end{pmatrix}$	$\downarrow S^+ + \downarrow S^- + \uparrow S^0$	$\overrightarrow{\downarrow V_z} + \overrightarrow{\downarrow V_y} + \overrightarrow{\uparrow V_x}$	$\lvert \downarrow A_z \rvert \cdot \lvert \downarrow B_y \rvert \cdot \lvert \uparrow C_x \rvert$
48		$\begin{pmatrix} 11 \\ 1F \\ FF \end{pmatrix}$	$\uparrow S^+ + S^- + \downarrow S^0$	$\overrightarrow{\uparrow V_z} + \overrightarrow{V_y} + \overrightarrow{\downarrow V_x}$	$\lvert \uparrow A_z \rvert \cdot \lvert B_y \rvert \cdot \lvert \downarrow C_x \rvert$
49		$\begin{pmatrix} 11 \\ FF \\ 1F \end{pmatrix}$	$\uparrow S^+ + \downarrow S^- + S^0$	$\overrightarrow{\uparrow V_z} + \overrightarrow{\downarrow V_y} + \overrightarrow{V_x}$	$\lvert \uparrow A_z \rvert \cdot \lvert \downarrow B_y \rvert \cdot \lvert C_x \rvert$
50		$\begin{pmatrix} 1F \\ 11 \\ FF \end{pmatrix}$	$S^+ + \uparrow S^- + \downarrow S^0$	$\overrightarrow{V_z} + \overrightarrow{\uparrow V_y} + \overrightarrow{\downarrow V_x}$	$\lvert A_z \rvert \cdot \lvert \uparrow B_y \rvert \cdot \lvert \downarrow C_x \rvert$
51		$\begin{pmatrix} 1F \\ 1F \\ 1F \end{pmatrix}$	$S^+ + S^- + S^0$	$\overrightarrow{V_z} + \overrightarrow{V_y} + \overrightarrow{V_x}$	$\lvert A_z \rvert \cdot \lvert B_y \rvert \cdot \lvert C_x \rvert$
52		$\begin{pmatrix} 1F \\ FF \\ 11 \end{pmatrix}$	$S^+ + \downarrow S^- + \uparrow S^0$	$\overrightarrow{V_z} + \overrightarrow{\downarrow V_y} + \overrightarrow{\uparrow V_x}$	$\lvert A_z \rvert \cdot \lvert \downarrow B_y \rvert \cdot \lvert \uparrow C_x \rvert$
53		$\begin{pmatrix} FF \\ 11 \\ 1F \end{pmatrix}$	$\downarrow S^+ + \uparrow S^- + S^0$	$\overrightarrow{\downarrow V_z} + \overrightarrow{\uparrow V_y} + \overrightarrow{V_x}$	$\lvert \downarrow A_z \rvert \cdot \lvert \uparrow B_y \rvert \cdot \lvert C_x \rvert$
54		$\begin{pmatrix} FF \\ 1F \\ 11 \end{pmatrix}$	$\downarrow S^+ + S^- + \uparrow S^0$	$\overrightarrow{\downarrow V_z} + \overrightarrow{V_y} + \overrightarrow{\uparrow V_x}$	$\lvert \downarrow A_z \rvert \cdot \lvert B_y \rvert \cdot \lvert \uparrow C_x \rvert$
55		$\begin{pmatrix} 11 \\ 11 \\ FF \end{pmatrix}$	$\uparrow S^+ + \uparrow S^- + \downarrow S^0$	$\overrightarrow{\uparrow V_z} + \overrightarrow{\uparrow V_y} + \overrightarrow{\downarrow V_x}$	$\lvert \uparrow A_z \rvert \cdot \lvert \uparrow B_y \rvert \cdot \lvert \downarrow C_x \rvert$

表 10-1-7　仨易六十四卦，卦序 56～64 仨源皆显性

序	仨易卦象	仨码	标量(S)	矢量($\vec{V}$)	积量($\vec{P}$ or P)
56		$\begin{pmatrix}11\\1F\\1F\end{pmatrix}$	$\uparrow S^+ + S^- + S^0$	$\overrightarrow{\uparrow V_z} + \overrightarrow{V_y} + \overrightarrow{V_x}$	$|\uparrow A_z| \cdot |B_y| \cdot |C_x|$
57		$\begin{pmatrix}11\\FF\\11\end{pmatrix}$	$\uparrow S^+ + \downarrow S^- + \uparrow S^0$	$\overrightarrow{\uparrow V_z} + \overrightarrow{\downarrow V_y} + \overrightarrow{\uparrow V_x}$	$|\uparrow A_z| \cdot |\downarrow B_y| \cdot |\uparrow C_x|$
58		$\begin{pmatrix}1F\\11\\1F\end{pmatrix}$	$S^+ + \uparrow S^- + S^0$	$\overrightarrow{V_z} + \overrightarrow{\uparrow V_y} + \overrightarrow{V_x}$	$|A_z| \cdot |\uparrow B_y| \cdot |C_x|$
59		$\begin{pmatrix}1F\\1F\\11\end{pmatrix}$	$S^+ + S^- + \uparrow S^0$	$\overrightarrow{V_z} + \overrightarrow{V_y} + \overrightarrow{\uparrow V_x}$	$|A_z| \cdot |B_y| \cdot |\uparrow C_x|$
60		$\begin{pmatrix}FF\\11\\11\end{pmatrix}$	$\downarrow S^+ + \uparrow S^- + \uparrow S^0$	$\overrightarrow{\downarrow V_z} + \overrightarrow{\uparrow V_y} + \overrightarrow{\uparrow V_x}$	$|\downarrow A_z| \cdot |\uparrow B_y| \cdot |\uparrow C_x|$
61		$\begin{pmatrix}11\\11\\1F\end{pmatrix}$	$\uparrow S^+ + \uparrow S^- + S^0$	$\overrightarrow{\uparrow V_z} + \overrightarrow{\uparrow V_y} + \overrightarrow{V_x}$	$|\uparrow A_z| \cdot |\uparrow B_y| \cdot |C_x|$
62		$\begin{pmatrix}11\\1F\\11\end{pmatrix}$	$\uparrow S^+ + S^- + \uparrow S^0$	$\overrightarrow{\uparrow V_z} + \overrightarrow{V_y} + \overrightarrow{\uparrow V_x}$	$|\uparrow A_z| \cdot |B_y| \cdot |\uparrow C_x|$
63		$\begin{pmatrix}1F\\11\\11\end{pmatrix}$	$S^+ + \uparrow S^- + \uparrow S^0$	$\overrightarrow{V_z} + \overrightarrow{\uparrow V_y} + \overrightarrow{\uparrow V_x}$	$|A_z| \cdot |\uparrow B_y| \cdot |\uparrow C_x|$
64		$\begin{pmatrix}11\\11\\11\end{pmatrix}$	$\uparrow S^+ + \uparrow S^- + \uparrow S^0$	$\overrightarrow{\uparrow V_z} + \overrightarrow{\uparrow V_y} + \overrightarrow{\uparrow V_x}$	$|\uparrow A_z| \cdot |\uparrow B_y| \cdot |\uparrow C_x|$

在表 10-1-1～7 中，

1. "序"表示"仨易六十四卦"的组合方式卦象的序号。
2. "仨易卦象"表示"仨易六十四卦"的每种组合方式所对应的卦图。
3. "仨码"是三进制代码用来表示"仨易六十四卦"的每种组合方式：

    11 表示阳爻，变大；FF 表示阴爻，变小；

    1F 表示中爻，不变；F1 表示虚爻，处于隐性。
4. "标量(S)"表示仨源的度量类别为标量。
5. "矢量($\vec{V}$)"表示仨源的度量类别为矢量。
6. "积量($\vec{P}$ or P)"表示仨源的度量类别为积量。
7. 在表 10-1-1 中，卦序 1 仨源皆隐性，卦序 2～10 只有一源为显性；

    在表 10-1-2 中，卦序 11～19 只有 x 源为隐性；

    在表 10-1-3 中，卦序 20～28 只有 y 源为隐性；

    在表 10-1-4 中，卦序 29～37 只有 z 源为隐性；

    在表 10-1-5 中，卦序 38～46 仨源皆显性；

    在表 10-1-6 中，卦序 47～55 仨源皆显性；

    在表 10-1-7 中，卦序 56～64 仨源皆显性。
8. S^0，S^+，S^- 分别表示标量度原的仨源初始度量；

    $\vec{V_x}$，$\vec{V_y}$，$\vec{V_z}$ 分别表示矢量度原的仨源初始度量；

    A_z，B_y，C_x 分别表示积量度原的仨源初始度量；

    前缀符号"↑"表示源的度量变大，前缀符号"↓"表示源的度量变小。

用仨性论推演六十四种组合

仨源之变就会导致度原之变，由于仨源的每个源可能有三种变化趋势，就会导致度原可能发生的六十四种变化方式。

仨源之变可用图 10-1 来形象地表示。

让我们做个三色游戏。假设 A、B、C 分别代表三色：红、黄、蓝。

1) 每种颜色都在中性状态下，可能的组合如图 10-2 所示，产生七种结果，即 A、B、C、AB、AC、BC、ABC。

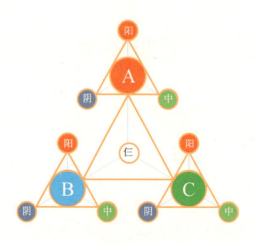

图 10-1

2) 如果 A 变成阳性（增强），其他不变，我们就会得到另外一种组合为图10-3，产生 A 为阳的另外七种组合，即 A^+、B、C、A^+B、A^+C、BC、A^+BC。

3) 如果 A 变成阴性（减弱），其他不变，我们就会得到另外一种组合为图10-4，产生 A 为阴的另外七种组合，即 A^-、B、C、A^-B、A^-C、BC、A^-BC。

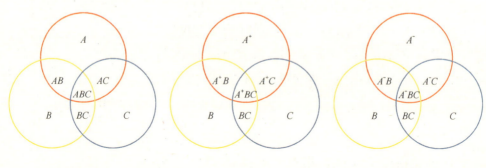

图 10-2　　　　　　　图 10-3　　　　　　　图 10-4

以此类推，我们可将三色的三性变化制成表 10-2。

表 10-2　三色的三性变化

编组	颜　　色						
只有 A	A						
	A^+						
	A^-						

续表 10-2

编组			颜 色		
只有 B		B			
		B^+			
		B^-			
只有 C			C		
			C^+		
			C^-		
无 C	A	B		AB	
	A	B^+		AB^+	
	A	B^-		AB^-	
	A^+	B		A^+B	
	A^+	B^+		A^+B^+	
	A^+	B^-		A^+B^-	
	A^-	B		A^-B	
	A^-	B^+		A^-B^+	
	A^-	B^-		A^-B^-	
无 B	A		C	AC	
	A		C^+	AC^+	
	A		C^-	AC^-	
	A^+		C	A^+C	
	A^+		C^+	A^+C^+	
	A^+		C^-	A^+C^-	
	A^-		C	A^-C	
	A^-		C^+	A^-C^+	
	A^-		C^-	A^-C^-	
无 A		B	C		BC
		B	C^+		BC^+
		B	C^-		BC^-
		B^+	C		B^+C
		B^+	C^+		B^+C^+
		B^+	C^-		B^+C^-
		B^-	C		B^-C
		B^-	C^+		B^-C^+
		B^-	C^-		B^-C^-

续表 10-2

编组	颜　色						
ABC同在	A	B	C	AB	AC	BC	ABC
	A	B	C^+	AB	AC^+	BC^+	ABC^+
	A	B	C^-	AB	AC^-	BC^-	ABC^-
	A	B^+	C	AB^+	AC	B^+C	AB^+C
	A	B^+	C^+	AB^+	AC^+	B^+C^+	AB^+C^+
	A	B^+	C^-	AB^+	AC^-	B^+C^-	AB^+C^-
	A	B^-	C	AB^-	AC	B^-C	AB^-C
	A	B^-	C^+	AB^-	AC^+	B^-C^+	AB^-C^+
	A	B^-	C^-	AB^-	AC^-	B^-C^-	AB^-C^-
	A^+	B	C	A^+B	A^+C	BC	A^+BC
	A^+	B	C^+	A^+B	A^+C^+	BC^+	A^+BC^+
	A^+	B	C^-	A^+B	A^+C^-	BC^-	A^+BC^-
	A^+	B^+	C	A^+B^+	A^+C	B^+C	A^+B^+C
	A^+	B^+	C^+	A^+B^+	A^+C^+	B^+C^+	$A^+B^+C^+$
	A^+	B^+	C^-	A^+B^+	A^+C^-	B^+C^-	$A^+B^+C^-$
	A^+	B^-	C	A^+B^-	A^+C	B^-C	A^+B^-C
	A^+	B^-	C^+	A^+B^-	A^+C^+	B^-C^+	$A^+B^-C^+$
	A^+	B^-	C^-	A^+B^-	A^+C^-	B^-C^-	$A^+B^-C^-$
	A^-	B	C	A^-B	A^-C	BC	A^-BC
	A^-	B	C^+	A^-B	A^-C^+	BC^+	A^-BC^+
	A^-	B	C^-	A^-B	A^-C^-	BC^-	A^-BC^-
	A^-	B^+	C	A^-B^+	A^-C	B^+C	A^-B^+C
	A^-	B^+	C^+	A^-B^+	A^-C^+	B^+C^+	$A^-B^+C^+$
	A^-	B^+	C^-	A^-B^+	A^-C^-	B^+C^-	$A^-B^+C^-$
	A^-	B^-	C	A^-B^-	A^-C	B^-C	A^-B^-C
	A^-	B^-	C^+	A^-B^-	A^-C^+	B^-C^+	$A^-B^-C^+$
	A^-	B^-	C^-	A^-B^-	A^-C^-	B^-C^-	$A^-B^-C^-$

从表 10-2 中我们发现：

1. 只有一个色存在（或 A 或 B 或 C 存在）的情况下，随着它的属性的变化，每个颜色呈现出 3 种极致颜色，三色可产生 9 种极致色彩；

2. 再假定 A、B、C 中任意两种存在（或 A、B 或 A、C 或 B、C）的情况下，考虑到它们的属性变化，每个组合的变化将呈现出 9 种极致颜色，所以三个组合可产生 27 种极致色彩；

3. 最后假定 A、B、C 三种同时存在的情况下，考虑到它们的属性变化，这一种组合就会呈现出 27 种极致组合。

由此得出，A、B、C 的三色的三性变化总共可以产生 63 种颜色极致，再加上 A、B、C 都不存在的情况，共计 64 种极致状态。

用仨源度量计算推演六十四种组合

仨易六十四卦的形成原因就是仨源中的每个源不仅有隐性和显性特征，而且在其显性时还会发生变化：或变强，或变弱，或不变。

下面我们就拿形成标量度原的仨源来解说。

由于 $S=S^0+S^++S^-$，因此：

1. 当仨源标量度量 S^0、S^+、S^- 都处于隐性状态时，S 处于虚态。

2. 针对只有一源为显性情况，我们不难获得表 10-1-1 中的卦序 2～10，因为当仨源中只有 S^+ 处于显性时，S^+ 可以变强，可以变弱，可以不变，这时度原度量就有三个值，即：或 $S=\downarrow S^+$，或 $S=S^+$，或 $S=\uparrow S^+$；同样，当仨源中只有 S^- 处于显性时，这时度原度量也有三个值，即：或 $S=\downarrow S^-$，或 $S=S^-$，或 $S=\uparrow S^-$；同样，当仨源中只有 S^0 处于显性时，这时度原度量也有三个值，即：或 $S=\downarrow S^0$，或 $S=S^0$，或 $S=\uparrow S^0$。

3. 针对只有 x 源 S^0 为隐性情况，我们不难获得表 10-1-2 中的卦序 11～19；因为当源 S^- 处于弱势时，S^+ 可以变弱，可以不变，可以变强，那么度原度量就有三个值，即：或 $S=\downarrow S^-+\downarrow S^+$，或 $S=\downarrow S^-+S^+$，或 $S=\downarrow S^-+\uparrow S^+$；同样，当源 S^- 处于不变时，那么度原度量也有三个值，即：或 $S=S^-+\downarrow S^+$，或 $S=S^-+S^+$，或 $S=S^-+\uparrow S^+$；同样，当源 S^- 处于变强时，那么度原度量也有三个值，即：或 S

$= \uparrow S^- + \downarrow S^+$,或 $S= \uparrow S^- + S^+$,或 $S= \uparrow S^- + \uparrow S^+$。

4. 采用上述类同方法,我们就可获得表 10-1-3 和表 10-1-4。

5. 针对仨源皆为显性,我们不难获得表 10-1-5 中的卦序 38~46。

6. 采用上述类同方法,我们就可获得表 10-1-6 和表 10-1-7。

由此可见,由于仨源的隐性特征和仨源的变化特性,确实使仨源形成的度原度量产生了六十四种结果或六十四种计算方式。

仨易卦象和仨码的定义

在传统的周易八卦中,每个卦象有三个爻组成,而且每个爻有两种形态,即:实线和虚线,分别代表两种属性,即:阳和阴。

同时,用二进制码 1 代表实线 ━━,0 代表虚线 ━ ━。

而在本书中,为了表示仨源中的每个源都有三种变化趋势或四种状态,即:变大、变小、不变和缺席,我们就用两个并列的实线代表"变大"属性,用两个并列的虚线代表"变小"属性,用一个左实线和一个右虚线并列代表"不变"属性,用一个左虚线和一个右实线并列代表"缺席"属性。

同时,用三进制 1 代表实线 ━━,F 代表虚线 ━ ━。

并用 1 1 代表"变大"对应并爻━━ ━━;

FF 代表"变小"对应并爻━ ━ ━ ━;

1F 代表"不变"对应并爻━━ ━ ━;

F1 代表"缺席"对应并爻━ ━ ━━。

我们把上述的三进制 1 和 F 组成的代码 11、FF、1F 和 F1 称之为"仨码"。

我们把仨源对应的并爻进行叠加组合形成的卦象,称之为"仨易卦象"。

在仨易卦象中,用仨码和卦象表述的方式可有下列五种形式:

1. 鼎足拓扑式:$\begin{bmatrix} 11 & & \\ \vdots & \ddots & \vdots \\ 1F & \cdots & FF \end{bmatrix}$,

2. 横向简易式:(11 1F FF),

3. 纵向简易式：$\begin{pmatrix} 11 \\ 1F \\ FF \end{pmatrix}$，

4. 左右并联式：将纵向简易式左右分开得到并联式：$\begin{pmatrix} 1 \\ 1 \\ F \end{pmatrix}\begin{pmatrix} 1 \\ F \\ F \end{pmatrix}$，

5. 内外串联式：将并联式左为分母，右为分子得到串联式：$\dfrac{\begin{pmatrix} 1 \\ F \\ F \end{pmatrix}}{\begin{pmatrix} 1 \\ 1 \\ F \end{pmatrix}}$

壬易六十四卦包含壬源之间的相生相克

从壬易卦象中找壬源之间的相生相克

假如我们把壬易六十四卦每个卦象中的三个长爻，看作三个并爻，那么并爻的左右爻的属性就表示该并爻所对应"源"所受到的相生相克作用。同时，我们规定：并爻中的左右爻为实线就是代表相生作用，反之就代表相克作用，左爻代表来自顺时针方向的作用，右爻代表来自逆时针方向的作用。

譬如，在壬易六十四卦的卦象： 中，就有三个并爻，分别是："━━ ━━"，"╌╌ ╌╌"，"╌╌ ╌╌"。

如果壬源体为如图10-5所示的结构：
那么：

➢ 并爻"━━ ━━"就可以解释为Z源一方面受到Y源的相生作用，另一方面

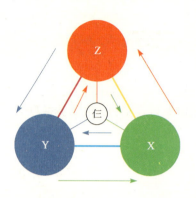

图 10-5

同时还受到 X 源的相生作用；

➢ 并爻"― ― ―"就可解释为 Y 源一方面受到 X 源的相生作用，另一方面又受到 Z 源的相克作用；

➢ 并爻"― ― ―"就可解释为 X 源一方面受到 Z 源的相生作用，另一方面又受到 Y 源的相克作用。

从仁码中找仁源之间的相生相克

相互独立的仁源之间所形成的相互作用关系就是仁源之间的三角关系。

仁源中任意二源之间的相互作用关系可以有下列四种：

1. 相互相生关系，就是二源之间你生我，我生你，相互受益；

2. 相互相克关系，就是二源之间你克我，我克你，相互受损；

3. 一生一克关系，就是二源之间一方受益，一方受损；在此关系中，针对甲乙双方哪方受益，哪方受损，从而又分出两种关系。

上述四种关系可用仁码表示为 11、FF、1F 和 F1。

考虑到任意二源之间有四种关系，不难算出仁源三角关系共有 64 种状态。

仁源的变化必然导致仁源三角关系的变化，反过来仁源三角关系的变化也会导致仁源的变化。由于仁源的变化和仁源三角关系都有六十四卦，那么我们必然会问此两者之间有什么关联呢？

下面就让我们来证明仁源六十四卦和仁源三角关系六十四卦之间的联系。

我们用图 10-6 表示我们所研究的仨源世界,图中 1、2、3 分别表示仨源,①、②、③分别表示仨源之间的两两关系(注意都要按逆时针方向标号)。

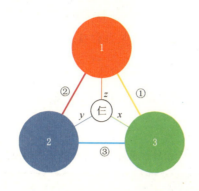

图 10-6

假设仨源三角关系中,使源相生的关系用三进制 1 表示,使源相克的关系用三进制 F 表示,并按逆时针方向表示先后,那么任意两源之间的三类四种关系可以表示为 11、FF、1F 和 F1。

1) 就三角关系①来说,反映了源 1 和源 3 之间的关系:

11 表示源 3 生源 1,源 1 生源 3;

1F 表示源 3 生源 1,源 1 克源 3;

F1 表示源 3 克源 1,源 1 生源 3;

FF 表示源 3 克源 1,源 1 克源 3。

2) 同样对三角关系②来说,反映了源 1 和源 2 之间的关系:

11 表示源 1 生源 2,源 2 生源 1;

1F 表示源 1 生源 2,源 2 克源 1;

F1 表示源 1 克源 2,源 2 生源 1;

FF 表示源 1 克源 2,源 2 克源 1。

3) 最后对三角关系③来说,反映了源 2 和源 3 之间的关系:

11 表示源 2 生源 3,源 3 生源 2;

1F 表示源 2 生源 3,源 3 克源 2;

F1 表示源 2 克源 3,源 3 生源 2;

FF 表示源 2 克源 3,源 3 克源 2。

很显然,仨源的任何源都会受左右两个三角关系的作用,如果我们把顺时针方向的作用看作源变的左码,把逆时针方向的作用看作源变的右码,那么我们就很容易得到该源之变所对应的仁码(即 11,FF,1F 和 F1 四种码中之一)。

譬如,如果三角关系 ①为 11,②为 1F,那么源 1 之变就为 F1。

由此可见,仁源之变与仁源三角关系存在一一对应关系。

仁易卦象与仁源之间相生相克的对应关系表

表 10-3-1　仁易六十四卦卦象与仁源之间的相生相克关系　序号:1~10

序	仁易卦象	仁码	Y→Z源←X	X→Y源←Z	Z→X源←Y
1		$\begin{pmatrix} F1 \\ F1 \\ F1 \end{pmatrix}$	Y克Z,X生Z	X克Y,Z生Y	Z克X,Y生X
2		$\begin{pmatrix} FF \\ F1 \\ F1 \end{pmatrix}$	Y克Z,X克Z	X克Y,Z生Y	Z克X,Y生X
3		$\begin{pmatrix} 1F \\ F1 \\ F1 \end{pmatrix}$	Y生Z,X克Z	X克Y,Z生Y	Z克X,Y生X
4		$\begin{pmatrix} 11 \\ F1 \\ F1 \end{pmatrix}$	Y生Z,X生Z	X克Y,Z生Y	Z克X,Y生X
5		$\begin{pmatrix} F1 \\ FF \\ F1 \end{pmatrix}$	Y克Z,X生Z	X克Y,Z克Y	Z克X,Y生X
6		$\begin{pmatrix} F1 \\ 1F \\ F1 \end{pmatrix}$	Y克Z,X生Z	X生Y,Z克Y	Z克X,Y生X

续表 10-3-1

序	仨易卦象	仨码	Y→Z源←X	X→Y源←Z	Z→X源←Y
7		(F1, 11, F1)	Y克Z, X生Z	X生Y, Z生Y	Z克X, Y生X
8		(F1, F1, FF)	Y克Z, X生Z	X克Y, Z生Y	Z克X, Y克X
9		(F1, F1, 1F)	Y克Z, X生Z	X克Y, Z生Y	Z生X, Y克X
10		(F1, F1, 11)	Y克Z, X生Z	X克Y, Z生Y	Z生X, Y生X

表 10-3-2　仨易六十四卦卦象与仨源之间的相生相克关系　序号：11～19

序	仨易卦象	仨码	Y→Z源←X	X→Y源←Z	Z→X源←Y
11		(FF, FF, F1)	Y克Z, X克Z	X克Y, Z克Y	Z克X, Y生X
12		(1F, FF, F1)	Y生Z, X克Z	X克Y, Z克Y	Z克X, Y生X
13		(FF, 1F, F1)	Y克Z, X克Z	X生Y, Z克Y	Z克X, Y生X
14		(11, FF, F1)	Y生Z, X生Z	X克Y, Z克Y	Z克X, Y生X

续表 10-3-2

序	仨易卦象	仨码	Y→Z 源←X	X→Y 源←Z	Z→X 源←Y
15		$\begin{pmatrix} 1F \\ 1F \\ F1 \end{pmatrix}$	Y生Z, X克Z	X生Y, Z克Y	Z克X, Y生X
16		$\begin{pmatrix} FF \\ 11 \\ F1 \end{pmatrix}$	Y克Z, X克Z	X生Y, Z生Y	Z克X, Y生X
17		$\begin{pmatrix} 11 \\ 1F \\ F1 \end{pmatrix}$	Y生Z, X生Z	X生Y, Z克Y	Z克X, Y生X
18		$\begin{pmatrix} 1F \\ 11 \\ F1 \end{pmatrix}$	Y生Z, X克Z	X生Y, Z生Y	Z克X, Y生X
19		$\begin{pmatrix} 11 \\ 11 \\ F1 \end{pmatrix}$	Y生Z, X生Z	X生Y, Z生Y	Z克X, Y生X

表 10-3-3 仨易六十四卦卦象与仨源之间的相生相克关系　序号：20～28

序	仨易卦象	仨码	Y→Z 源←X	X→Y 源←Z	Z→X 源←Y
20		$\begin{pmatrix} FF \\ F1 \\ FF \end{pmatrix}$	Y克Z, X克Z	X克Y, Z生Y	Z克X, Y克X
21		$\begin{pmatrix} 1F \\ F1 \\ FF \end{pmatrix}$	Y生Z, X克Z	X克Y, Z生Y	Z克X, Y克X
22		$\begin{pmatrix} FF \\ F1 \\ 1F \end{pmatrix}$	Y克Z, X克Z	X克Y, Z生Y	Z生X, Y克X

续表 10-3-3

序	仨易卦象	仨码	Y→Z源←X	X→Y源←Z	Z→X源←Y
23		$\begin{pmatrix}11\\F1\\FF\end{pmatrix}$	Y生Z，X生Z	X克Y，Z生Y	Z克X，Y克X
24		$\begin{pmatrix}1F\\F1\\1F\end{pmatrix}$	Y生Z，X克Z	X克Y，Z生Y	Z生X，Y克X
25		$\begin{pmatrix}FF\\F1\\11\end{pmatrix}$	Y克Z，X克Z	X克Y，Z生Y	Z生X，Y生X
26		$\begin{pmatrix}11\\F1\\1F\end{pmatrix}$	Y生Z，X生Z	X克Y，Z生Y	Z生X，Y克X
27		$\begin{pmatrix}1F\\F1\\11\end{pmatrix}$	Y生Z，X克Z	X克Y，Z生Y	Z生X，Y生X
28		$\begin{pmatrix}11\\F1\\11\end{pmatrix}$	Y生Z，X生Z	X克Y，Z生Y	Z生X，Y生X

表 10-3-4　仨易六十四卦卦象与仨源之间的相生相克关系　序号：29～37

序	仨易卦象	仨码	Y→Z源←X	X→Y源←Z	Z→X源←Y
29		$\begin{pmatrix}F1\\FF\\FF\end{pmatrix}$	Y克Z，X生Z	X克Y，Z克Y	Z克X，Y克X
30		$\begin{pmatrix}F1\\1F\\FF\end{pmatrix}$	Y克Z，X生Z	X生Y，Z克Y	Z克X，Y克X

续表 10-3-4

序	仨易卦象	仨码	Y→Z 源←X	X→Y 源←Z	Z→X 源←Y
31		$\begin{pmatrix} F1 \\ FF \\ 1F \end{pmatrix}$	Y 克 Z, X 生 Z	X 克 Y, Z 克 Y	Z 生 X, Y 克 X
32		$\begin{pmatrix} F1 \\ 11 \\ FF \end{pmatrix}$	Y 克 Z, X 生 Z	X 生 Y, Z 生 Y	Z 克 X, Y 克 X
33		$\begin{pmatrix} F1 \\ 1F \\ 1F \end{pmatrix}$	Y 克 Z, X 生 Z	X 生 Y, Z 克 Y	Z 生 X, Y 克 X
34		$\begin{pmatrix} F1 \\ FF \\ 11 \end{pmatrix}$	Y 克 Z, X 生 Z	X 克 Y, Z 克 Y	Z 生 X, Y 生 X
35		$\begin{pmatrix} F1 \\ 11 \\ 1F \end{pmatrix}$	Y 克 Z, X 生 Z	X 生 Y, Z 生 Y	Z 生 X, Y 克 X
36		$\begin{pmatrix} F1 \\ 1F \\ 11 \end{pmatrix}$	Y 克 Z, X 生 Z	X 生 Y, Z 克 Y	Z 生 X, Y 生 X
37		$\begin{pmatrix} F1 \\ 11 \\ 11 \end{pmatrix}$	Y 克 Z, X 生 Z	X 生 Y, Z 生 Y	Z 生 X, Y 生 X

表 10-3-5　仨易六十四卦卦象与仨源之间的相生相克关系　序号:38~46

序	仨易卦象	仨码	Y→Z 源←X	X→Y 源←Z	Z→X 源←Y
38		$\begin{pmatrix} FF \\ FF \\ FF \end{pmatrix}$	Y 克 Z, X 克 Z	X 克 Y, Z 克 Y	Z 克 X, Y 克 X

续表 10-3-5

序	仨易卦象	仨码	Y→Z源←X	X→Y源←Z	Z→X源←Y
39		(1F / FF / FF)	Y生Z, X克Z	X克Y, Z克Y	Z克X, Y克X
40		(FF / 1F / FF)	Y克Z, X克Z	X生Y, Z克Y	Z克X, Y克X
41		(FF / FF / 1F)	Y克Z, X克Z	X克Y, Z克Y	Z生X, Y克X
42		(11 / FF / FF)	Y生Z, X生Z	X克Y, Z克Y	Z克X, Y克X
43		(1F / 1F / FF)	Y生Z, X克Z	X生Y, Z克Y	Z克X, Y克X
44		(1F / FF / 1F)	Y生Z, X克Z	X克Y, Z克Y	Z生X, Y克X
45		(FF / 11 / FF)	Y克Z, X克Z	X生Y, Z生Y	Z克X, Y克X
46		(FF / 1F / 1F)	Y克Z, X克Z	X生Y, Z克Y	Z生X, Y克X

表 10-3-6　仁易六十四卦卦象与仁源之间的相生相克关系　序号：47～55

序	仁易卦象	仁码	Y→Z源←X	X→Y源←Z	Z→X源←Y
47		$\begin{pmatrix} FF \\ FF \\ 11 \end{pmatrix}$	Y克Z, X克Z	X克Y, Z克Y	Z生X, Y生X
48		$\begin{pmatrix} 11 \\ 1F \\ FF \end{pmatrix}$	Y生Z, X生Z	X生Y, Z克Y	Z克X, Y克X
49		$\begin{pmatrix} 11 \\ FF \\ 1F \end{pmatrix}$	Y生Z, X生Z	X克Y, Z生Y	Z生X, Y生X
50		$\begin{pmatrix} 1F \\ 11 \\ FF \end{pmatrix}$	Y生Z, X克Z	X生Y, Z生Y	Z克X, Y克X
51		$\begin{pmatrix} 1F \\ 1F \\ 1F \end{pmatrix}$	Y生Z, X克Z	X生Y, Z生Y	Z生X, Y克X
52		$\begin{pmatrix} 1F \\ FF \\ 11 \end{pmatrix}$	Y生Z, X克Z	X克Y, Z克Y	Z生X, Y生X
53		$\begin{pmatrix} FF \\ 11 \\ 1F \end{pmatrix}$	Y克Z, X克Z	X生Y, Z生Y	Z生X, Y克X
54		$\begin{pmatrix} FF \\ 1F \\ 11 \end{pmatrix}$	Y克Z, X克Z	X生Y, Z克Y	Z生X, Y生X
55		$\begin{pmatrix} 11 \\ 11 \\ FF \end{pmatrix}$	Y生Z, X生Z	X生Y, Z生Y	Z克X, Y克X

表 10-3-7　仨易六十四卦卦象与仨源之间的相生相克关系　序号:56～64

序	仨易卦象	仨码	Y→Z源←X	X→Y源←Z	Z→X源←Y
56		$\begin{pmatrix}11\\1F\\1F\end{pmatrix}$	Y生Z, X生Z	X生Y, Z克Y	Z生X, Y克X
57		$\begin{pmatrix}11\\FF\\11\end{pmatrix}$	Y生Z, X生Z	X克Y, Z克Y	Z生X, Y生X
58		$\begin{pmatrix}1F\\11\\1F\end{pmatrix}$	Y生Z, X克Z	X生Y, Z生Y	Z生X, Y克X
59		$\begin{pmatrix}1F\\1F\\11\end{pmatrix}$	Y生Z, X克Z	X生Y, Z克Y	Z生X, Y生X
60		$\begin{pmatrix}FF\\11\\11\end{pmatrix}$	Y克Z, X克Z	X生Y, Z生Y	Z生X, Y生X
61		$\begin{pmatrix}11\\11\\1F\end{pmatrix}$	Y生Z, X生Z	X生Y, Z生Y	Z生X, Y克X
62		$\begin{pmatrix}11\\1F\\11\end{pmatrix}$	Y生Z, X生Z	X生Y, Z克Y	Z生X, Y生X
63		$\begin{pmatrix}1F\\11\\11\end{pmatrix}$	Y生Z, X克Z	X生Y, Z生Y	Z生X, Y生X
64		$\begin{pmatrix}11\\11\\11\end{pmatrix}$	Y生Z, X生Z	X生Y, Z生Y	Z生X, Y生X

仁易六十四卦包含内外变因八卦

如果我们把仁易六十四卦的卦象看成是两个仁易八卦卦象的并卦,那么仁易六十四卦就正好是两组仁易八卦的合成。

譬如,仁易六十四卦中小畜卦 ☰☴ 就可分解为左右两个八卦的并卦:

左边为仁易八卦的乾卦 ☰,右边为仁易八卦的巽卦 ☴。

根据"仁易六十四卦"的定义,一方面我们知道仁易六十四卦的形成离不开仁源之变和仁源的组合方式;另一方面我们也知道存在的变化一定是在内因和外因共同作用下发生的,内因和外因都是存在的变因,其内因起主导作用。因此我们自然会想到仁易六十四卦能否化解为内因八卦和外因八卦的合成。

假设"内因仁易八卦"代表变因中内因对仁源的贡献所形成的八卦,"外因仁易八卦"代表变因中外因对仁源的贡献所形成的八卦,将内因仁易八卦作为左八卦,将外因仁易八卦作为右八卦,将内外八卦进行相互组合,就可推导出仁易六十四卦。

之所以我们把内因仁易八卦作为仁易六十四卦的左八卦,这是因为在事物的变化中内因起主导作用,这也符合中国古代所谓"左为大"的思想。

仁易六十四卦和内外因八卦的关系如表10-4-1、表10-4-2所示。

表10-4-1　仁易六十四卦分解为内因八卦和外因八卦(上)

序	卦名	外卦／内卦	坤 1	艮 2	坎 3	震 4
1	坤 kūn		38 坤	29 剥	20 比	11 豫
2	艮 gèn		39 谦	42 艮	21 蹇	12 小过

续表 10-4-1

序	卦名	外卦/内卦	坤 1	艮 2	坎 3	震 4
3	坎 kǎn		40 师	30 蒙	45 坎	13 解
4	震 zhèn		41 复	31 颐	22 屯	47 震
5	巽 xùn		43 升	48 蛊	50 井	15 恒
6	离 lí		44 明夷	49 贲	24 既济	52 丰
7	兑 duì		46 临	33 损	53 节	54 归妹
8	乾 qián		51 泰	56 大畜	58 需	59 大壮

表 10-4-2　仨易六十四卦分解为内因八卦和外因八卦（下）

序	卦名	外卦/内卦	巽 5	离 6	兑 7	乾 8
1	坤 kūn		8 观	5 晋	2 萃	1 否
2	艮 gèn		23 渐	14 旅	3 咸	4 遁

113

续表 10-4-2

序	卦名	外卦/内卦	巽 5	离 6	兑 7	乾 8
3	坎 kǎn		32 涣	6 未济	16 困	7 讼
4	震 zhèn		9 益	34 噬嗑	25 随	10 无妄
5	巽 xùn		55 巽	17 鼎	18 大过	19 姤
6	离 lí		26 家人	57 离	27 革	28 同人
7	兑 duì		35 中孚	36 睽	60 兑	37 履
8	乾 qián		61 小畜	62 大有	63 夬	64 乾

第十一章　仨易六十四卦卦象的吉凶排序

说卦象有吉凶排序，听起来确实难以置信，要么就是迷信。

根据仨易六十四卦的定义，我们知道，仨易六十四卦的卦象不仅代表了一种组合方式，而且还代表了一种计算方式和计算结果，而我们所说的"卦象吉凶"就是指该卦象的计算值与其他卦象的计算值相比在仨易六十四卦中的排序。

对每个仨易六十四卦的卦象，它的卦象吉凶是否在仨易六十四卦中有固定的排序呢？通过大量的数学计算，我们发现，确实存在相对固定的吉凶排序。

在仨易八卦中，我们已经知道"仨源权重"这个概念，就是说：仨源中的每个源对存在的贡献大小或多少是不一样的，就像我们大家都熟悉的事实：决定一场战争的胜负取决于"天时、地利和人和"，而且"天时不如地利，地利不如人和"。为了使仨易六十四卦的卦象吉凶排序相对固定，我们必须规定：

1. 存在的度原的仨源为 X 源、Y 源和 Z 源，且仨源权重不同，X 源对存在的贡献最大为最重要源，Z 源对存在的贡献最小为最次要源。

2. 画"仨易六十四卦"的卦象时，要把 X 源所对应的爻作为底爻（或下爻）并用绿色表示，要把 Z 源所对应的爻作为上爻并用红色表示，要把 Y 源所对应的爻作为中间爻并用蓝色表示。

3. 仨源的度量必须能形成一个三角形，不要出现一源独大的情况。

卦象吉凶排序的推演计算

说一千道一万，不如实际计算看一看。

假设 X、Y、Z 仨源的贡献值分别是：$X=5$，$Y=4.2$，$Z=3$，再设定仨源的变化值为 2%。

当仨源的度量为标量时，我们就用仨易六十四卦定义中的标量栏进行计算，从而可得表 11-1 中的标量值（即 S 值）；当仨源的度量为矢量时，我们就用仨易六十四卦定义中的矢量栏进行计算，从而可得表 11-1 中的矢量模值（即 $\vec{V}$ 值）；当仨源的度量为积量时，我们就用仨易六十四卦定义中的积量栏进行计算，从而可得表 11-1 中的积量模值（即 $\vec{P}$ or P 值）。

从表 11-1 中我们发现，当仨源度量为标量时，其度量计算值的排序与仨易六十四卦的卦象排序完全一致；当仨源度量为矢量时，其度量计算值的排序与仨易六十四卦的卦象排序几乎完全一致，只有少数几个卦象排位略有错位，但无妨大局；当仨源度量为积量因子时，其度量计算值的排序与仨易六十四卦的卦象排序也几乎完全一致，只有少数几个卦象排位略有错位，但无妨大局。

通过大量计算发现：无论 X、Y、Z 仨源的值怎样，无论仨源所对应的度量为标量、矢量还是积量，按照仨易六十四卦定义进行计算，每种卦象所对应的计算结果，在仨易六十四卦中的排序几乎不变，且与仨易序号一致，这就是仨易六十四卦的卦象吉凶排序的由来。

表 11-1-1 "仨易六十四卦"卦象所对应的度量计算值　序号：1～10

序	仨易卦象	仨码	标量(S)	矢量($\vec{V}$)	积量($\vec{P}$ or P)
1		$\begin{bmatrix} F1 \\ F1 \\ F1 \end{bmatrix}$	0	0	0
2		$\begin{bmatrix} FF \\ F1 \\ F1 \end{bmatrix}$	2.94	2.94	2.94
3		$\begin{bmatrix} 1F \\ F1 \\ F1 \end{bmatrix}$	3	3	3
4		$\begin{bmatrix} 11 \\ F1 \\ F1 \end{bmatrix}$	3.06	3.06	3.06

续表 11-1-1

序	仨易卦象	仨码	标量(S)	矢量($\vec{V}$)	积量($\vec{P}$ or P)
5		$\begin{pmatrix} F1 \\ FF \\ F1 \end{pmatrix}$	4.116	4.116	4.116
6		$\begin{pmatrix} F1 \\ 1F \\ F1 \end{pmatrix}$	4.2	4.2	4.2
7		$\begin{pmatrix} F1 \\ 11 \\ F1 \end{pmatrix}$	4.284	4.284	4.284
8		$\begin{pmatrix} F1 \\ F1 \\ FF \end{pmatrix}$	4.9	4.9	4.9
9		$\begin{pmatrix} F1 \\ F1 \\ 1F \end{pmatrix}$	5	5	5
10		$\begin{pmatrix} F1 \\ F1 \\ 11 \end{pmatrix}$	5.1	5.1	5.1

表 11-1-2 "仨易六十四卦"卦象所对应的度量计算值　序号：11～19

序	仨易卦象	仨码	标量(S)	矢量($\vec{V}$)	积量($\vec{P}$ or P)
11		$\begin{pmatrix} FF \\ FF \\ F1 \end{pmatrix}$	7.056	5.058 167 3	12.101 04
12		$\begin{pmatrix} 1F \\ FF \\ F1 \end{pmatrix}$	7.116	5.093 275 6	12.348

续表 11-1-2

序	仨易卦象	仨码	标量(S)	矢量($\vec{V}$)	积量($\vec{P}$ or P)
13		$\begin{pmatrix} FF \\ 1F \\ F1 \end{pmatrix}$	7.14	5.126 753 4	12.348
14		$\begin{pmatrix} 11 \\ FF \\ F1 \end{pmatrix}$	7.176	5.128 845 5	12.594 96
15		$\begin{pmatrix} 1F \\ 1F \\ F1 \end{pmatrix}$	7.2	5.161 395 2	12.6
16		$\begin{pmatrix} FF \\ 11 \\ F1 \end{pmatrix}$	7.224	5.195 792 1	12.594 96
17		$\begin{pmatrix} 11 \\ 1F \\ F1 \end{pmatrix}$	7.26	5.196 498 8	12.852
18		$\begin{pmatrix} 1F \\ 11 \\ F1 \end{pmatrix}$	7.284	5.229 976 7	12.852
19		$\begin{pmatrix} 11 \\ 11 \\ F1 \end{pmatrix}$	7.344	5.264 623 1	13.109 04

表 11-1-3 "仨易六十四卦"卦象所对应的度量计算值   序号:20~28

序	仨易卦象	仨码	标量(S)	矢量($\vec{V}$)	积量($\vec{P}$ or P)
20		$\begin{pmatrix} FF \\ F1 \\ FF \end{pmatrix}$	7.84	5.714 332 9	14.406
21		$\begin{pmatrix} 1F \\ F1 \\ FF \end{pmatrix}$	7.9	5.745 433	14.7

续表 11-1-3

序	仨易卦象	仨码	标量(S)	矢量($\vec{V}$)	积量($\vec{P}$ or P)
22		$\begin{pmatrix} FF \\ F1 \\ 1F \end{pmatrix}$	7.94	5.800 310 3	14.7
23		$\begin{pmatrix} 11 \\ F1 \\ FF \end{pmatrix}$	7.96	5.776 988 8	14.994
24		$\begin{pmatrix} 1F \\ F1 \\ 1F \end{pmatrix}$	8	5.830 951 9	15
25		$\begin{pmatrix} FF \\ F1 \\ 11 \end{pmatrix}$	8.04	5.886 730 8	14.994
26		$\begin{pmatrix} 11 \\ F1 \\ 1F \end{pmatrix}$	8.06	5.862 047 4	15.3
27		$\begin{pmatrix} 1F \\ F1 \\ 11 \end{pmatrix}$	8.1	5.916 924 9	15.3
28		$\begin{pmatrix} 11 \\ F1 \\ 11 \end{pmatrix}$	8.16	5.947 570 9	15.606

表 11-1-4 "仨易六十四卦"卦象所对应的度量计算值　序号：29～37

序	仨易卦象	仨码	标量(S)	矢量($\vec{V}$)	积量($\vec{P}$ or P)
29		$\begin{pmatrix} F1 \\ FF \\ FF \end{pmatrix}$	9.016	6.399 332 5	20.168 4
30		$\begin{pmatrix} F1 \\ 1F \\ FF \end{pmatrix}$	9.1	6.453 681 1	20.58

续表 11-1-4

序	仨易卦象	仨码	标量(S)	矢量($\vec{V}$)	积量($\vec{P}$ or P)
31		$\begin{pmatrix} F1 \\ FF \\ 1F \end{pmatrix}$	9.116	6.476 222 4	20.58
32		$\begin{pmatrix} F1 \\ 11 \\ FF \end{pmatrix}$	9.184	6.508 660 1	20.991 6
33		$\begin{pmatrix} F1 \\ 1F \\ 1F \end{pmatrix}$	9.2	6.529 931 1	21
34		$\begin{pmatrix} F1 \\ FF \\ 11 \end{pmatrix}$	9.216	6.553 736	20.991 6
35		$\begin{pmatrix} F1 \\ 11 \\ 1F \end{pmatrix}$	9.284	6.584 273 4	21.42
36		$\begin{pmatrix} F1 \\ 1F \\ 11 \end{pmatrix}$	9.3	6.606 814 7	21.42
37		$\begin{pmatrix} F1 \\ 11 \\ 11 \end{pmatrix}$	9.384	6.660 529 7	21.848 4

表 11-1-5　"仨易六十四卦"卦象所对应的度量计算值　序号:38～46

序	仨易卦象	仨码	标量(S)	矢量($\vec{V}$)	积量($\vec{P}$ or P)
38		$\begin{pmatrix} FF \\ FF \\ FF \end{pmatrix}$	11.956	7.042 375 7	59.295 096
39		$\begin{pmatrix} 1F \\ FF \\ FF \end{pmatrix}$	12.016	7.067 634 4	60.505 2

续表 11-1-5

序	仨易卦象	仨码	标量(S)	矢量($\vec{V}$)	积量($\vec{P}$ or P)
40		$\begin{pmatrix} FF \\ 1F \\ FF \end{pmatrix}$	12.04	7.091 798 1	60.505 2
41		$\begin{pmatrix} FF \\ FF \\ 1F \end{pmatrix}$	12.056	7.112 317 2	60.505 2
42		$\begin{pmatrix} 11 \\ FF \\ FF \end{pmatrix}$	12.076	7.093 310 7	61.715 304
43		$\begin{pmatrix} 1F \\ 1F \\ FF \end{pmatrix}$	12.1	7.116 881 3	61.74
44		$\begin{pmatrix} 1F \\ FF \\ 1F \end{pmatrix}$	12.116	7.137 328 4	61.74
45		$\begin{pmatrix} FF \\ 11 \\ FF \end{pmatrix}$	12.124	7.141 866 4	61.715 304
46		$\begin{pmatrix} FF \\ 1F \\ 1F \end{pmatrix}$	12.14	7.161 256 9	61.74

表 11-1-6 "仨易六十四卦"卦象所对应的度量计算值　序号:47～55

序	仨易卦象	仨码	标量(S)	矢量($\vec{V}$)	积量($\vec{P}$ or P)
47		$\begin{pmatrix} FF \\ FF \\ 11 \end{pmatrix}$	12.156	7.182 969 9	61.715 304
48		$\begin{pmatrix} 11 \\ 1F \\ FF \end{pmatrix}$	12.16	7.142 380 6	62.974 8

续表 11-1-6

序	仨易卦象	仨码	标量(S)	矢量($\vec{V}$)	积量($\vec{P}$ or P)
49		$\begin{pmatrix} 11 \\ FF \\ 1F \end{pmatrix}$	12.176	7.162 754 8	62.974 8
50		$\begin{pmatrix} 1F \\ 11 \\ FF \end{pmatrix}$	12.184	7.166 774 4	62.974 8
51		$\begin{pmatrix} 1F \\ 1F \\ 1F \end{pmatrix}$	12.2	7.186 097 7	63
52		$\begin{pmatrix} 1F \\ FF \\ 11 \end{pmatrix}$	12.216	7.207 735 8	62.974 8
53		$\begin{pmatrix} FF \\ 11 \\ 1F \end{pmatrix}$	12.224	7.210 842 9	62.974 8
54		$\begin{pmatrix} FF \\ 1F \\ 11 \end{pmatrix}$	12.24	7.231 431 4	62.974 8
55		$\begin{pmatrix} 11 \\ 11 \\ FF \end{pmatrix}$	12.244	7.192 096 8	64.234 296

表 11-1-7 "仨易六十四卦"卦象所对应的度量计算值 序号：56～64

序	仨易卦象	仨码	标量(S)	矢量($\vec{V}$)	积量($\vec{P}$ or P)
56		$\begin{pmatrix} 11 \\ 1F \\ 1F \end{pmatrix}$	12.26	7.211 352 2	64.26
57		$\begin{pmatrix} 11 \\ FF \\ 11 \end{pmatrix}$	12.276	7.232 914 8	64.234 296

续表 11-1-7

序	仨易卦象	仨码	标量(S)	矢量($\vec{V}$)	积量($\vec{P}$ or P)
58		$\begin{pmatrix} 1F \\ 11 \\ 1F \end{pmatrix}$	12.284	7.235 513 5	64.26
59		$\begin{pmatrix} 1F \\ 1F \\ 11 \end{pmatrix}$	12.3	7.256 032	64.26
60		$\begin{pmatrix} FF \\ 11 \\ 11 \end{pmatrix}$	12.324	7.280 539 5	64.234 296
61		$\begin{pmatrix} 11 \\ 11 \\ 1F \end{pmatrix}$	12.344	7.260 596 1	65.545 2
62		$\begin{pmatrix} 11 \\ 1F \\ 11 \end{pmatrix}$	12.36	7.231 431 4	65.545 2
63		$\begin{pmatrix} 1F \\ 11 \\ 11 \end{pmatrix}$	12.384	7.280 539 5	65.545 2
64		$\begin{pmatrix} 11 \\ 11 \\ 11 \end{pmatrix}$	12.444	7.329 819 6	66.856 104

卦象的吉凶排序

在表 11-2 中，我们需要作出如下说明：

1. 你可能发现仨易六十四卦吉凶排序与仨易六十四卦的序号几乎一致，这是因为我们在画原始任易六十四卦时,就已经考虑了任易六十四卦吉凶排序。

2. 任易六十四卦吉凶排序和周易六十四卦的卦象序号有很大差异,这是因为周易六十四卦的卦象序号自身与吉凶排序无关。

3. 序号越高就越吉利,越低就越凶;吉凶代码反映了吉凶程度,吉凶代码越高越吉利。

4. 任易六十四卦的序号为1的否卦,在任易六十四卦中就是虚卦,也叫空卦,无吉凶代码。

5. 吉码栏中的 n、m、l 就是吉凶代码,n 表示界,共分3界,等于呈现的源数,$n=1$是下界,$n=2$是中界,$n=3$是上界;m 表示阶层,是界的细分,阶分3层;l 表示等级,是阶的细分,级分9等和3等两种。n、m、l 的数字越大越吉利,越小越凶。

6. 在现实中,我们把 n、$m=1$ 吉凶代码称之为"下签",把 n、$m=2$ 吉凶代码称之为"中签",n、$m=3$ 吉凶代码称之为"上签"。l 为9等时,"1、2、3"为"下签","4、5、6"为"中签";"7、8、9"为"上签";l 为3等时,"1"为"下签","2"为"中签","3"为"上签"。

表 11-2-1　易经六十四卦的吉凶排序,2~10 只有一源为显性

任序	卦名	任易卦象	任码	吉码	吉凶标签
1	否 pǐ		$\begin{pmatrix} F1 \\ F1 \\ F1 \end{pmatrix}$	0	
2	萃 cuì		$\begin{pmatrix} FF \\ F1 \\ F1 \end{pmatrix}$	1.1.1	下下下签
3	咸 xián		$\begin{pmatrix} 1F \\ F1 \\ F1 \end{pmatrix}$	1.1.2	下下中签
4	遁 dùn		$\begin{pmatrix} 11 \\ F1 \\ F1 \end{pmatrix}$	1.1.3	下下上签
5	晋 jìn		$\begin{pmatrix} F1 \\ FF \\ F1 \end{pmatrix}$	1.2.1	下中下签

续表 11-2-1

仨序	卦名	仨易卦象	仨码	吉码	吉凶标签
6	未济 wèi jì		$\begin{pmatrix} F1 \\ 1F \\ F1 \end{pmatrix}$	1.2.2	下中中签
7	讼 sòng		$\begin{pmatrix} F1 \\ 11 \\ F1 \end{pmatrix}$	1.2.3	下中上签
8	观 guān		$\begin{pmatrix} F1 \\ F1 \\ FF \end{pmatrix}$	1.3.1	下上下签
9	益 yì		$\begin{pmatrix} F1 \\ F1 \\ 1F \end{pmatrix}$	1.3.2	下上中签
10	无妄 wú wàng		$\begin{pmatrix} F1 \\ F1 \\ 11 \end{pmatrix}$	1.3.3	下上上签

表 11-2-2　易经六十四卦的吉凶排序，卦序 11～19 只有 X 源为隐性

仨序	卦名	仨易卦象	仨码	吉码	吉凶标签
11	豫 yù		$\begin{pmatrix} FF \\ FF \\ F1 \end{pmatrix}$	2.1.1	中下下签
12	小过 xiǎo guò		$\begin{pmatrix} 1F \\ FF \\ F1 \end{pmatrix}$	2.1.2	中下下签
13	解 jiě		$\begin{pmatrix} FF \\ 1F \\ F1 \end{pmatrix}$	2.1.3	中下下签
14	旅 lǚ		$\begin{pmatrix} 11 \\ FF \\ F1 \end{pmatrix}$	2.1.4	中下中签

续表 11-2-2

仁序	卦名	仁易卦象	仁码	吉码	吉凶标签
15	恒 héng		(1F / 1F / F1)	2.1.5	中下中签
16	困 kùn		(FF / 11 / F1)	2.1.6	中下中签
17	鼎 dǐng		(11 / 1F / F1)	2.1.7	中下上签
18	大过 dà guò		(1F / 11 / F1)	2.1.8	中下上签
19	姤 gòu		(11 / 11 / F1)	2.1.9	中下上签

表 11-2-3　易经六十四卦的吉凶排序，卦序 20～28 只有 Y 源为隐性

仁序	卦名	仁易卦象	仁码	吉码	吉凶标签
20	比 bì		(FF / F1 / FF)	2.2.1	中中下签
21	蹇 jiǎn		(1F / F1 / FF)	2.2.2	中中下签
22	屯 zhūn		(FF / F1 / 1F)	2.2.3	中中下签
23	渐 jiàn		(11 / F1 / FF)	2.2.4	中中中签

续表 11-2-3

仨序	卦名	仨易卦象	仨码	吉码	吉凶标签
24	既济 jì jì		(1F / F1 / 1F)	2.2.5	中中中签
25	随 suí		(FF / F1 / 11)	2.2.6	中中中签
26	家人 jiā rén		(11 / F1 / 1F)	2.2.7	中中上签
27	革 gé		(1F / F1 / 11)	2.2.8	中中上签
28	同人 tóng rén		(11 / F1 / 11)	2.2.9	中中上签

表 11-2-4　易经六十四卦的吉凶排序,卦序 29～37 只有 Z 源为隐性

仨序	卦名	仨易卦象	仨码	吉码	吉凶标签
29	剥 bō		(F1 / FF / FF)	2.3.1	中上下签
30	蒙 méng		(F1 / 1F / FF)	2.3.2	中上下签
31	颐 yí		(F1 / FF / 1F)	2.3.3	中上下签
32	涣 huàn		(F1 / 11 / FF)	2.3.4	中上中签

续表 11-2-4

仨序	卦名	仨易卦象	仨码	吉码	吉凶标签
33	损 sǔn		(F1 / 1F / 1F)	2.3.5	中上中签
34	噬嗑 shì kè		(F1 / FF / 11)	2.3.6	中上中签
35	中孚 zhōng fú		(F1 / 11 / 1F)	2.3.7	中上上签
36	睽 kuí		(F1 / 1F / 11)	2.3.8	中上上签
37	履 lǔ		(F1 / 11 / 11)	2.3.9	中上上签

表 11-2-5　易经六十四卦的吉凶排序,卦序 38～46 仨源皆显性

仨序	卦名	仨易卦象	仨码	吉码	吉凶标签
38	坤 kūn		(FF / FF / FF)	3.1.1	上下下签
39	谦 qiān		(1F / FF / FF)	3.1.2	上下下签
40	师 shī		(FF / 1F / FF)	3.1.3	上下下签
41	复 fù		(FF / FF / 1F)	3.1.4	上下中签

续表 11-2-5

仨序	卦名	仨易卦象	仨码	吉码	吉凶标签
42	艮 gèn		(11 / FF / FF)	3.1.5	上下中签
43	升 shēng		(1F / 1F / FF)	3.1.6	上下中签
44	明夷 míng yí		(1F / FF / 1F)	3.1.7	上下上签
45	坎 kǎn		(FF / 11 / FF)	3.1.8	上下上签
46	临 lín		(FF / 1F / 1F)	3.1.9	上下上签

表 11-2-6　易经六十四卦的吉凶排序，卦序 47～55 仨源皆显性

仨序	卦名	仨易卦象	仨码	吉码	吉凶标签
47	震 zhèn		(FF / FF / 11)	3.2.1	上中下签
48	蛊 gǔ		(11 / 1F / FF)	3.2.2	上中下签
49	贲 bì		(11 / FF / 1F)	3.2.3	上中下签
50	井 jǐng		(1F / 11 / FF)	3.2.4	上中中签

续表 11-2-6

仨序	卦名	仨易卦象	仨码	吉码	吉凶标签
51	泰 tài		$\begin{pmatrix} 1F \\ 1F \\ 1F \end{pmatrix}$	3.2.5	上中中签
52	丰 fēng		$\begin{pmatrix} 1F \\ FF \\ 11 \end{pmatrix}$	3.2.6	上中中签
53	节 jié		$\begin{pmatrix} FF \\ 11 \\ 1F \end{pmatrix}$	3.2.7	上中上签
54	归妹 guī mèi		$\begin{pmatrix} FF \\ 1F \\ 11 \end{pmatrix}$	3.2.8	上中上签
55	巽 xùn		$\begin{pmatrix} 11 \\ 11 \\ FF \end{pmatrix}$	3.2.9	上中上签

表 11-2-7 易经六十四卦的吉凶排序，卦序 56～64 仨源皆显性

仨序	卦名	仨易卦象	仨码	吉码	吉凶标签
56	大畜 dà xù		$\begin{pmatrix} 11 \\ 1F \\ 1F \end{pmatrix}$	3.3.1	上上下签
57	离 lí		$\begin{pmatrix} 11 \\ FF \\ 11 \end{pmatrix}$	3.3.2	上上下签
58	需 xū		$\begin{pmatrix} 1F \\ 11 \\ 1F \end{pmatrix}$	3.3.3	上上下签
59	大壮 dà zhuàng		$\begin{pmatrix} 1F \\ 1F \\ 11 \end{pmatrix}$	3.3.4	上上中签

续表 11-2-7

仨序	卦名	仨易卦象	仨码	吉码	吉凶标签
60	兑 duì		$\begin{pmatrix} FF \\ 11 \\ 11 \end{pmatrix}$	3.3.5	上上中签
61	小畜 xiǎo xù		$\begin{pmatrix} 11 \\ 11 \\ 1F \end{pmatrix}$	3.3.6	上上中签
62	大有 dà yōu		$\begin{pmatrix} 11 \\ 1F \\ 11 \end{pmatrix}$	3.3.7	上上上签
63	夬 guài		$\begin{pmatrix} 1F \\ 11 \\ 11 \end{pmatrix}$	3.3.8	上上上签
64	乾 qián		$\begin{pmatrix} 11 \\ 11 \\ 11 \end{pmatrix}$	3.3.9	上上上签

第十二章　仨源易经对弈周易

仨源易经破解周易成因之谜

破解周易八卦的成因

《周易》后人用之于占卜，有人认为其卦辞爻辞甚灵，有人则不以为然，暗指迷信。直到今天，无人知晓《周易》的形成原因和动机，只知道它是由周文王所撰，因此只有弄清楚《周易》的成因，才能更好地帮助我们使用《周易》，弘扬传统文化。

我们知道"周易八卦"来源于"伏羲八卦"，因此只要找到了"伏羲八卦"的成因，也就找到了"周易八卦"的成因。

让我们穿越到远古时期，看看那时的人们都在崇拜什么。通过查阅大量的资料，我们不难发现他们崇拜三种神，即山神、水神和火神。

之所以崇拜"山神"，是因为古时候的人们都生活在大山中，"山"是他们生存、居住和获取食物的地方，"山"寓意着高大雄伟和岿然屹立不可撼动，他们当然知道大山对他们的重要性。

之所以崇拜"水神"，这是显而易见的，无论古时候还是现在，我们人类都离不开水，离开了水我们就无法生存。早在 2 500 年前的古希腊大哲学家 Thales 就认为"水"是万物的始基，由此可见水的重要性。

之所以崇拜"火神"，不仅是因为"火"能让他们吃上可口的食物，更是因为"火"让他们感到畏惧，在他们心中，"火"寓意着霹雳闪电，地震山摇，火山爆发，森林被烧,焦尸遍野。因此在古时候的人们心中"火"就是"震",就是"雷";后来的燧人氏"钻木取火或钻石取火",更使他们认识到"火"来自震动和摩擦。

伏羲聪慧,善于思考,有一天他突然顿悟,悟出三神八卦。

他认为大地本为空,大地上的万物来自天,天上有仨神,一曰山,二曰水,三曰震,各负其责,各行其是,各掌一宝物,可独行,可合行,可齐驱。

"山神"从天降山;"水神"从天降水;"震神"从天降震。

"山水合一"出"风景";"山震合一"出明火;"水震合一"出光泽。

他把天上仨宝:山、水、震譬方三爻,上爻为山,中爻为水,底爻为震,爻实为显,爻虚为隐,三爻组合呈现八卦,称之为"伏羲八卦"。

因此"伏羲八卦"的成因离不开仨源:山神、水神和震神。

表 12-1 周易八卦

卦序	卦名	周易	周易八卦内涵
1	坤 kūn	☷	三爻皆阴,喻义大地和母性,包藏万物,养育众生
2	艮 gèn	☶	上爻为显,表示只有"山神"出现,喻义大山阻止万物行动
3	坎 kǎn	☵	中爻为显,表示只有"水神"出现,喻义水能滋润万物
4	震 zhèn	☳	下爻为显,表示只有"震神"出现,喻义雷震鼓动万物
5	巽 xùn	☴	上、中爻为显,下爻为隐,表示"山神"和"水神"同时出现,喻义风景甚好,驱散阴气
6	离 lí	☲	上、下爻为显,中爻为隐,表示"山神"和"震神"同时出现,喻义有明火,提供温暖和干爽
7	兑 duì	☱	中、下爻为显,上爻为隐,表示"水神"和"震神"同时出现,喻义泽和雨露,使万物和悦和谐
8	乾 qián	☰	三爻皆显,表示"山、水、震"三神同时出现,喻义天和父,拥有万物主宰一切

破解周易六十四卦的成因

直到今天,无人知晓"周易六十四卦"的形成原因和动机,只知道它是由周文王所撰,因此只有弄清楚"周易六十四卦"的成因,才能更好地帮助我们使用《周易》,弘扬传统文化。

在人类社会形成的初期,人们并没有发现人在改造世界中的力量,那时候的人们只崇拜三神:山神、水神和火神;甚至伏羲作八卦,也只考虑了八种自然景象:天、地、水、火、雷、山、风和泽,而忽略了人的作用。

但是随着人类社会的不断发展,到商周时期,周文王发现,人的力量已不可忽视,人不仅能认识自然,还能改造自然,因此,他认为,万事之变离不开仨才:"天、地、人"。正如古人云:谋事在人,成事在天,而谋事的关键就是要把握"天时、地利、人和"。

同时,在商周时期,阴阳五行之术已经开始流行,因此我们几乎可以肯定,那时周文王应该知道"相生相克之道"。

下面就让我们用"仨才"和"相生相克"概念,来看看"周易六十四卦"是如何形成的吧。

为了方便推导,我们首先画出仨才:天、地、人的仨源体图,并把"人"源用绿色,"地"源用蓝色,"天"源用红色,如图 12-1 所示。

图 12-1

从图中,"仨才"之间存在六个作用,即:

1. 天 → 人,"天"作用于"人","相生"为阳,"相克"为阴;
2. 人 → 地,"人"作用于"地","相生"为阳,"相克"为阴;
3. 地 → 天,"地"作用于"天","相生"为阳,"相克"为阴;
4. 天 ← 人,"人"反作用于"天","相生"为阳,"相克"为阴;
5. 地 ← 天,"天"反作用于"地","相生"为阳,"相克"为阴;
6. 人 ← 地,"地"反作用于"人","相生"为阳,"相克"为阴。

如果我们把"仨才"之间的六个作用分别用六个爻来代表,并约定:

"相克"为阴,用虚线表示,即"- -";

"相生"为阳,用实线表示,即"——";

"爻"的颜色与受作用的接受源的颜色一致。

那么顺时针方向的三个作用:从"天作用于人"开始到"地作用于天"结束,所形成的三爻八卦,就是周易的内八卦(或下八卦)。注意:要把"天作用于人"的"爻"作为底爻,把"人作用于地"的"爻"作为中爻,把"地作用于天"的"爻"作为上爻。

同样,逆时针方向的三个反作用:从"人反作用于天"开始到"地反作用于人"结束,所形成的三爻八卦,就是周易的外八卦(或上八卦)。注意:要把"人反作用于天"的"爻"作为上爻,把"天反作用于地"的"爻"作为中爻,把"地反作用于人"的"爻"作为底爻。

最后,再把周易的外八卦(或上八卦)与周易的内八卦(或下八卦)上下串联就可推导出所有的"周易六十四卦"的卦象 如表12-1所示。

由此可见,"周易六十四卦"反映的是"天、地、人"仨才之间可能出现的相互作用与相生相克的关系。

譬如,如果"天、地、人"仨才的作用与反作用的属性如图12-2所示,那么顺时针方向的三个作用:从"天作用于人"开始到"地作用于天"结束,所形成的周易内八卦(或下八卦)就是乾卦。

那么逆时针方向的三个反作用:从"人反作用于天"开始到"地反作用于人"结束,所形成的周易外八卦(或上八卦)就是巽卦。

再把周易外八卦与周易内八卦上下串联就得到"周易六十四卦"的小畜卦 。

图 12-2

表 12-2-1　周易六十四卦卦象来自天、地、人仨才的相互作用　序号:1-10

仨序	卦象	周序	地→天←人	人→地←天	天→人←地
1		12	地克天,人生天	人克地,天生地	天克人,地生人
2		45	地克天,人克天	人克地,天生地	天克人,地生人
3		31	地生天,人克天	人克地,天生地	天克人,地生人
4		33	地生天,人生天	人克地,天生地	天克人,地生人
5		35	地克天,人生天	人克地,天克地	天克人,地生人
6		64	地克天,人生天	人生地,天克地	天克人,地生人

续表 12-2-1

仨序	卦象	周序	地→天←人	人→地←天	天→人←地
7		6	地克天,人生天	人生地,天生地	天克人,地生人
8		20	地克天,人生天	人克地,天生地	天克人,地克人
9		42	地克天,人生天	人克地,天生地	天生人,地克人
10		25	地克天,人生天	人克地,天生地	天生人,地生人

表 12-2-2　周易六十四卦卦象来自天、地、人仨才的相互作用　序号:11～19

仨序	卦象	周序	地→天←人	人→地←天	天→人←地
11		16	地克天,人克天	人克地,天克地	天克人,地生人
12		62	地生天,人克天	人克地,天克地	天克人,地生人
13		40	地克天,人克天	人生地,天克地	天克人,地生人
14		56	地生天,人生天	人克地,天生地	天克人,地生人

续表 12-2-2

仨序	卦象	周序	地→天←人	人→地←天	天→人←地
15		32	地生天,人克天	人生地,天克地	天克人,地生人
16		47	地克天,人克天	人生地,天生地	天克人,地生人
17		50	地生天,人生天	人生地,天克地	天克人,地生人
18		28	地生天,人克天	人生地,天生地	天克人,地生人
19		44	地生天,人生天	人生地,天生地	天克人,地生人

表 12-2-3　周易六十四卦卦象来自天、地、人仨才的相互作用　序号:20~28

序	周易卦象	周序	地→天←人	人→地←天	天→人←地
20		8	地克天,人克天	人克地,天生地	天克人,地克人
21		39	地生天,人克天	人克地,天生地	天克人,地克人
22		3	地克天,人克天	人克地,天生地	天生人,地克人

续表 12-2-3

序	周易卦象	周序	地→天←人	人→地←天	天→人←地
23		53	地生天,人生天	人克地,天生地	天克人,地克人
24		63	地生天,人克天	人克地,天生地	天生人,地克人
25		17	地克天,人克天	人克地,天生地	天生人,地生人
26		37	地生天,人生天	人克地,天生地	天生人,地克人
27		49	地生天,人克天	人克地,天生地	天生人,地生人
28		13	地生天,人生天	人克地,天生地	天生人,地生人

表 12-2-4　周易六十四卦卦象来自天、地、人仨才的相互作用　序号：29～37

仨序	卦象	周序	地→天←人	人→地←天	天→人←地
29		23	地克天,人生天	人克地,天克地	天克人,地克人
30		4	地克天,人生天	人生地,天克地	天克人,地克人

续表 12-2-4

仨序	卦象	周序	地→天←人	人→地←天	天→人←地
31		27	地克天,人生天	人克地,天克地	天生人,地克人
32		59	地克天,人生天	人生地,天生地	天克人,地克人
33		41	地克天,人生天	人生地,天克地	天生人,地克人
34		21	地克天,人生天	人克地,天克地	天生人,地生人
35		61	地克天,人生天	人生地,天克地	天生人,地克人
36		38	地克天,人生天	人生地,天生地	天生人,地克人
37		10	地克天,人生天	人生地,天生地	天生人,地生人

表 12-2-5 周易六十四卦卦象来自天、地、人仨才的相互作用　序号：38~46

仨序	卦象	周序	地→天←人	人→地←天	天→人←地
38		2	地克天,人克天	人克地,天克地	天克人,地克人

续表 12-2-5

仨序	卦象	周序	地→天←人	人→地←天	天→人←地
39		15	地生天,人克天	人克地,天克地	天克人,地克人
40		7	地克天,人克天	人生地,天克地	夫克人,地克人
41		24	地克天,人克天	人克地,天克地	天生人,地克人
42		52	地生天,人生天	人克地,天克地	天克人,地克人
43		46	地生天,人克天	人生地,天克地	天克人,地克人
44		36	地生天,人克天	人克地,天克地	天生人,地克人
45		29	地克天,人克天	人生地,天生地	天克人,地克人
46		19	地克天,人克天	人生地,天克地	天生人,地克人

表 12-2-6　周易六十四卦卦象来自天、地、人仨才的相互作用　序号：47～55

仨序	卦象	周序	地→天←人	人→地←天	天→人←地
47		51	地克天,人克天	人克地,天克地	天生人,地生人
48		18	地生天,人生天	人生地,天克地	天克人,地克人
49		22	地生天,人生天	人克地,天克地	天生人,地克人
50		48	地生天,人克天	人生地,天生地	天克人,地克人
51		11	地生天,人克天	人生地,天克地	天生人,地克人
52		55	地生天,人克天	人克地,天克地	天生人,地生人
53		60	地克天,人克天	人生地,天生地	天生人,地克人
54		54	地克天,人克天	人生地,天克地	天生人,地生人
55		57	地生天,人生天	人生地,天生地	天克人,地克人

表 12-2-7　周易六十四卦卦象来自天、地、人仨才的相互作用　序号:56～64

仨序	卦象	周序	地→天←人	人→地←天	天→人←地
56		26	地生天,人生天	人生地,天克地	天生人,地克人
57		30	地生天,人生天	人克地,天克地	天生人,地生人
58		5	地生天,人克天	人生地,天生地	天生人,地克人
59		34	地生天,人克天	人生地,天克地	天生人,地生人
60		58	地克天,人克天	人生地,天生地	天生人,地生人
61		9	地生天,人生天	人生地,天生地	天生人,地克人
62		14	地生天,人生天	人生地,天克地	天生人,地生人
63		43	地生天,人克天	人生地,天生地	天生人,地生人
64		1	地生天,人生天	人生地,天生地	天生人,地生人

仨源易经与周易的比较

仨易八卦对弈周易八卦

外表形象对比

从表 12-3 中我们不难看出:"仨易八卦"与"周易八卦"的形式几乎一样。

1. 卦序一样;
2. 卦名一样;
3. 二进制代码一样;
4. "周易八卦"和"仨易八卦"的卦象也一样;
5. 只是"周易八卦"的卦象为黑白,而"仨易八卦"是三原色。

内涵对比

前面,我们讲了"周易八卦"与"仨易八卦"的外表形式几乎一样,可是就其二者的内涵相比,却有很大的差异。这是因为"周易八卦"的卦象不仅是一种形式,而且还包涵了一种自然景象;而"仨易八卦"的卦象只是一种仨源的组合方式和计算方式,并无固定的含义,其具体含义是由仨源所代表的含义来决定的。

如果"仨易八卦"中的仨源及其所对应卦象的三爻分别看作"蛰、水、火"仨行,那么"仨易八卦"的卦象内涵和喻义,几乎与"周易八卦"相似。

因为,此时的"仨易八卦"中:

1. 坤卦:三爻皆虚空,形象为空,空为有生,地载万物,喻义大地和母性,包藏万物,养育众生;
2. 艮卦:上爻为"蛰",喻义大山,阻止万物行动;
3. 坎卦:中爻为"水",喻义水,滋润万物;
4. 震卦:下爻为"火",地火要发"热",喻义雷,鼓动万物;

5. 巽卦：上爻为"錾"，表示大山，中爻为"水"，表示有山有水，风景秀丽，空气清新，喻义风和景，驱散阴气；

6. 离卦：上爻为"錾"，下爻为"火"；因"錾"中有"木"，形象为木在火中烧，喻义火和日，提供温暖和干爽；

7. 兑卦：中爻为"水"，下爻为"火"，形象为水火相容产生雾气，喻义泽和雨露，使万物和悦和谐；

8. 乾卦：三爻齐聚，"錾、水、火"皆得，形象为天生万物，喻义天和父，覆盖万物，主宰一切。

表 12-3　仨易八卦对弈周易八卦（形式对比）

序	卦名	仨易八卦	周易八卦	二进制代码
1	坤 kūn			$\begin{pmatrix}0\\0\\0\end{pmatrix}$
2	艮 gèn			$\begin{pmatrix}1\\0\\0\end{pmatrix}$
3	坎 kǎn			$\begin{pmatrix}0\\1\\0\end{pmatrix}$
4	震 zhèn			$\begin{pmatrix}0\\0\\1\end{pmatrix}$
5	巽 xùn			$\begin{pmatrix}1\\1\\0\end{pmatrix}$
6	离 lí			$\begin{pmatrix}1\\0\\1\end{pmatrix}$
7	兑 duì			$\begin{pmatrix}0\\1\\1\end{pmatrix}$
8	乾 qián			$\begin{pmatrix}1\\1\\1\end{pmatrix}$

表 12-4　仨易八卦对弈周易八卦(内涵对比)

卦名	仨易	仨易八卦内涵	周易	周易八卦内涵
坤 kūn		三爻皆虚空，空为有生，地载万物，喻义大地，养育众生		三爻皆阴，喻义大地和母性，包藏万物，养育众生
艮 gèn		上爻为鋆，喻义大山，阻止万物行动		上爻为阳，喻义大山，阻止万物行动
坎 kǎn		中爻为水，喻义水，滋润万物		中爻为阳，喻义水，滋润万物
震 zhèn		下爻为火，地火发热，喻义雷，鼓动万物		下爻为阳，喻义雷，鼓动万物
巽 xùn		上、中爻为鋆、水，表示有山有水，喻义风和景，驱散阴气		上、中爻为阳，下爻为阴，喻义风和景，驱散阴气
离 lí		上、下爻为鋆、火，有木有火，喻义火旺，提供温暖和干爽		上、下爻为阳，中爻为阴，喻义火和日，提供温暖和干爽
兑 duì		中、下爻为水、火，生气，喻义泽和雨露，使万物和悦和谐		中、下爻为阳，上爻为阴，喻义泽和雨露，使万物和悦和谐
乾 qián		三爻皆得，天生万物，喻义天和父，覆盖万物，主宰一切		三爻皆阳，喻义天和父，覆盖万物，主宰一切

仨易六十四卦对弈周易六十四卦

从表 12-5-1 至表 12-5-7 中我们可以发现如下区别和共同点：

形式上的区别和共同点

1. 卦名相同，卦序不同。

2. 仨易采用了并联卦象，而周易采用了串联卦象；针对同一卦名，周易卦象的下卦等于仨易卦象的左卦，周易卦象的上卦等于仨易卦象的右卦。

内容上的区别和共同点

1. "周易六十四卦"和"仨易六十四卦"都能反映存在的六十四种可能变化方式和趋势,但是"周易六十四卦"的卦象只是反映了天、地、人仨才之间的关系及其相互作用,而不能直观地反映仨源的变化。

2. "周易六十四卦"的卦序不能直观地反映卦象的吉凶,而"仨易六十四卦"卦序直观地反映了该"卦"在六十四卦中的吉凶排序,为我们预测吉凶提供了直观判断依据。

3. 针对同一卦名,卦象在"周易六十四卦"和"仨易六十四卦"中的卦辞爻辞和诠释相同,请参考附录。

4. 仨易卦象中的"并爻"代表了仨源之变,"短爻"可以代表"作用"还可以代表"贡献",而周易卦象中的"爻"只是代表"作用和反作用"。

表 12-5-1　仨易对弈周易,卦序 1 仨源皆隐,2～10 只有一源为显性

仨序	周序	卦名	仨易卦象	周易卦象	仨码
1	12	否 pǐ			[F1 F1 F1]
2	45	萃 cuì			[FF F1 F1]
3	31	咸 xián			[1F F1 F1]
4	33	遁 dùn			[11 F1 F1]
5	35	晋 jìn			[F1 FF F1]

续表 12-5-1

仨序	周序	卦名	仨易卦象	周易卦象	仨码
6	64	未济 wèi jì			$\begin{pmatrix} F1 \\ 1F \\ F1 \end{pmatrix}$
7	6	讼 sòng			$\begin{pmatrix} F1 \\ 11 \\ F1 \end{pmatrix}$
8	20	观 guān			$\begin{pmatrix} F1 \\ F1 \\ FF \end{pmatrix}$
9	42	益 yì			$\begin{pmatrix} F1 \\ F1 \\ 1F \end{pmatrix}$
10	25	无妄 wú wàng			$\begin{pmatrix} F1 \\ F1 \\ 11 \end{pmatrix}$

表 12-5-2　仨易对弈周易，卦序 11～19 只有 X 源为隐性

仨序	周序	卦名	仨易卦象	周易卦象	仨码
11	16	豫 yù			$\begin{pmatrix} FF \\ FF \\ F1 \end{pmatrix}$
12	62	小过 xiǎo guò			$\begin{pmatrix} 1F \\ FF \\ F1 \end{pmatrix}$
13	40	解 jiě			$\begin{pmatrix} FF \\ 1F \\ F1 \end{pmatrix}$

续表 12-5-2

仨序	周序	卦名	仨易卦象	周易卦象	仨码
14	56	旅 lǚ			$\begin{pmatrix} 11 \\ FF \\ F1 \end{pmatrix}$
15	32	恒 héng			$\begin{pmatrix} 1F \\ 1F \\ F1 \end{pmatrix}$
16	47	困 kùn			$\begin{pmatrix} FF \\ 11 \\ F1 \end{pmatrix}$
17	50	鼎 dǐng			$\begin{pmatrix} 11 \\ 1F \\ F1 \end{pmatrix}$
18	28	大过 dà guò			$\begin{pmatrix} 1F \\ 11 \\ F1 \end{pmatrix}$
19	44	姤 gòu			$\begin{pmatrix} 11 \\ 11 \\ F1 \end{pmatrix}$

表 12-5-3 仨易对弈周易,卦序 20~28 只有 Y 源为隐性

仨序	周序	卦名	仨易卦象	周易卦象	仨码
20	8	比 bì			$\begin{pmatrix} FF \\ F1 \\ FF \end{pmatrix}$
21	39	蹇 jiǎn			$\begin{pmatrix} 1F \\ F1 \\ FF \end{pmatrix}$

续表 12-5-3

仨序	周序	卦名	仨易卦象	周易卦象	仨码
22	3	屯 zhūn			$\begin{pmatrix} FF \\ F1 \\ 1F \end{pmatrix}$
23	53	渐 jiàn			$\begin{pmatrix} 11 \\ F1 \\ FF \end{pmatrix}$
24	63	既济 jì jì			$\begin{pmatrix} 1F \\ F1 \\ 1F \end{pmatrix}$
25	17	随 suí			$\begin{pmatrix} FF \\ F1 \\ 11 \end{pmatrix}$
26	37	家人 jiā rén			$\begin{pmatrix} 11 \\ F1 \\ 1F \end{pmatrix}$
27	49	革 gé			$\begin{pmatrix} 1F \\ F1 \\ 11 \end{pmatrix}$
28	13	同人 tóng rén			$\begin{pmatrix} 11 \\ F1 \\ 11 \end{pmatrix}$

表 12-5-4　仨易对弈周易，卦序 29～37 只有 Z 源为隐性

仨序	周序	卦名	仨易卦象	周易卦象	仨码
29	23	剥 bō			$\begin{pmatrix} F1 \\ FF \\ FF \end{pmatrix}$

续表 12-5-4

仨序	周序	卦名	仨易卦象	周易卦象	仨码
30	4	蒙 méng			$\begin{pmatrix} F1 \\ 1F \\ FF \end{pmatrix}$
31	27	颐 yí			$\begin{pmatrix} F1 \\ FF \\ 1F \end{pmatrix}$
32	59	涣 huàn			$\begin{pmatrix} F1 \\ 11 \\ FF \end{pmatrix}$
33	41	损 sǔn			$\begin{pmatrix} F1 \\ 1F \\ 1F \end{pmatrix}$
34	21	噬嗑 shì kè			$\begin{pmatrix} F1 \\ FF \\ 11 \end{pmatrix}$
35	61	中孚 zhōng fú			$\begin{pmatrix} F1 \\ 11 \\ 1F \end{pmatrix}$
36	38	睽 kuí			$\begin{pmatrix} F1 \\ 1F \\ 11 \end{pmatrix}$
37	10	履 lǚ			$\begin{pmatrix} F1 \\ 11 \\ 11 \end{pmatrix}$

表 12-5-5　仨易对弈周易,卦序 38～46 仨源皆显性

仨序	周序	卦名	仨易卦象	周易卦象	仨码
38	2	坤 kūn			[FF, FF, FF]
39	15	谦 qiān			[1F, FF, FF]
40	7	师 shī			[FF, 1F, FF]
41	24	复 fù			[FF, FF, 1F]
42	52	艮 gèn			[11, FF, FF]
43	46	升 shēng			[1F, 1F, FF]
44	36	明夷 míng yí			[1F, FF, 1F]
45	29	坎 kǎn			[FF, 11, FF]
46	19	临 lín			[FF, 1F, 1F]

表 12-5-6　仨易对弈周易，卦序 47～55 仨源皆显性

仨序	周序	卦名	仨易卦象	周易卦象	仨码
47	51	震 zhèn			$\begin{pmatrix} FF \\ FF \\ 11 \end{pmatrix}$
48	18	蛊 gǔ			$\begin{pmatrix} 11 \\ 1F \\ FF \end{pmatrix}$
49	22	贲 bì			$\begin{pmatrix} 11 \\ FF \\ 1F \end{pmatrix}$
50	48	井 jǐng			$\begin{pmatrix} 1F \\ 11 \\ FF \end{pmatrix}$
51	11	泰 tài			$\begin{pmatrix} 1F \\ 1F \\ 1F \end{pmatrix}$
52	55	丰 fēng			$\begin{pmatrix} 1F \\ FF \\ 11 \end{pmatrix}$
53	60	节 jié			$\begin{pmatrix} FF \\ 11 \\ 1F \end{pmatrix}$
54	54	归妹 guī mèi			$\begin{pmatrix} FF \\ 1F \\ 11 \end{pmatrix}$
55	57	巽 xùn			$\begin{pmatrix} 11 \\ 11 \\ FF \end{pmatrix}$

表 12-5-7　仨易对弈周易，卦序 56～64 仨源皆显性

仨序	周序	卦名	仨易卦象	周易卦象	仨码
56	26	大畜 dà xù			$\begin{pmatrix} 11 \\ 1F \\ 1F \end{pmatrix}$
57	30	离 lí			$\begin{pmatrix} 11 \\ FF \\ 11 \end{pmatrix}$
58	5	需 xū			$\begin{pmatrix} 1F \\ 11 \\ 1F \end{pmatrix}$
59	34	大壮 dà zhuàng			$\begin{pmatrix} 1F \\ 1F \\ 11 \end{pmatrix}$
60	58	兑 duì			$\begin{pmatrix} FF \\ 11 \\ 11 \end{pmatrix}$
61	9	小畜 xiǎo xù			$\begin{pmatrix} 11 \\ 11 \\ 1F \end{pmatrix}$
62	14	大有 dà yōu			$\begin{pmatrix} 11 \\ 1F \\ 11 \end{pmatrix}$
63	43	夬 guài			$\begin{pmatrix} 1F \\ 11 \\ 11 \end{pmatrix}$
64	1	乾 qián			$\begin{pmatrix} 11 \\ 11 \\ 11 \end{pmatrix}$

下篇

应用指南

本书之用　重在仁字
前续古人　后启来者
周易经典　博大精深
仁源仁易　思维创新
泱泱大国　生生不息
弘扬传统　复兴中华

本书之用,关键要理解"仨"。

找到了"仨源",就是抓住了问题的实质。

找到了"八卦"或"六十四卦",就是发现了问题的处境和可能的变化。

个体的变化,或源于个体中的仨源之变,或源于个体中的仨源之间的相生相克,或源于内外变因的共同作用。

而两个个体之间的合作和竞争,都有一只无形的"环境"之手。这只"推手"就是影响它们合作和竞争的第三方。两个个体与第三方所形成的"八卦"和"六十四卦"决定了它们的合作和竞争前景。假如"环境"干净了,那么两个个体之间的匹配吉凶是由两个个体八卦之间的匹配所形成的六十四卦决定的。

欲知如何使用,请看本篇。

第十三章　使用仁源易经进行科学预测的方法

《仁源论与仁源易经》不仅能帮助我们抓住问题的实质，分析问题可能的表现方式，而且还能帮助我们在实践中进行科学预测。本章主要介绍其使用的方法步骤，并在预测事物的发展趋势、预测与对手的竞争优势、预测与伙伴的合作前景、预测多极世界的形势和吉凶、预测个体与群体的融洽度等方面列举实例进行应用分析。

寻找和确定问题的"仁源"

《仁源论》告诉我们任何世界和任何层面都是由仁源决定的，因此找到和确定需要解决问题的仁源就是抓住了问题的实质。

根据《仁源论》，我们知道，确定存在之所以存在的仁源，是"时、度、本"；时原中的仁源，或是"过去、现在、未来"，或是"前、后、中"，或是"老子、儿子、孙子"，或是"时段、脉动、时点"；度原中的仁源，或是"大、中、小"，或是"高、中、低"，或是标量的"赞成、反对、放弃"，或是矢量的"V_x、V_y、V_z"，或是积量的"P、V、T"；本原中的仁源，就是"质、能、神"；本质中的仁源，就是"水、火、錾"；本性中的仁源，或是"善、中、恶"，或是"阴、中、阳"，或是"正、负、零"，或是"虚、实、无"。

伟大的英国科学家牛顿通过大量的实验，抓住了光色的实质，创立了三原色理论，使我们后人知道：原来五彩缤纷的色彩只是三种原色（红、蓝、绿）的合成。

现代物理学家通过大量的实验发现原子中除了质子和电子外，还有中子，从而抓住了原子构成的实质,即:原子由质子、电子、中子仨源构成。

爱情自古以来就是一个永恒的话题,美国心理学家罗伯特,通过分析现实中的各种爱情状况,提出了爱情三元论理论,指出爱情中的仨源,就是"激情、亲密、承诺",从而抓住了爱情的实质。

中国的诸子百家在战略分析中早就知道,战争的胜负如何取决于"天时、地利、人和"仨源。

中国人早就知道"处事之道"的关键是如何平衡"情、理、法"仨源。

生活中的仨源比比皆是,化合物中的仨源就是"非金属、金属、有机物";物质状态中的仨源就是"气态、液态、固态";生命中的仨源就是"精、气、神";设计规划中的仨源或是"实用、美观、坚固",或是"功能、结构、材料";项目管理中的仨源就是"时间、成本、质量";谋事中的仨源就是"天时、地利、人和";需求中的仨源就是"生理、精神、能力";追求中的仨源或是"色、权、利",或是"福、禄、寿",或是"自由、平等、博爱";生产力中的仨源就是"资料、工具、劳动力";资源中的仨源或是"人、财、物",或是"人才、资本、技术";三个代表中的仨源就是"生产力、根本利益、先进文化";和谐社会中的仨源或是"政治、经济、文化",或是"富人、穷人、中产",或是"近期、中期、长期",或是"维稳、促生、抗死",或是"农业、工业、服务业",或是"传统、现代、创新";人心敬畏中的仨源或是"天、地、人",或是"天理、地情、人法",或是"天佛、地仙、人圣",或是"天皇、地皇、人皇",或是"上帝、皇帝、祖先"……数不胜数。

因此,只有正确地理解"世界是仨源的",才能抓住问题的实质。

寻找"仨源"的关键是要充分理解"仨源"的定义,"仨源"是指三个相互独立而又关联的源。"存在"的度原有许多,因此对应于每个度原的仨源也会有很多,而"存在"的本原、本质和本性所对应的各自仨源都是唯一的,且融汇在"存在"的各个"子存在"中。

寻找仨源,不是求同存异,而是存同求异。

斗争产生对立,分歧产生互立,对立的同一产生"一源论",互立的统一产生"仨源论",而忽略中立产生"二源论"。

仨点确定一个平面,仨源确定一个世界。

你的问题就是一个存在,你的存在就是一个世界,你的世界一定是由某个"仨源"所确定的世界。

找到和确定了你的问题的仨源,也就等于解决了你的一半问题。

案例1：刘滨谊教授的景观设计三元论

同济大学的景观设计教授刘滨谊就提出了"景观设计三元论"，他认为景观设计应该包含景观形态、环境生态和宜人聚居这仨元。可用图13-1来表示。

图 13-1

在此景观设计仨源论中，"宜人聚居元"就是"能元"，"环境生态元"就是"质元"，"景观形态元"就是"神元"。

分析问题可能的表现方式

仨源论告诉我们：每个问题都是由仨源形成的；而仨易八卦又告诉我们：仨易八卦的每个卦象代表了问题可能存在的形式，代表了问题可能表现的八种方式。

假设问题仨源为 X 源、Y 源和 Z 源，那么问题可能呈现的八种形式就是：

1. 坤卦：如果 X、Y、Z 皆为隐；
2. 艮卦：只有 Z 为显，另两个都为隐；
3. 坎卦：只有 Y 为显，另两个都为隐；
4. 震卦：只有 X 为显，另两个都为隐；

5. 巽卦：Z 和 Y 为显，另一个为隐；
6. 离卦：X 和 Z 为显，另一个为隐；
7. 兑卦：Y 和 X 为显，另一个为隐；
8. 乾卦：X、Y、Z 皆为显。

下面，我们将通过两个案例来说明问题可能呈现的八种方式。

案例 2：民主可能呈现的八种方式

民主就是民众当家做主，民主决策就是民主的一种形式，民主决策的仨源就是"赞成、反对、弃权"。民主决策就是利用群体中的每个人都有平等使用民主决策仨源（赞成、反对、弃权）的权利。

民主决策的结果将会呈现八种组合形式，即：

1. 坤卦：没有投票；
2. 艮卦：只有"弃权"票，没有"反对"和"赞成"票；
3. 坎卦：只有"反对"票，没有"弃权"和"赞成"票；
4. 震卦：只有"赞成"票，没有"弃权"和"反对"票；
5. 巽卦：只有"弃权"和"反对"票，没有"赞成"票；
6. 离卦：只有"弃权"和"赞成"票，没有"反对"票；
7. 兑卦：只有"反对"和"赞成"票，没有"弃权"票；
8. 乾卦："弃权"、"反对"和"弃权"票都有。

注意，在上述卦象中，我们已经假设 X 源为"赞成"、Y 源为"反对"、Z 源为"弃权"。如果结果表明，"赞成"票不是最多，"弃权"票不是最少，那么关于仨源的假设就要调整，必须保证 X 源为最多票源，Z 源为最少票源，这样才能保证八卦的排序与其吉凶排序一致。

案例 3：处事之道可能呈现的八种方式

处事之道就是处理民间矛盾的有效方法，处事之道的关键就是如何平衡处事中的"情、理、法"。处事之道的仨源就是"合情、合理、合法"。

处事的结果将会呈现八种组合形式,即:

1. 坤卦:没有处理;
2. 艮卦:只能算"合情",但不"合理"和不"合法";
3. 坎卦:只能算"合理",但不"合情"和不"合法";
4. 震卦:只能算"合法",但不"合情"和不"合理";
5. 巽卦:虽然"合情"和"合理",但不"合法";
6. 离卦:虽然"合情"和"合法",但不"合理";
7. 兑卦:虽然"合理"和"合法",但不"合情";
8. 乾卦:既"合情""合理",又"合法"。

注意,在上述卦象中,我们已经假设 X 源为"合法"、Y 源为"合理"、Z 源为"合情",因为我们认为在一个法治社会中"法"大于"理"、"理"大于"情";当然,我们必须承认,由于每个国家和地区的发展阶段和风俗习惯不同,人们对"情、理、法"孰轻孰重的看法也不同,但是不管怎样调整仨源的假设,都要保证 X 源为最重要源,Z 源为最次要源,这样才能保证八卦的排序与其吉凶排序一致。

用六种方法获取仨易卦象

解决问题的一半是寻找和确定问题的仨源,而另一半则是获取和确定仨易卦象,要么是仨源八卦的卦象,要么是仨易六十四卦的卦象。

也就是说,针对某事作出科学预测,不仅要找到与该事相关的仨源,还要推演出与其相关的仨易八卦的卦象或仨易六十四卦的卦象。

在大多数情况下,我们还是比较容易找到和确定问题的仨源,要是实在无法确定,就可利用占卜法,这种方法有点类似周易卦象的占卜法。

为了获取和确定仨易卦象(仨易八卦或仨易六十四卦),我们将在此介绍两种方法,一是借用上帝之手的占卜法,一是科学分析法。

占卜法

日常生活中,我们会遇到某个烦心之事,就会祈求上帝的帮助,就会借助《周易》进行占卜预测,其实我们也可用《仨源论与仨源易经》来占卜预测。

为什么可以这样说呢?

虽然我们不知道决定问题的仨源是什么,可是《仨源论》告诉我们此问题一定与某仨源有关,只要我们找到与该问题有关的仨易八卦的卦象或仨易六十四卦的卦象,我们就可以用《仨易》和《周易》来解答我们心中的疑惑。

方法 F1:占卜仨易八卦的卦象

方法 F1:就是告诉我们,在无法知道问题仨源的情况下,如何通过占卜法获取仨易八卦的卦象。

首先我们要准备好三个数字不同的硬币(1、2、5元);双手掌心合拢,将三个硬币放入掌心,做出祷告手势,双膝下跪,心无杂念,一心只想心中的唯一期望,开始祷告,祈求上帝暗示。

然后,将手中三个硬币抛向空中,硬币落地就可得到仨易八卦中的某一卦象,从而获得该卦的卦象序号、卦象吉凶代码和卦象解词。

此时占卜法获得的卦象可能是:

1. 坤卦:如果三个硬币的"字"都朝下;
2. 艮卦:只有1元的"数字"朝上,另二个硬币的"花"都朝上;
3. 坎卦:只有2元的"数字"朝上,另二个硬币的"花"都朝上;
4. 震卦:只有5元的"数字"朝上,另二个硬币的"花"都朝上;
5. 巽卦:1和2元的"数字"朝上,另一个硬币的"花"朝上;
6. 离卦:1和5元的"数字"朝上,另一个硬币的"花"朝上;
7. 兑卦:2和5元的"数字"朝上,另一个硬币的"花"朝上;
8. 乾卦:三个硬币的"数字"都朝上。

上述方法的关键是心无杂念,相信上帝,心诚则灵。

方法 F2：占卜仨易六十四卦的卦象

方法 F2：就是告诉我们，在无法知道问题仨源的情况下，如何通过占卜法获取仨易六十四卦的卦象。

占卜法的关键是心诚则灵。

首先我们要准备好三个硬币；双手掌心合拢，将三个硬币放入掌心，做出祷告手势，双膝下跪，心无杂念，一心只想心中的唯一期望，开始祷告，祈求上帝暗示。

然后，遵照如下步骤，就可得到仨易六十四卦中的某一卦象，从而获得该卦的卦象序号，卦象吉凶代码和卦象解词。

1. 将手中三个硬币抛向空中，硬币落地可得第一爻，我们把它作为仨易六十四卦卦象中的下爻或底爻。其爻的属性是这样确定的：

如果落地的三个硬币都是"数字"在上，就为阳性爻，用"———"符号表示；

如果落地的三个硬币都是"花"在上，就为阴性爻，用"— —"符号表示；

如果落地的三个硬币中有二个"数字"在上，一个"花"在上，就为中性爻，用"—— —"符号表示；

如果落地的三个硬币中有二个"花"在上，一个"数字"在上，就为虚性爻，用"— ——"符号表示；

2. 将地上的三个硬币捡起来，再放入掌心，重复上面的过程，又可得第二爻，我们把它作为仨易六十四卦卦象中的中间爻；再重复一次，又可得第三爻，我们把它作为仨易六十四卦卦象中的上爻。

3. 将底爻用绿色表示，将中爻用蓝色表示，将上爻用红色表示，并把上述三爻：底爻、中爻和上爻，从底向上放在一起就可得到仨易六十四卦中的一个卦象，这个卦象也被称之为上帝暗示的"显灵卦象"。

需要指出的是，在上述整个占卜祷告过程中，占卜人必须信上帝、敬神仙、畏鬼蜮，才可得到真正的"显灵卦象"和暗示。

上述四种爻性用图形可以分别表示如下：

阳性爻图

阴性爻图

中性爻图

虚性爻图

科学分析法

根据《仨源论》，我们知道，一切存在，无论从现象到本质，还是从本质到现象，其度原和本原都是由仨源构成的。

只要能找到"仨源"及其状态，我们就能获取和确定该"仨源"所对应的仨易八卦的卦象或仨易六十四卦的卦象。

科学分析法，就是在已知"仨源"及其状态情况下，通过科学分析来推导和推演仨易八卦或仨易六十四卦的卦象。

方法 F3：从仨源显隐状态推理仨易八卦的卦象

F3.1：已知仨源权重推理仨易八卦的卦象

我们已知仨源 A、B、C 及其显隐状态，并且知道 A 的权重最大，B 次之，C 最小,因此 $X=A, Y=B, Z=C$（X、Y、Z 在仨易论中有其固定的爻位）。

再根据 X、Y、Z 的显隐状态,就能获得下列八卦之一。

1. 坤卦:如果 X、Y、Z 皆为隐;
2. 艮卦:只有 Z 为显,另二个都为隐;
3. 坎卦:只有 Y 为显,另二个都为隐;
4. 震卦:只有 X 为显,另二个都为隐;
5. 巽卦:Z 和 Y 为显,X 为隐;
6. 离卦:X 和 Z 为显,Y 为隐;
7. 兑卦:Y 和 Z 为显,Z 为隐;
8. 乾卦:X、Y、Z 皆为显。

注意:在仨易八卦中,X 源代表最重要的源,Z 源代表最次要的源,Y 源代表位居中间的源,X 源所对应的爻必须作为仨易八卦的底爻,Y 源所对应的爻必须作为仨易八卦的中爻,Z 源所对应的爻必须作为仨易八卦的上爻。

F3.2:不知仨源权重推理仨易八卦的卦象

已知仨源 A、B、C 及其显隐状态,可是不知仨源权重,也就是无法确定 A、B、C 仨源中,哪个源的权重最大及其权重排位,为了推理其仨易八卦的卦象,我们必推出可能的各种排位。

根据推算,我们发现共有六种排位的可能性,即:

假设1:A 的权重最大,B 次之,C 最小,那么 $X=A, Y=B, Z=C$;
假设2:A 的权重最大,C 次之,B 最小,那么 $X=A, Y=C, Z=B$;
假设3:B 的权重最大,A 次之,C 最小,那么 $X=B, Y=A, Z=C$;
假设4:B 的权重最大,C 次之,A 最小,那么 $X=B, Y=C, Z=A$;
假设5:C 的权重最大,A 次之,B 最小,那么 $X=C, Y=A, Z=B$;
假设6:C 的权重最大,B 次之,A 最小,那么 $X=C, Y=B, Z=A$。

针对每种可能性(假设),我们都要根据方法 F3.1,推导出相应的仨易八卦的卦象。不难看出,我们最终将获得六种仨易八卦的卦象。

由此可见,在不知仨源权重的情况下,即使已知仨源及其显隐状态,我们并不能确定卦象的唯一性,而是推理出六种仨易八卦的卦象。

方法 F4：从仨源之变推理仨易六十四卦的卦象

F4.1：已知仨源权重推理仨易卦象

我们已知仨源 A、B、C 及其显隐状态,并且知道 A 的权重最大,B 次之,C 最小,因此 $X=A$, $Y=B$, $Z=C$(X、Y、Z 在仨易论中有其固定的爻位)。

根据已知的仨源之变,就可按照如下方法画出仨易卦象：

1. 将仨源中权重最高的 X 源作为底爻,将权重最低的 Z 源作为上爻；

2. 每个仨易六十四卦卦象的爻性由下列方法确定：

如果源变强,则爻为阳性,用"━━━━"符号表示,

如果源变弱,则爻为阴性,用"━ ━"符号表示,

如果源不变,则爻为中性,用"━ ━"符号表示,

如果源为虚,则爻为虚性,用"━━━" 符号表示；

3. 画卦象时,对应 X 源的底爻要用绿色,对应 Y 源的中间爻要用蓝色,对应 Z 源的上爻要用红色。

注意：在仨易六十四卦中,X 源代表最重要的源,Z 源代表最次要的源,Y 源代表位居中间的源；X 源所对应的爻必须作为仨易六十四卦的底爻,Y 源所对应的爻必须作为仨易六十四卦的中爻,Z 源所对应的爻必须作为仨易六十四卦的上爻。

F4.2 不知仨源权重推理仨易卦象

已知仨源 A、B、C 及其变化状态,可是不知仨源权重,也就是无法确定 A、B、C 仨源中,哪个源的权重最大及其权重排位,为了推理其仨易六十四卦的卦象,我们必推出可能的各种排位。

根据推算,我们发现共有六种排位的可能性,即：

假设 1：A 的权重最大,B 次之,C 最小,那么 $X=A$, $Y=B$, $Z=C$；

假设 2：A 的权重最大,C 次之,B 最小,那么 $X=A$, $Y=C$, $Z=B$；

假设 3：B 的权重最大,A 次之,C 最小,那么 $X=B$, $Y=A$, $Z=C$；

假设 4：B 的权重最大,C 次之,A 最小,那么 $X=B$, $Y=C$, $Z=A$；

假设 5：C 的权重最大,A 次之,B 最小,那么 $X=C$, $Y=A$, $Z=B$；

假设 6：C 的权重最大，B 次之，A 最小，那么 $X=C$，$Y=B$，$Z=A$。

针对每种可能性（假设），我们都要根据方法 F4.1，推导出相应的仨易六十四卦的卦象。不难看出，我们最终将获得六种仨易六十四卦的卦象。

由此可见，在不知仨源权重的情况下，即使已知仨源及其变化状态，我们并不能确定卦象的唯一性，而是推理出六种仨易六十四卦的卦象。

方法 F5：从仨源相生相克关系推理仨易六十四卦的卦象

F5.1：已知仨源权重推理仨易卦象

我们已知仨源 A、B、C 及其相生相克状态，并且知道 A 的权重最大，B 次之，C 最小，因此 $X=A$，$Y=B$，$Z=C$（X、Y、Z 在仨易论中有其固定的爻位）。

那么就可先画出仨源体图形如图 13-1。

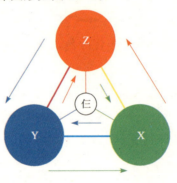

图 13-1

再根据已知的仨源三角关系，就可按照如下方法画出左卦和右卦：

1. 将 $Z \to X$ 的作用作为左卦的底爻，"相生"为阳，"相克"为阴；
2. 将 $X \to Y$ 的作用作为左卦的中爻，"相生"为阳，"相克"为阴；
3. 将 $Y \to Z$ 的作用作为左卦的上爻，"相生"为阳，"相克"为阴；
4. 将 $Y \to X$ 的作用作为右卦的底爻，"相生"为阳，"相克"为阴；
5. 将 $Z \to Y$ 的作用作为右卦的中爻，"相生"为阳，"相克"为阴；
6. 将 $X \to Z$ 的作用作为右卦的上爻，"相生"为阳，"相克"为阴。

注意：画卦象时，底爻要用绿色，中爻用蓝色，上爻用红色。

可以看出，顺时针方向的相生相克的作用，形成了仨易六十四卦的左卦；而逆时针方向的相生相克的作用,则形成了佀易六十四卦的右卦。

最后,将左、右卦合并,就可得到佀易六十四卦的卦象。

F5.2:不知佀源权重推理佀易卦象

已知佀源:A、B、C 及其变化状态,可是不知佀源权重,也就是无法确定 A、B、C 佀源中,哪个源的权重最大及其权重排位,为了推理其佀易六十四卦的卦象,我们必推出可能的各种排位。

根据推算,我们发现共有六种排位的可能性,即:

假设 1:A 的权重最大,B 次之,C 最小,那么 $X=A$,$Y=B$,$Z=C$;

假设 2:A 的权重最大,C 次之,B 最小,那么 $X=A$,$Y=C$,$Z=B$;

假设 3:B 的权重最大,A 次之,C 最小,那么 $X=B$,$Y=A$,$Z=C$;

假设 4:B 的权重最大,C 次之,A 最小,那么 $X=B$,$Y=C$,$Z=A$;

假设 5:C 的权重最大,A 次之,B 最小,那么 $X=C$,$Y=A$,$Z=B$;

假设 6:C 的权重最大,B 次之,A 最小,那么 $X=C$,$Y=B$,$Z=A$。

针对每种可能性(假设),我们都要根据方法 F5.1 推导出相应的佀易六十四卦的卦象。不难看出,我们最终将获得六种佀易六十四卦的卦象。

由此可见,在不知佀源权重的情况下,即使已知佀源及其相生相克状态,我们并不能确定卦象的唯一性,而是推理出六种佀易六十四卦的卦象。

方法 F6:从内外变因推理佀易六十四卦的卦象

F6.1:已知佀源权重推理佀易卦象

我们已知佀源 A、B、C 及其内外变因的作用,并且知道 A 的权重最大,B 次之,C 最小,因此 $X=A$,$Y=B$,$Z=C$(X、Y、Z 在佀易论中有其固定的爻位)。

知其然,还需知其所以然。存在的变化当然离不开内因和外因的共同作用,而内因和外因的作用也可解释为各自针对存在中的佀源作用。其实,内因和外因对佀源的作用正好形成两个八卦,即内因八卦和外因八卦。

如果把变因对某个源的"有利"作用,用实线表示,把"不利或不作为"的作用用虚线表示,那么我们就可获得该变因对佀源作用的八卦,即:

1. 坤卦:对佀源都无作用;

2. 艮卦：只对 Z 源"有利"，而对另外二个源"不利或不作为"；
3. 坎卦：只对 Y 源"有利"，而对另外二个源"不利或不作为"；
4. 震卦：只对 X 源"有利"，而对另外二个源"不利或不作为"；
5. 巽卦：对 Z、Y 两源"有利"，而对另外一个源"不利或不作为"；
6. 离卦：对 Z、X 两源"有利"，而对另外一个源"不利或不作为"；
7. 兑卦：对 Y、X 两源"有利"，而对另外一个源"不利或不作为"；
8. 乾卦：对 X、Y、Z 仨源皆"有利"。

最后，将内外因八卦左右合并，就可得到仨易六十四卦的卦象。

F6.2：不知仨源权重推理仨易卦象

已知仨源 A、B、C 及其内外变因的作用，可是不知仨源权重，也就是无法确定 A、B、C 仨源中，哪个源的权重最大及其权重排位，为了推理其仨易六十四卦的卦象，我们必推出可能的各种排位。

根据推算，我们发现共有六种排位的可能性，即：

假设 1：A 的权重最大，B 次之，C 最小，那么 $X=A$，$Y=B$，$Z=C$；

假设 2：A 的权重最大，C 次之，B 最小，那么 $X=A$，$Y=C$，$Z=B$；

假设 3：B 的权重最大，A 次之，C 最小，那么 $X=B$，$Y=A$，$Z=C$；

假设 4：B 的权重最大，C 次之，A 最小，那么 $X=B$，$Y=C$，$Z=A$；

假设 5：C 的权重最大，A 次之，B 最小，那么 $X=C$，$Y=A$，$Z=B$；

假设 6：C 的权重最大，B 次之，A 最小，那么 $X=C$，$Y=B$，$Z=A$。

针对每种可能性（假设），我们都要根据方法 F6.1，推导出相应的仨易六十四卦的卦象。不难看出，我们最终将获得六种仨易六十四卦的卦象。

由此可见，在不知仨源权重的情况下，即使已知仨源及其内外变因的作用，我们并不能确定卦象的唯一性，而是推理出六种仨易六十四卦的卦象。

根据卦象分析形势预测吉凶

前面我们说过认识和解决问题的关键，首先要找到和确定问题的仨源，其次要根据问题的处境,画出问题的仨易卦象。

仨易卦象有两种形式:一种是仨易八卦的卦象,一种是仨易六十四卦的卦象。

无论哪一种形式的仨易卦象,权重最大的源所对应的爻一定是底爻,权重最小的源所对应的爻一定是上爻,两者之间的源所对应的爻一定是中爻。

在本章,我们假设已知问题的仨源为 X 源、Y 源和 Z 源;其中 X 源为最重要的源,我们把它作为底爻,用绿色;Z 源为最次要的源,我们把它作为上爻,用红色;我们把 Y 源作为中爻,并用蓝色。

下面我们将根据仨易卦象类别,就仨易八卦的卦象和仨易六十四卦的卦象,分别进行卦象形式分析和卦象吉凶预测。

仨易八卦的卦象分析

仨易八卦的卦象一共有八种,我们不想一一解释,只想通过一个案例,能够起到举一反三的作用。为了方便查询,我们把有关"仨易八卦"和"周易八卦"卦象的定义、涵义、吉凶排序和卦辞都放在"附录一"中。我们必须记住八卦反映的仅是仨源的静态组合和外相形式。

举例:假设你最后找到和画出的仨易卦象为 ,卦名为:离卦。

下面我们将分别采用《仨易》和《周易》对"离卦"进行分析和解释。

《仨源易经》解释

成因

Y 源为隐性,X 源和 Z 源为显性。

形势分析

如果仨源为标量,度量表示为 $S = S^0 + S^+$;

如果仨源为矢量,度量表示为 $\vec{V} = \vec{V_x} + \vec{V_z}$;

如果仨源为积量,度量表示为$|P|=|A_z|\cdot|C_x|$。

吉凶预测

吉凶排序:在八卦中,吉凶序号为6,序号越大越好。
吉凶代码:2.2,表示在两源显性中处于中间位。

《周易》解释

成因

Y源为"水"成隐性,X源为"雷"成显性,Z源为"山"成显性。

形势分析

此卦显示缺"水",喻义干燥。
此卦是上爻为"山",下爻为"雷",喻义山上有"雷电",易燃。
此卦是上爻为"山",下爻为"震",喻义山下有"震",出现"火山"。

吉凶预测

小心火灾,需要"补水"。

仨易六十四卦的卦象分析

仨易六十四卦的卦象一共有六十四种,我们不想一一解释,只想通过一个案例,能够起到举一反三的作用。为了方便查询,我们把有关"仨易六十四卦"和"周易六十四卦"卦象的定义、涵义、吉凶排序和卦辞都放在"附录二"中。我们必须记住六十四卦反映的是仨源的动态组合和变化趋势。

举例:假设你最后找到和画出的仨易卦象为: ,卦名为:丰卦。
下面,我们将分别采用《仨源易经》和《周易》对"丰卦"进行分析和解释。

《仨源易经》解释

成因

丰卦有三种成因,一是源于仨源之变,二是源于仨源之间的相互作用,三是源于内外变因八卦的合成,因此根据丰卦的来源不同,我们需要作三种假设。

假设1:源于仨源之变

根据长爻和并爻的关系,我们知道在"丰卦"中,红色长爻的左边是实线,右边是虚线,表示 Z 源没有变化;蓝色长爻的左边是虚线,右边也是虚线,表示 Y 源变小;绿色长爻的左边是实线,右边也是实线,表示 X 源变大。

假设2:源于仨源之间的相互作用

根据爻和作用的关系,我们知道在"丰卦"中,红色长爻的左边是实线,右边是虚线,表示 Z 源既受到 Y 源的相生作用又受到 X 源的相克作用;蓝色长爻的左边是虚线,右边也是虚线,表示 Y 源既受到 X 源的相克作用又受到 Z 源的相克作用;绿色长爻的左边是实线,右边也是实线,表示 X 源既受到 Z 源的相生作用又受到 Y 源的相生作用。

假设3:源于内外变因八卦的合成

根据仨易六十四卦和内外变因八卦的关系,我们知道仨易六十四卦中的"丰卦"其实就是由内因八卦的"离卦"和外因八卦的"震卦"所形成的并卦。

形势分析

因为仨易六十四卦卦象成因有三种,所以针对每个卦象的形势分析也有三种,一是把卦象看成仨源之变,二是把卦象看成仨源之间的相互作用,三是把卦象看成内外变因八卦的合成。

第一种:卦象看成仨源之变

根据长爻的定义,我们知道在"丰卦"中,红色长爻,表示 Z 源没有变化;蓝色长爻,表示 Y 源变小;绿色长爻,表示 X 源变大。

如果仨源为标量,度量表示为 $S = S^+ + \downarrow S^- + \uparrow S^0$;

如果仨源为矢量,度量表示为 $\vec{V}=\vec{V_z}+\downarrow\vec{V_y}+\uparrow\vec{V_x}$;

如果度原为积量,度量表示为 $|P|=|A_z|\cdot|\downarrow B_y|\cdot|\uparrow C_x|$。

第二种:卦象看成仨源之间的相互作用

根据爻和作用的关系,我们知道在"丰卦"中,红色长爻的左边是实线,右边是虚线,表示 Z 源既受到 Y 源的相生作用又受到 X 源的相克作用;蓝色长爻的左边是虚线,右边也是虚线,表示 Y 源既受到 X 源的相克作用,又受到 Z 源的相克作用;绿色长爻的左边是实线,右边也是实线,表示 X 源既受到 Z 源的相生作用,又受到 Y 源的相生作用。

由此可见,在"丰卦"中,X 源会壮大,Y 源会缩小,而 Z 源不变。

第三种:卦象看成内外变因八卦的合成

根据仨易六十四卦和内外变因八卦的关系,我们知道仨易六十四卦中的"丰卦"其实就是由内因八卦的"离卦"和外因八卦的"震卦"所形成的并卦。

内因"离卦"贡献了"丰卦"的一部分 X 源和 Z 源,外因"震卦"贡献了"丰卦"的一部分 X 源。

吉凶预测

吉凶排序:在六十四卦中,吉凶序号为 52,序号越大越好。

吉凶码:3.3.6,表示在仨源显性中处于中间位,属于上中中签。

卦辞

人虽得"天地"之助,但不可害"天地";喻义得势之人,理应回报自然。

《周易》解释

"丰卦"在周易六十四卦中的卦象可表示为外因八卦和内因八卦的串联。

下卦为"离卦",上卦为"震卦"。

卦象为:

成因

Z 源为"天",Y 源为"地",X 源为"人"。周易六十四卦的卦象可以看成是由"天、地、人"仨源之间的相互作用而形成的。

形势分析

"丰卦"的底爻为实线,称之为"初九",表示"天"助"人";"丰卦"的倒数第四爻为实线,称之为"九四",表示"地"助"人";"丰卦"的倒数第二爻为虚线,称之为"六二",表示"人"害"地";"丰卦"的第二爻为虚线,称之为"六四",表示"天"害"地";"丰卦"的倒数第三爻为实线,称之为"九三",表示"地"助"天";"丰卦"的第一爻为虚线,称之为"六五",表示"人"害"天"。

由此可见,"人"得"天、地"相助,"天"得"地"而失"人"助,"地"受"天、人"之害。

吉凶预测

人虽得"天、地"之助,但不可害"天、地";喻义得势之人,理应回报自然。

科学预测案例分析

预测事物的发展趋势

一切事物都是不断发展和与时俱进的,其发展结果不外有三种,一是几乎没有发展,二是向好的方向发展了,三是向坏的方向发展了。

针对事物的发展,人们都想在结果出现之前预测趋势,以便做好准备,或顺势而为,或应对不测。这就是为什么我们的文化经典《周易》经久不衰的根本原因,因为它能帮助我们占卜未来。由此可见,预测发展趋势的重要性。

而《仨源论与仨源易经》恰恰能在这一点上帮助我们,它不仅可以帮助我们占卜未来,还能帮助我们科学预测问题的发展趋势。

预测问题的发展趋势,首先就是要找到和确定决定问题的仨源:X、Y、Z;其次要通过如下四条途径之一分析问题的现状,画出仨易六十四卦的卦象;最后再根据仨易卦象运用《仨源论与仨源易经》和《周易》分析发展趋势和吉凶。

途径 A:已知仨源及其之变,绘出仨易卦象

在前面我们已经介绍过如何获取仨易卦象的六种方法,在此我们就不再重复了,请参考 F4 方法:从仨源之变推理仨易六十四卦的卦象。

途径 B:已知仨源及其之间的相互作用,绘出仨易卦象

请参考 F5 方法:从仨源三角关系推理仨易六十四卦的卦象。

途径 C:已知内外变因八卦,绘出仨易卦象

请参考 F6 方法:从内外变因推理仨易六十四卦的卦象。

途径 D:借助仨源占卜法,绘出仨易卦象

请参考 F2 方法:占卜仨易六十四卦的卦象。

通过上述的四种途径,我们肯定可以获得二种卦象,一个卦象来自科学分析法,一个卦象来自占卜法;再根据前面的方法,自然就可以预测问题的发展趋势和吉凶啦。

案例 4:学生素质的提高问题

我们知道决定学生素质的仨源就是德、智、体。

假设"体"源的权重最大,"智"源次之,"德"源最小。如果老师对学生王仨的评价为:"体"源变差,"智"源很好,"德"源一般,那么该学生素质的仨易卦象为井卦: 。

井卦的吉凶排序为 50,吉凶代码为 3.2.4,属于上中中签。

卦辞为:上水下木,犹如木桶在水井中取水,喻义雨水改变不了风景,也无法阻止繁华的"市井"。

预测与对手的竞争优势

存在之间的竞争不是斗争,而是只想获取各自的一席之地。每个"一席之地"就是一个竞争目标,而每个竞争目标都是由其仨源决定的,就像在公开项目招标中夺标的竞争目标是由技术、商务、价格仨源决定的一样,因此存在与对手的竞争其实就是各自围绕竞争目标仨源的竞争。

假设目标仨源为 X 源、Y 源、Z 源,存在对目标仨源的满足度分别为 $X1$、$Y1$、$Z1$,而对手对目标仨源的满足度为 $X2$、$Y2$、$Z2$。

又假设:$\Delta X = X1 - X2$,$\Delta Y = Y1 - Y2$,$\Delta Z = Z1 - Z2$

那么 ΔX、ΔY、ΔZ 就会形成一个相对优势仨源,再根据优势仨源的状态,我们就可获得优势仨源:ΔX、ΔY、ΔZ 的仨易卦象。

仨易卦象获取步骤和方法请参考 F4 方法。

有了相对优势仨源六十四卦的卦象,我们就可根据前面的方法推测相对优势仨易卦象的现状和吉凶。

下面,我们将通过一个公开招标的案例来说明如何使用相对优势仨易卦象确定存在的竞争优势。

案例5:在招标中如何确定与对手的竞争优势

假设招标目标(条件)仨源为"技术、商务和价格",其中"技术"为最重要源,而"价格"为最次要源,那么 X 源=技术,Y 源=商务,Z 源=价格。

假设在技术方面,存在比对手强,那么 ΔX 大于零,为阳爻;在商务方面,存在与对手打平,那么 ΔY 等于零;在价格方面,存在比对手弱,那么 ΔZ 小于零。

因此我们可得相对优势仨易卦象为: ;

卦名为:归妹;

卦序为:54;

吉凶排序为:在六十四卦中排序为 54;

吉凶代码为:3.2.8,算上中上签;

卦辞为：上震下泽，夫唱妇随，喜结良缘。喻义竞争顺利。

预测与伙伴的合作前景

存在与其伙伴的合作，不仅合作目标明确，而且一定有利可图。

我们在此不追究他们为什么合作，相反而是假设他们已经开始合作，为了实现共同的合作目标，双方承诺全力支持合作项目。我们的任务是预测他们的合作前景和吉凶。

假设合作目标的仨源为 X、Y 和 Z 源，那么双方在合作中的奉献就转换为对目标仨源的奉献。而任何一方对目标仨源的可能奉献其实就是一个仨易八卦。

1. 坤卦：对仨源都无奉献；
2. 艮卦：只对 Z 源"奉献"，而对另外二个源"不奉献或不作为"；
3. 坎卦：只对 Y 源"奉献"，而对另外二个源"不奉献或不作为"；
4. 震卦：只对 X 源"奉献"，而对另外二个源"不奉献或不作为"；
5. 巽卦：对 Z、Y 两源"奉献"，而对另外一个源"不奉献或不作为"；
6. 离卦：对 Z、X 两源"奉献"，而对另外一个源"不奉献或不作为"；
7. 兑卦：对 Y、X 两源"奉献"，而对另外一个源"不奉献或不作为"；
8. 乾卦：对 X、Y、Z 仨源皆"奉献"。

再将存在的目标仨易八卦与伙伴的目标仨易八卦进行左右合并，就可得到合作目标仨易六十四卦的卦象。最后，根据获取的仨易卦象就可按照前面的方法，预测存在与其伙伴的合作前景。

下面，我们将通过二个案例再做进一步分析。

案例6：预测爱情的前景和吉凶

爱情就是以性为基础的一对恋人之间的合作目标。在现实生活中，人们不仅关心已有的爱情发展和变化趋势，而且更希望能提前知道两个即将确定恋人关系的情侣是否有美好的未来。

爱情的仨源分别是激情、亲密和承诺。爱情不是一个人的事，而是情侣双方对爱的奉献，是双方各自对爱情仨源的奉献叠加。所以即将确定关系的情侣，必须明确告诉对方我能为爱情仨源奉献什么。根据各自的奉献，我们就能获得各自的爱情仨易八卦，再将各自的爱情八卦进行组合就可获得他们的爱情六十四卦，从而可以推测这两个情侣的未来爱情吉凶。

假设"激情"源的权重最高，"亲密"源次之，"承诺"源最低，那么"激情"为 X 源，"亲密"为 Y 源，"承诺"为 Z 源。

如果恋人甲，表示对爱情乐意奉献"承诺和激情"，那么甲的爱情卦象为离卦，表示为：☲；而恋人乙，表示对爱情只能奉献"激情"，那么乙的爱情卦象为震卦，表示为：☳；最后我们将甲乙双方的爱情卦象合并，我们得到二个仨易六十四卦的卦象，即：

甲为主（排左边）得第 52 卦，丰卦，表示为：䷶；

乙为主（排左边）得第 34 卦，噬嗑卦，表示为：䷔。

由此可见，合作双方的主次之分，也会影响到合作前景的预测。

在这两个恋人中，如果甲处于控制地位（左卦优先），很明显比乙处于控制地位好，因为丰卦的吉凶排序为 52，算是上中中签，而噬嗑卦的吉凶排序为 34，只是中上中签。

查看卦辞，我们不难发现：

丰卦卦辞：震下有火，雷电交加，气势盛大，喻义爱情轰轰烈烈。

噬嗑卦卦辞：上火下震，咬牙切齿，刑酷法严，喻义爱情不幸福。

案例 7：预测合资企业的前景和吉凶

合资企业就是以盈利为基础的两个企业之间的合作目标。在现实生活中，人们不仅关心已有的合资企业发展和变化趋势，而且更希望能提前知道即将成立的合资企业是否有美好的未来。

合资企业的仨源分别是资源、制度和业务。合资企业不是一个企业的事，而是合资双方的事，所以合资双方中的任何一方，针对即将成立的合资企业，必须明确它能为合资企业仨源贡献什么。

根据各自的贡献情况，我们就能获得甲、乙双方对合资企业的仨易八卦，再将各自的仨易八卦进行组合就可获得合资企业的仨易六十四卦的卦象，从而可以预测合资企业的未来吉凶。

假设"资源"源的权重最高,"制度"源次之,"业务"源最低,那么"资源"为 X 源,"制度"为 Y 源,"业务"为 Z 源。

如果企业甲表示对合资企业乐意贡献"资源和业务",那么甲对合资企业的仨易卦象为离卦,表示为：☲；而企业乙表示对合资企业只能贡献"资源",那么乙对合资企业的仨易卦象为震卦,表示为：☳；最后我们将甲乙双方对合资企业的卦象合并,我们得到二个仨易六十四卦的卦象,即：

甲为主(排左边)得第 52 卦,丰卦,表示为：☲☳；

乙为主(排左边)得第 34 卦,噬嗑卦,表示为：☳☲。

由此可见,合作双方的主次之分,也会影响到合作前景的预测。

在这合资企业中,如果甲处于控制地位(左卦优先),很明显比乙处于控制地位好,因为丰卦的吉凶排序为 52,算是"上中中签",而噬嗑卦的吉凶排序为 34,只是中上中签。

查看卦辞,我们不难发现：

丰卦卦辞：震下有火,雷电交加,气势盛大,喻义合作轰轰烈烈。

噬嗑卦卦辞：上火下震,咬牙切齿,刑酷法严,喻义合作不幸福。

我们还可以用前面的方法,对丰卦和噬嗑卦进行进一步详细分析。

同样,如果企业甲表示对合资企业不仅乐意贡献"资源和业务"还有"制度",那么甲对合资企业的仨易卦象为乾卦,表示为：☰；而企业乙表示对合资企业只能贡献"业务",那么乙对合资企业的仨易卦象为艮卦,表示为：☶；最后我们将甲、乙双方对合资企业的卦象合并,我们得到二个仨易六十四卦的卦象,即：

甲为主(排左边)得第 56 卦大畜卦,表示为：☰☶；

乙为主(排左边)得第 4 卦,遁卦,表示为：☶☰。

由此可见,合作双方的主次之分,也会影响到合作前景的预测。

在这合资企业中,如果甲处于控制地位(左卦优先),很明显比乙处于控制地位好,因为大畜卦的吉凶排序为 56,算是"上上下签",而遁卦的吉凶排序为 4,是下下上签。

查看卦辞,我们不难发现：

大畜卦卦辞：山虽压天,但自不量力,因为君王正在积蓄大德,喻义合作必成。

遁卦卦辞：山高高不过天，退避可求亨通，喻义合作艰难，应该放弃。

预测多极世界的形势和吉凶

当今的世界就是一个多极世界，多极世界其实就是三集世界。因此，多极世界的仨源就是"你、我、他"三个世界。

在多极世界中，每个世界的影响力是不一样的，我们把影响力最大的设定为 X 源，把影响力最小的设定为 Z 源，把影响力介于二者之间的设定为 Y 源，那么多极世界的形势就可通过一个仨源体来分析，如图 13-2 所示。

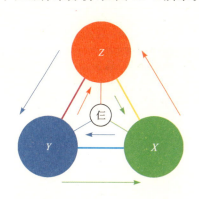

图 13-2

多极世界的形势就是"你、我、他"三个世界之间的相互作用，而"你、我、他"之间的相互作用就会形成一个仨易六十四卦的卦象，称之为"多极世界卦象"。下面，我们将用一个"美、中、日关系"案例来说明如何预测多极世界的趋势和吉凶。

案例8：预测"美、中、日"三角关系所产生的吉凶

不言而喻，在当今的多极世界，美国作为老大，当之无愧，理所当然把它设定为 X 源，而中国与日本相比，谁是老二谁是老三，说实话不好确定，我们暂定中国为老二，把它设定为 Y 源，日本设定为 Z 源。

由于我们的情报有限，不好一下确认"美、中、日"之间的真实三角关系，只好假设若干种情况来分析。

假设美国既受益中国,又受益日本,即 Z 生 X, Y 也生 X;中国虽受益美国,却遭到日本的克制,即:X 生 Y,Z 克 Y;而日本虽遭到中国的克制,但受益美国,即 Y 克 Z,X 生 Z。在此三角关系中,我们得到了仨易六十四卦中的第 36 卦睽卦,表示为:　　　　,或用周易卦象表示为:　　　。

不难看出,在睽卦中,虽然美国是最大的受益者,但是睽卦并非一个好卦,只是一个中签,吉凶排序为 36,卦辞为:火上泽下,互不干涉,目不相视。喻义当前关系不容乐观,需要改善。

我们用表 13-1 所示列出睽卦所可能发生的爻变,就能判断未来的中、日、美三角关系的发展趋势和吉凶。

表 13-1 睽卦可能发生的爻变

爻变	爻变内涵	周易卦象	卦名和吉序	卦辞
不变	中、日、美关系维持现状		睽卦 36	火上泽下,互不干涉,喻义目不相视
初九变初六	日本开始抗拒美国		未济卦 6	火在水上,用火克水,无济于事
九二变六二	美国开始围堵中国		噬嗑卦 34	上火下震,咬牙切齿,喻义刑酷法严
六三变九三	中国主动与日本修好		大有卦 62	火在天上,普照万物,喻义大有收获
九四变六四	中国开始抗拒美国		损卦 33	山高泽低,喻义损下益上,国富民穷
六五变九五	日本主动与中国修好		履卦 37	天高泽低,自然常识,喻义可以效仿履行

续表 13-1

爻变	爻变内涵	周易卦象	卦名和吉序	卦辞
上九变上六	美国开始不再支持日本	☳☱	归妹卦 54	上震下泽,夫唱妇随,喻义喜结良缘

通过表 13-1 中的爻变,我们不难发现:

1. 假设睽卦的初九变初六

也就是日本开始反抗美国,这时亚太形式将会变得糟糕,吉凶排序从 34 变成了 6,是可能出现的最坏状况。卦象变成未济卦,喻义:火在水上,用火克水,无济于事。

2. 假设睽卦的九二变六二

也就是美国突然决定不支持中国,围堵中国,此时睽卦就会变成了第 34 卦噬嗑卦,吉凶排序从 36 降至为 34,喻义:上火下震,咬牙切齿,刑酷法严。

3. 假设睽卦的六三变九三

也就是中国表现出大国风范,主动与日本修好,突然决定支持日本,此时睽卦就会变成了第 62 卦大有卦,吉凶排序从 36 升至为 62,喻义:火在天上,如日当空,普照万物,大有收获,胜券在握。由此可见,如果中国不记前仇主动拉拢日本,就会大幅改善"美、中、日"之间的三角关系,促进了世界的和平。

4. 假设睽卦的九四变六四

也就是中国开始抗拒美国,此时睽卦就会变成了第 33 卦损卦,吉凶排序从 36 降至为 33,喻义:山高泽低,损下益上,国富民穷。

5. 假设睽卦的六五变九五

也就是日本主动与中国修好,此时睽卦就会变成了第 37 卦履卦,吉凶排序从 36 升至为 37,喻义:天高泽低,自然常识,可以效仿履行。

6. 假设睽卦的上九变上六

也就是美国突然决定不支持日本,此时睽卦就会变成了第 54 卦归妹卦,吉凶排序从 36 升至为 54,喻义:上震下泽,夫唱妇随,喜结良缘。由此可见,美国如果不支持日本,反而改善了"美、中、日"之间的三角关系,促进了世界的和平。

综上所述,要想大幅度改善"美、中、日"之间的三角关系,最好的办法就是要么中国主动改善与日本关系,要么美国宣布不再支持日本。如果刺激日本反抗美国,将会给亚太和平带来灾难。

判断个体与群体的融洽度

在现实生活中,我们每个个体都是群体中的一员。针对某个决议进行民主表决时,我们就会发现个体与群体之间是否融洽的现象。

首先,确定群体仨易卦象

民主表决的仨源为"赞成、反对和弃权"。

民主投票的结果可能会出现如下八种情况:

1. 表决被制止,没有发生;
2. 都投了"弃权",没有"反对和赞成";
3. 都投了"反对",没有"弃权和赞成";
4. 都投了"赞成",没有"弃权和反对";
5. 有的投了"弃权",有的投了"反对",没有"赞成"票;
6. 有的投了"弃权",有的投了"赞成",没有"反对"票;
7. 有的投了"反对",有的投了"赞成",没有"弃权"票;
8. "赞成"、"反对"和"弃权"三种票都有。

如果上述投票结果,没有一个源的得票数超过50%,那么此次民主决策宣布流产,待到下次再议。反之,则宣布民主决策有效。在民主决策有效的前提下,我们假设得票最多的源为 X 源,次之为 Y 源,最少的为 Z 源,再将每个源的票数减去 11% 的总票数,此时如果某个源的得票数还大于 0 则为显性,否则为隐性,这样得到的仨易八卦的卦象,称之为群体仨易卦象。

其次,确定个体仨易卦象

在这个民主表决过程中,虽然每个人只能投一张票,可是每个人都会为投何种票而纠结和胶着,是投"赞成",还是投"反对"或"弃权"呢?如此一来在每个人心中就会产生八种纠结的可能：

1. 我缺席；
2. 我投"弃权"票；
3. 我投"反对"票；
4. 我投"赞成"票；
5. 我绝不投"赞成"，投"反对"或是"弃权"票；
6. 我绝不投"反对"，投"赞成"或是"弃权"票；
7. 我绝不投"弃权"，投"赞成"或是"反对"票；
8. 我坚决不缺席，就是没有主张投哪种票。

根据前面民主决策的结果所设定的仨源 X、Y、Z，以及某个个体的内心纠结情况，就可得到这个个体内心纠结的仨易八卦卦象，称之为"个体仨易卦象"。

再次，确定融合卦象

把"个体仨易卦象"作为"左卦"，把"群体仨易卦象"作为"右卦"，我们就可获得这个个体与群体合并卦象，称之为"融合卦象"。

最后，判断个体与群体的融洽度

根据前面的办法，我们就能很容易地知道"融合卦象"的吉凶排序和解释，从而帮我们判别所涉及的个体与群体之间的融洽度。

下面，我们将通过一个案例来说明一个人事部经理是如何判断一个部门经理在其团队中的融洽度的。

案例9：调查部门经理在团队中的融洽度

某跨国公司的人事部经理王小仨，最近收到不少关于采购部经理李德水的抱怨信。王小仨在得到公司领导认可的情况下，决定要对李德水进行融洽度测试。

为此，王小仨精心准备了一份关于公司福利的提案。到了采购部后，他就召集所有团队员工开会，希望大家就他的"提案"进行民主表决。

采购部一共有 100 人参加了表决,表决结果显示:60 人赞成,30 人反对,10 人弃权。根据这个结果,他设定:"赞成"为 X 源,"反对"为 Y 源,"弃权"为 Z 源;再将仨源各自减去 11% 后,他得到这个群体的仨易卦象为兑卦,表示为：。

会后,王小仨又私下单独约见了采购部经理李德水,并问他对"提案"的真实想法,李德水毫不客气说:"我不赞成,要么反对,要么弃权"。王小仨根据李德水的回答,得到了李德水对提案的个体仨易卦象为巽卦,表示为：。

由此,王小仨把李德水的个体卦象与群体卦象左右合并就得到了融洽度卦象为大过卦,表示为：。

大过卦在六十四卦中的吉凶排序为 18,算是中下上签,卦辞为:泽在木上,水已覆舟,不可轻视,必生大过。这就足够说明了李德水不得人心,在团队中融洽度非常低,应该建议公司换人。

第十四章　科学研究的案例应用

案例 1：色彩世界

天下虽然形式多样，大小不一，但是论其构成，就如同色彩世界都是由三原色按照一定规律形成一样。色彩世界，无论是光源，还是反射源，都是三色三分的。

三原色是色彩世界的极致。多一色则无必要，少一色则又不够。

作为第一应用案例，我们选择了"色彩世界"，与其说，用《亻源论与亻源易经》来理解色彩世界，倒不如说，用色彩世界来验证《亻源论与亻源易经》，因为经过几个世纪的科学研究，特别是经过牛顿及其弟子的大量实验和计算，我们人类已经对色彩世界的现象和本质有了充分的理解和掌握。

在本案例中，首先我们将说明不仅光源和颜色是亻源色，而且捕捉光的人眼细胞也只能感觉亻源色；其次我们还要用亻易八卦阐明"七彩色"的产生原因；最后我们还要用亻易六十四卦来解释色彩的变化方式。

光源色彩

三百多年前的伟大科学家和哲学家艾萨克·牛顿爵士，不但在力学方面功勋卓著，发现著名的力学三定律，同时它的光学色彩论也奠定了从光源出发研究三原色的科学基础。

1666 年牛顿发表的"色散试验"证实：当一束白光通过三棱镜时，被分解为有规律的七种彩色光线。这七种色彩依次为:红、橙、黄、绿、蓝、靛、紫,且顺序是固定不变的。而这七种光线经过三棱镜的反向折射之后,又会合成一束白光。

发现光的色散奥妙之后,牛顿开始推论:既然白光能被分解及合成,那么这七种色光是否也可以被分解或合成呢?

于是,通过纷繁的实验和不停的计算,牛顿得出了一个新结论:七种色光中只有红、绿、蓝三种色光无法被分解,而其他四种色光均可由红、绿、蓝三种色光以不同比例相合而成。

因此,红、绿、蓝就被称为"三原色光"或"光的三原色"。

光源色彩的仨源

光源色彩的三原色"红、蓝、绿",正好体现了光源色彩的本质仨行"火、水、蛰";红色就是"火",蓝色就是"水",绿色就是"蛰"。

三原色光的英文缩写为RGB,其中:R为Red表示红光,G为Green表示绿光,B为Blue表示蓝光。光源色彩的仨源体表示为图14-1所示。

图 14-1

光源色彩的仨易八卦

光源三原色的仨易八卦,可用表14-1表示。

表 14-1 光源色彩的仨易八卦

序	卦名	卦象	隐性色	矢量	形成色
1	坤 kūn	☷	全部隐性		黑暗
2	艮 gèn	☶	蓝色和绿色	$\vec{V_z}$	红色
3	坎 kǎn	☵	红色和绿色	$\vec{V_y}$	蓝色
4	震 zhèn	☳	红色和蓝色	$\vec{V_x}$	绿色

续表 14-1

序	卦名	卦象	隐性色	矢量	形成色
5	巽 xùn		绿色	$\vec{V_z}+\vec{V_y}$	品红
6	离 lí		蓝色	$\vec{V_z}+\vec{V_x}$	黄色
7	兑 duì		红色	$\vec{V_y}+\vec{V_x}$	青色
8	乾 qián		无隐性	$\vec{V_x}+\vec{V_y}+\vec{V_z}$	白色

光源色彩的仨易六十四卦

如果将光源三原色进行增强或减弱,那么我们就能获得六十四种变化色彩,即:色彩的仨易六十四卦。具体解释如下:

假设 A、B、C 分别代表三原色:红、绿、蓝。

1) 每种颜色都在中性状态下,可能的组合如图 14-2,产生七种结果,即 A、B、C、AB、AC、BC、ABC。

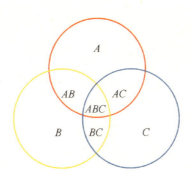

图 14-2

2) 如果 A 变成阳性(增强),其他不变,我们就会得到另外一种组合如图 14-3,产生 A 为阳的另外七种结果,即 A^+、B、C、A^+B、A^+C、BC、A^+BC。

3) 如果 A 变成阴性(减弱),其他不变,我们就会得到另外一种组合如图 14-4,产生 A 为阴的另外七种结果,即 A^-、B、C、A^-B、A^-C、BC、A^-BC。

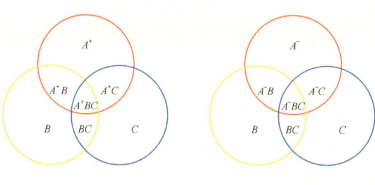

图 14-3　　　　　　　　　图 14-4

以此类推,我们可将三原色的变化制成表 14-2。不难发现,共有六十四种颜色。

表 14-2　光源色彩的仁易六十四卦

编组	颜色					
只有 A	A					
	A^+					
	A^-					
只有 B		B				
		B^+				
		B^-				
只有 C			C			
			C^+			
			C^-			
无 C	A	B		AB		
	A	B^+		AB^+		
	A	B^-		AB^-		
	A^+	B		A^+B		
	A^+	B^+		A^+B^+		
	A^+	B^-		A^+B^-		
	A^-	B		A^-B		
	A^-	B^+		A^-B^+		
	A^-	B^-		A^-B^-		

续表 14-2

编组	颜 色						
无 B	A	C		AC			
	A	C^+		AC^+			
	A	C^-		AC^-			
	A^+	C		A^+C			
	A^+	C^+		A^+C^+			
	A^+	C^-		A^+C^-			
	A^-	C		A^-C			
	A^-	C^+		A^-C^+			
	A^-	C^-		A^-C^-			
无 A		B	C			BC	
		B	C^+			BC^+	
		B	C^-			BC^-	
		B^+	C			B^+C	
		B^+	C^+			B^+C^+	
		B^+	C^-			B^+C^-	
无 A		B^-	C			B^-C	
		B^-	C^+			B^-C^+	
		B^-	C^-			B^-C^-	
A、B、C 同在	A	B	C	AB	AC	BC	ABC
	A	B	C^+	AB	AC^+	BC^+	ABC^+
	A	B	C^-	AB	AC^-	BC^-	ABC^-
	A	B^+	C	AB^+	AC	B^+C	AB^+C
	A	B^+	C^+	AB^+	AC^+	B^+C^+	AB^+C^+
	A	B^+	C^-	AB^+	AC^-	B^+C^-	AB^+C^-
	A	B^-	C	AB^-	AC	B^-C	AB^-C
	A	B^-	C^+	AB^-	AC^+	B^-C^+	AB^-C^+
	A	B^-	C^-	AB^-	AC^-	B^-C^-	AB^-C^-
	A^+	B	C	A^+B	A^+C	BC	A^+BC
	A^+	B	C^+	A^+B	A^+C^+	BC^+	A^+BC^+
	A^+	B	C^-	A^+B	A^+C^-	BC^-	A^+BC^-
	A^+	B^+	C	A^+B^+	A^+C	B^+C	A^+B^+C

续表 14-2

编组	颜色						
A、B、C 同在	A^+	B^+	C^+	A^+B^+	A^+C^+	B^+C^+	$A^+B^+C^+$
	A^+	B^+	C^-	A^+B^+	A^+C^-	B^+C^-	$A^+B^+C^-$
	A^+	B^-	C	A^+B^-	A^+C	B^-C	A^+B^-C
	A^+	B^-	C^+	A^+B^-	A^+C^+	B^-C^+	$A^+B^-C^+$
	A^+	B^-	C^-	A^+B^-	A^+C^-	B^-C^-	$A^+B^-C^-$
	A^-	B	C	A^-B	A^-C	BC	A^-BC
	A^-	B	C^+	A^-B	A^-C^+	BC^+	A^-BC^+
	A^-	B	C^-	A^-B	A^-C^-	BC^-	A^-BC^-
	A^-	B^+	C	A^-B^+	A^-C	B^+C	A^-B^+C
	A^-	B^+	C^+	A^-B^+	A^-C^+	B^+C^+	$A^-B^+C^+$
	A^-	B^+	C^-	A^-B^+	A^-C^-	B^+C^-	$A^-B^+C^-$
	A^-	B^-	C	A^-B^-	A^-C	B^-C	A^-B^-C
	A^-	B^-	C^+	A^-B^-	A^-C^+	B^-C^+	$A^-B^-C^+$
	A^-	B^-	C^-	A^-B^-	A^-C^-	B^-C^-	$A^-B^-C^-$
A、B、C 全无							

从表 14-2 中,我们发现:

1. 在只有一个色存在(或 A 或 B 或 C 存在)的情况下,随着它属性的变化,每个颜色呈现出 3 种极致颜色,三色可产生 9 种极致色彩;

2. 在 A、B、C 中任意二种存在(或 A、B 或 A、C 或 B、C)的情况下,考虑到它们的属性变化,每个组合的变化将呈现出 9 种极致颜色,所以三个组合可产生 27 种极致色彩;

3. 在 A、B、C 三种同存在的情况下,考虑到它们的属性变化,每个组合的变化就会呈现出 27 种极致结果。

由此得出,A、B、C 的三色的三性变化总共可以产生 63 种光色极致,再加上 A、B、C 都不存在的情况,所以共计 64 种极致状态。

颜料色彩

牛顿死后的若干时日,他的学生们终于完成了他未完成的实验,配以牛顿生前的计算,从而使光的色彩论正式亮相。

其结论如下:

1. 红、绿、蓝三种色光无法被分解,故称"三原色光"。

2. 等量的三原色光相加为白光。

3. 如果三原色光中某一种色光与另一种三原色光以外的色光等量相加后形成白光,则称这两种色光为互补色光。也就是:

$$等量的绿光+等量的蓝光=青光,互补于红光$$
$$等量的红光+等量的蓝光=品红光,互补于绿光$$
$$等量的红光+等量的绿光=黄光,互补于蓝光$$

因此青光是红光的互补光;品红光是绿光的互补光;黄光是蓝光的互补光。

我们人眼所感知的光可以有二个来源,一是由发光源直接射入眼睛的光,如自然光和RGB电视光,二是由光照射到非发光物被吸收后而反射到眼睛的光。前者在眼睛中形成的色,我们称之为色光,可用光源三原色RGB叠加计算求得。而后者在眼睛中形成的色,我们称之为颜色,因为我们的眼睛早已错误地认为物体上的颜料也会发光。

如果色光是人眼从黑暗看光明,那么颜色就是人眼在白光下看物体的颜色。

科学证明,色彩斑斓的颜色也是由三基色C、M、Y混合而成;为了区分光源三原色,我们把颜色的三基色C、M、Y称之为颜料三原色。颜料三原色C、M、Y正好分别是光源三原色R、G、B的互补色。

光源三原色等量叠加正好是白光,而颜色三原色等量混合正好是黑色,这是因为白光照射到由颜色三原色C、M、Y等量混合的颜料上正好被完全吸收。

当然,我们也可以定义颜色三原色为三原色,之所以没有采用,主要是因为:

1. 光源三原色R、G、B等量叠加正好是白色;

2. 我们通常看到的东西都以深色为主,生活中大多将颜料涂在白色上;

3. 颜料三原色C、M、Y等量混合正好是黑色,比较符合我们通常认为的光轻物重和光白物黑的观点。

颜料色彩的仨源

颜料色彩的仨源为青色、品红色和黄色。颜料色彩的仨源 C、M、Y 分别是三原色(R、G、B)的互补色,其中:C 为 Cyan 表示青色,M 为 Magenta 表示品红色,Y 为 Yellow 表示黄色。颜料色彩的仨源体表示为如图 14-5 所示。

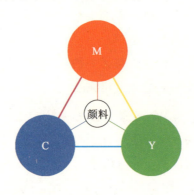

图 14-5

颜料色彩的仨易八卦

颜料色彩的仨易八卦,可用表 14-3 表示。

表 14-3　颜料色彩的仨易八卦

序	卦名	卦象	隐性色	矢量	形成色
1	坤 kūn	☷	全部隐性		白色
2	艮 gèn	☶	青色和黄色	$\vec{V_z}$	品红色
3	坎 kǎn	☵	品红和黄色	$\vec{V_y}$	青色
4	震 zhèn	☳	品红和青色	$\vec{V_x}$	黄色

续表 14-3

序	卦名	卦象	隐性色	矢量	形成色
5	巽 xùn		黄色	$\vec{V_z}+\vec{V_y}$	蓝色
6	离 lí		青色	$\vec{V_z}+\vec{V_x}$	红色
7	兑 duì		品红色	$\vec{V_y}+\vec{V_x}$	绿色
8	乾 qián		无隐性	$\vec{V_x}+\vec{V_y}+\vec{V_z}$	黑色

颜料色彩的仨易六十四卦

参考前面的光源色彩的六十四卦,我们同样不难发现:

如果将颜料三原色进行增强或减弱,那么我们就能获得六十四种变化色彩,即:颜料色彩的仨易六十四卦。

视觉色彩

我们知道人类拥有许多感觉系统,其中最重要的有五个感觉系统:

视觉、听觉、味觉、嗅觉和触觉。

本案例将重点分析和理解视觉的仨源和仨易八卦,希望读者也能根据《仨源论与仨源易经》思想,发现和解释其他感觉系统的仨源和仨易八卦,如:

1. 听觉仨源:旋律(melody),和声(harmony)和节奏(rhythm);
2. 味觉仨源:甜、咸和酸;
3. 嗅觉仨源:香气、臭气和刺激气;
4. 触觉仨源:冷热、干湿和粗糙度。

在黑暗的世界里,我们期待光明。在光明的世界里,我们之所以看到五彩缤纷的光色,那是因为我们有一双功能正常的眼睛。

近年来,科学研究表明,人眼视网膜上的感光细胞含有三个圆锥状体,它们只能分别感知红、蓝、绿三色光。人眼感知的光色正是三锥体所获取的强弱不同的红光、蓝光和绿光的叠加色。我们人眼所感知的光可以有两个来源,一是由发光源直接射入眼睛的光,如自然光和 RGB 电视光,二是由光照射到非发光物被吸收后而反射到眼睛的光。

我们把人眼细胞能直接感知的三色(红、蓝、绿)称之为人眼细胞三原色。

视觉的仨源

人眼细胞三原色:"红、蓝、绿",就是视觉的仨行:"火、水、銮"。能感受"红光"的锥状体为"火"行,能感受"蓝光"的锥状体为"水"行,能感受"绿光"的锥状体为"銮"行。视觉的仨源体表示为图 14-6 所示。

图 14-6

与光源仨源体几乎一样,只是 R 代表的不是红色,而是能感受"红光"的锥状体;G 代表的不是绿光,而是能感受"绿光"的锥状体;B 代表的不是蓝光,而是能感受"蓝光"的锥状体。

视觉的仨易八卦

人眼细胞锥状体,受到损伤后,可能会欺骗我们,误判自然光色如表 14-4 所示。

表 14-4　视觉的仨易八卦

序	卦名	卦象	受伤锥状体	矢量	误认色
1	坤 kūn		全部损伤		黑暗
2	艮 gèn		蓝色和绿色	$\vec{V_z}$	红色
3	坎 kǎn		红色和绿色	$\vec{V_y}$	蓝色
4	震 zhèn		红色和蓝色	$\vec{V_x}$	绿色
5	巽 xùn		绿色	$\vec{V_z}+\vec{V_y}$	品红
6	离 lí		蓝色	$\vec{V_z}+\vec{V_x}$	黄色
7	兑 duì		红色	$\vec{V_y}+\vec{V_x}$	青色
8	乾 qián		无损伤	$\vec{V_x}+\vec{V_y}+\vec{V_z}$	白色

视觉的仨易六十四卦

在现实生活中我们会发现有些人有色盲的现象,而色盲其实是和人眼细胞锥状体的功能缺损密切相关的。

只要我们把视觉功能的仨易八卦和光源色彩的仨易八卦进行左右合并检测,就能很容易地从并联的仨易六十四卦的卦象中找到答案。

案例2:性别与性取向

1962,世界著名影星、性感女神玛丽莲·梦露去世,法医基因专家凯斯有个惊人的发现:正常情况下,女性的性染色体为XX,男性性染色体为XY,但是梦露的性染色体却表现为 XX 和 XY,是 XX 和 XY 嵌合型,这表明梦露既不是严格意义上的男性,也不是严格意义上的女性,而是双性人。只是梦露生理表现为女儿身,并在后天的家庭和社会生活中获得了社会认同的女性角色。

生活中的梦露常常喜怒无常,抽烟酗酒,言语怪异,对家庭生活非常不满,有多次婚姻,虽然有人猜测这是因为她遗传了她母亲的精神分裂症,但是后来研究人员认为:梦露的怪异言行可能与她是双性有关,还有她的多次流产也可能是她的男性基因造成的。

其实,根据本书中的仁性论理论,任何存在无论从其性取向,还是从其性别或其内在的性激素来讲,都是仁性的。

就性取向而言,无论是同性,还是异性或中性取向,都是心理性别中的仁源。

就性别而言,无论是雄性,还是雌性或中性,都是生理性别中的仁源。

无论心理性别还是生理性别,其实都是由其先天性别基因的仁源和后天的性激素仁源所控制的。

性别基因的仁源

性别基因的仁源:雌性基因 X、雄性基因 Y、中性基因 O,控制了性别的形成和表现形式;当然性别基因的仁源强弱指数主要是由先天遗传的,但是也会受到后天的环境和性激素的影响。

假设雌性基因 X 为阴,带负电荷,用蓝色表示;雄性基因 Y 为阳,带正电荷,用红色表示,中性基因 O 为中,不带电荷,用绿色表示,那么性别基因的仁源体表示为如图 14-7 所示。

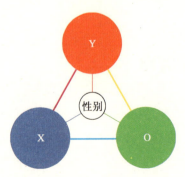

图 14-7

性别基因的仨易八卦

仨源性别的外在表现就是性别的仨易八卦,可用表 14-5 表示。

表 14-5 性别的仨易八卦

序	卦名	卦象	显性	矢量	呈现性别
1	坤 kūn				无性
2	艮 gèn		Y	$\vec{V_z}$	雄性
3	坎 kǎn		X	$\vec{V_y}$	雌性
4	震 zhèn		O	$\vec{V_x}$	中性
5	巽 xùn		X, Y	$\vec{V_z}+\vec{V_y}$	雌雄双性
6	离 lí		Y, O	$\vec{V_z}+\vec{V_x}$	雄性和中性
7	兑 duì		X, O	$\vec{V_y}+\vec{V_x}$	雌性和中性
8	乾 qián		Y, X, O	$\vec{V_x}+\vec{V_y}+\vec{V_z}$	雌雄和中性

根据表 14-5 我们不难发现每个人从他(她)出生到死的一生,其外显的生理性别有八种可能性,而其性取向只有三种(暂不考虑无性状态)。

1. 坤卦,无性状态:这种情况是在婴儿出生时,没有任何性特征,就像英国女孩乔娜·霍丽戴,出生时既没有女性生殖器,也没有男性生殖器。

2. 艮卦,纯雄性状态:只有雄性 Y 基因,生理性别一定为雄性,心理性别只喜欢雌性,只会发生"异性恋"。

3. 坎卦,纯雌性状态:只有雌性 X 基因,生理性别一定为雌性,心理性别只喜欢雄性,只会发生"异性恋"。

4.震卦,中性状态:只有中性O基因,在发育成长过程中,虽有不同的生理性别器官,但是心理和生理都对性无兴趣,只会发生"中性恋",也可能,在发育的某些阶段,中性基因O处于绝对的控制状态,使得X和Y激素无法体现,对性取向无兴趣,譬如:所有的人在其婴儿和少儿时期,几乎都是中性性别。

5.巽卦,雌性雄性共存状态:个体中不仅有雌性X基因还有雄性Y基因,生理上可以表现为:雄性、雌性或雌雄同体,心理上的性取向就会有:异性恋、同性恋和双性恋。

6.离卦,雄性和中性共存状态:个体中不仅有雄性Y基因还有中性O基因,生理上虽表现为雄性特征,而心理上的性取向可能会发生异性恋和中性恋。

7.兑卦,雌性和中性共存状态:个体中不仅有雌性X基因还有中性O基因,生理上虽表现为雌性特征,而心理上的性取向可能会发生异性恋和中性恋。

8.乾卦,雄性雌性和中性共存状态:个体中不仅有雌性X基因还有雄性Y基因和中性O基因,生理上可以表现为:雄性、雌性或雌雄同体,而心理上的性取向就会有:异性恋、同性恋、双性恋和中性恋。

性取向的仨易八卦

性取向仨源:中性、异性、同性就会形成了一个仨易八卦如表14-6所示。

表14-6 性取向的仨易八卦

序	卦名	卦象	性取向
1	坤 kūn		无性
2	艮 gèn		同性恋
3	坎 kǎn		异性恋
4	震 zhèn		中性恋(或性冷淡)
5	巽 xùn		双性恋

续表 14-6

序	卦名	卦象	性取向
6	离 lí	☲	同性恋和中性恋
7	兑 duì	☱	异性恋和中性恋
8	乾 qián	☰	双性恋和中性恋

性配对的仨易六十四卦

性配对，就是甲、乙双方的性取向仨易八卦进行合并后所形成的的仨易六十四卦。

再根据《仨源易经》的吉凶排序以及《周易》的卦辞就可算出他们的"性福"指数。

案例 3：血型世界

1900 年，奥地利维也纳大学病理研究所的研究员卡尔·兰德斯坦纳，根据健康人的血清对不同人类个体的红细胞有凝聚作用，发现了 A、B、O 三种血型。

O 型血：最古老的血型。O 型的祖先是公元前 4 万年左右出现的克罗玛尼亚人，大约 10 万年前在全世界大部分地区只有 O 型血的人群。O 型的人自信心强，意志力也强，充满火力，但是具有善变的个性，容易厌烦。

A 型血：出现在公元前 25 千年前的亚洲或中东，是人类适应新环境过程中产生的。A 型血的人，环境适应能力强，心细谨慎，耐力强，责任感强，缺点是自尊心太强，易被别人伤害。

B型血：是人类学上较晚期才出现的血型。B型血产生于公元前1万年到1.5万年左右，是白种人和蒙古人种的混合血种，居住在喜玛拉雅的山岳地带。B型血的人对于周围的事物不太在乎，活泼好动，具有我行我素的倾向。

如果我们把上述的A、B、O称之为"仨源血型"，就可推导出血型的仨易八卦和仨易六十四卦。

血型世界的仨源

血型世界中的仨源，就是O型血、A型血和B型血。

人类血型虽然种类众多，但是血型世界也都是由仨源血按照一定规律形成的。

仨源血型是形成血型世界的极致；多一血型无必要，少一血型则又不够。

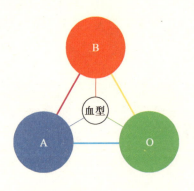

图 14-8

血型外相的仨易八卦

仨源血型的外在表现血型就是仨源血型的仨易八卦，可用表 18-7 表示。

表 18-7　血型外相的仨易八卦

序	卦名	卦象	显性	矢量	形成血型
1	坤 kūn				
2	艮 gèn		B	$\vec{V_z}$	B
3	坎 kǎn		A	$\vec{V_y}$	A
4	震 zhèn		O	$\vec{V_x}$	O
5	巽 xùn		B、A	$\vec{V_z}+\vec{V_y}$	AB
6	离 lí		B、O	$\vec{V_z}+\vec{V_x}$	BO
7	兑 duì		A、O	$\vec{V_y}+\vec{V_x}$	AO
8	乾 qián		B、A、O	$\vec{V_x}+\vec{V_y}+\vec{V_z}$	BAO

血型配对的仨易六十四卦

血型配对就是将两个人的血型仨易八卦进行合并所形成的仨易六十四卦。通过仨易六十四卦卦象的吉凶分析，我们就可以确定血型配对的吉凶。

第十五章　提升生活质量的案例应用

案例 4：爱情

爱情自古以来就是一个永恒的话题,可你是否知道爱情中的仁源论和仁源易经。

本案例将向你展示爱情中的仁元：激情、亲密和承诺,以及与其相关的仁易八卦和仁易六十四卦。

本案例的主要内容来自美国人罗伯特发表的"爱情三元理论",我们在此用《仁源论与仁源易经》的原理对其进行分析。

美国人罗伯特发表的"爱情三元理论"(Test of the Triangular Theory of Love),发表于1992年的《社会与人际关系》报刊上。北京大学的贾茹和吴任钢老师于2007年也在相关杂志上论述和翻译过此篇文章。该文的核心观点就是爱情是由亲密、激情和承诺三元决定的。

爱情的仁源

爱情中的仁元：激情、亲密和承诺,也可为性爱、友情和婚姻；其中,激情为"质"元,用绿色表示,亲密为"神"元,用蓝色表示,承诺为"能"元,用红色表示,其仁源体表示如图15-1所示。

图 15-1

仨元解释：

1. "激情"主要指双方的性欲望；
2. "亲密"包括热情、理解、交流、支持和分享等内容；
3. "承诺"指自愿投身于与所爱的人，并主动维持这种感情。

爱情的仨易八卦

完美的爱情是极少的，现实的爱情却是如表 15-1 所示的仨易八卦。

表 15-1　爱情的仨易八卦

序	卦名	卦象	缺损元	矢量	爱情状况
1	坤 kūn	☷	三元皆无		无爱 一般朋友
2	艮 gèn	☶	激情和亲密	$\vec{V_z}$	只有承诺 没有激情和亲密
3	坎 kǎn	☵	激情和承诺	$\vec{V_y}$	只有亲密 没有激情和承诺
4	震 zhèn	☳	亲密和承诺	$\vec{V_x}$	只有激情 没有亲密和承诺
5	巽 xùn	☴	激情	$\vec{V_z}+\vec{V_y}$	有亲密和承诺 而无激情

续表 15-1

序	卦名	卦象	缺损元	矢量	爱情状况
6	离 lí	☲	亲密	$\vec{V_z}+\vec{V_x}$	有激情和承诺而无亲密
7	兑 duì	☱	承诺	$\vec{V_y}+\vec{V_x}$	有激情和亲密而无承诺
8	乾 qián	☰	仨元齐全	$\vec{V_x}+\vec{V_y}+\vec{V_z}$	美满爱情

从表 15-1 的仨易八卦，不难发现如下爱情状态：

1. 坤卦爱情：如果缺少了仨元中任何一个都不能被称为是爱情。如果三者皆无，很简单就是毫无关系的两人，或是简单熟人，连朋友都不是，被称之为无爱。

2. 艮卦爱情：错把同情当爱情，所谓"英雄救美"现象，一方生存在很差的环境中（主要是一些年轻的女性），于是就引起了一些单身男士的怜悯，并主动给予各种帮助，进而发展到谈婚论嫁，于是男方的承诺就出现了。但两个人都忽略了爱情的另一角，那就是激情和亲密，两个人不仅需要性的交流，还需要在生活方式、社会价值观上互相认同，能够彼此达到互相交流、互相理解、支持和分享，这对爱情的发展和稳定同样很重要。现实中因为同情对方而与对方结婚，当对方的生存条件改善了以后，同情一方没有了怜悯感，被同情一方不再接受同情，而亲密感却始终没有发展出来。两个人之间就可能会因为生活方式、社会价值观上的巨大差异而无法有效交流，隔阂、矛盾就会随之而来。美国学者弗罗姆（E. Fromm）在《爱的艺术》中非常强调爱情的主动性，即只是被动地接受别人的爱不能叫做爱情。现实中某些男女，一方拼命追求另一方，不断对对方关心体贴，承诺更不在话下，而另一方却主动性不强，甚至很差。但是久而久之，被追求的一方就会受到"感动"，同意了对方的要求。为什么双方对爱情的主动性差异很大？说明双方在爱情的激情或亲密程度上存在很大差异，而这时一方的承诺对两人之间的关系的影响就显得很勉强。上述种种所谓的爱情关系就为婚后的夫妻关系埋下了隐患。

3. 坎卦爱情：当亲密程度高但激情和承诺非常低的时候，就会产生喜爱，也就是常说的喜欢。喜爱会发生在亲近和温暖的友情中，但缺少了激情和与之共度余生的预期。如果你爱恋的异性对你说"我喜欢你，但这不是爱情"，可能不是好消息。这人实际想说的是"我喜欢你，愿意和你聊天，你是个很不错的人，但我发现你对我没有性的吸引力"。

4. 震卦爱情：当朋友之间激起了激情或欲望，那么两者的关系就不再是朋友那么简单了。如果仅有强烈的激情，但缺乏亲密和承诺时，就是迷恋，和我们通常所说的"一见钟情"颇为相似：我们对那个人没有任何了解，仅仅是第一面，迷人的外表激起了心中的欲望和冲动。分析当今社会，就会发现存在滥用"爱情"字眼的现象，一些男士看到漂亮性感的女人，就有了性的冲动，就交朋友，就同居，自认为这就是爱情。一些女孩也存在一种无知，当男朋友主动和她发生了性关系以后，就主观地认为是对方爱上了她才如此。其实他们之间可能只有激情，缺乏亲密和承诺。

5. 巽卦爱情：也可以叫"友伴的爱"，是指由亲密和承诺结合而形成的对亲密伴侣的爱。友伴的爱的特点是以双方之间的互相尊重和信赖为基础，在友伴的爱情中，人所体验的更多的是对对方的信任和依赖感。具体说来就是两个人的亲密的内容扩大化，不仅仅是肉体上的亲密，还有诸如日常生活、工作、照顾孩子等多方面的互相依存，并且双方愿意长时间的厮守在一起。这个时候的爱已经成为一种习惯，虽然也不乏浪漫激情，但其程度要低很多，显得有些平淡。友伴的爱还有一个重要特征就是两人自愿保持互相尊重，体现了双方感情的理性成分。中国有句古话来评价夫妻之道，叫做"床上夫妻，床下客"，谈的就是友伴的爱，提倡既要有床上的亲密，也要有床下平日里双方的互相尊重。

6. 离卦爱情：也可以叫"虚幻的爱"，它是高程度的激情和承诺而产生的体验。斯腾伯格将其称为愚蠢的体验，因为双方在并不很了解或喜爱的情况下，仅仅在势不可挡的激情驱动下闪电发展进入婚姻的殿堂。也正如他所写的，激情是这三个成分中最容易发生变化的一个，它的变化幅度往往也是最大的。这种体验更加接近迷恋，具有风险。

7. 兑卦爱情：也可以叫"浪漫的爱"，是高程度的亲密和激情一起发生时的爱，是一种高程度的唤起所带来的兴奋和幸福感。浪漫的爱来自于自己身体的欲望和对方是引起你欲望的人，这里既包括了生理的唤起，也包括了两人之间某些认知上的共鸣。还有一个很重要的辅助因素，就是浪漫的环境和事件，都可以增加对另一方的浪漫之爱。浪漫的爱会使我们忽略或重新解释另一方的某些缺点，将另一方的形象理想化，同时也会引起对我们个人的重新评价和发现，了解以前我们所不了解的自己。比如因为勇于付出爱而发现自己善良的一面，因为受到对方的爱使自己的自尊心得到提高,使关于自我的概念更为多样化。问题是大量研究显示浪漫的爱具有时效短的弱点,所以很多专家认为浪漫的爱不能构成接下来维持婚姻的理由。研究调查显示友伴的爱有比浪漫的爱更有利于婚姻的稳定。

8. 乾卦爱情:当亲密、激情和承诺已在相当的程度上同时存在时,就达到了爱情的至高峰——"圆满的爱",类似于蜜月期的恋人的体验。但斯滕伯格认为这只是爱情经历中很短的一个时间,很少有人可以终生有这种体验,那就是一段值得羡慕的人间爱情佳话了。

爱情的仁易六十四卦

爱情中的仁元,反映的是二个恋人对爱情的奉献内涵,在现实生活中,人们不仅关心已有的爱情发展和变化趋势,更希望能提前知道两个即将确定恋人关系的未来爱情吉凶。

爱情不是一个人的事,而是情侣双方对爱的奉献,是双方各自对爱情仁元的奉献叠加。即将确定恋人关系的情侣,必须明确告诉对方能为爱情中仁元奉献什么;根据各自的奉献,我们就能获得恋人双方的各自爱情仁易八卦;再将各自的爱情八卦进行组合就可获得他们的爱情六十四卦,从而可以推测这两个情侣的未来爱情吉凶。具体做法如下:

首先,考虑到当今社会的同性恋的存在,我们假设即将确定恋人关系的情侣分别为甲和乙。同时,甲对乙明确表示能为未来爱情奉献"承诺和激情"二元,而乙对甲却明确表示只能为未来爱情奉献"激情"一元;在此情况下,我们就可获得甲乙双方的爱情仁易八卦的卦象分别为:

1. 甲的卦象为离卦,表示为:▭▭;
2. 乙的卦象为震卦,表示为:▭▭。

其次,在爱情中,看似平等的情侣,我们也会发现总有一方为主导作用。

如果甲为主导,那么我们就将甲的卦象作为仁易六十四卦的左卦或周易六十四卦的下卦,便可获得该对情侣的未来爱情六十四卦的卦象为丰卦。

在仁易六十四卦中,丰卦为第52卦,表示为:▭▭▭▭;

而在周易六十四卦中,则表示为:;

如果乙为主导,那么我们就将乙的卦象作为仨易六十四卦的左卦或周易六十四卦的下卦,便可获得该对情侣的未来爱情六十四卦的卦象为噬嗑卦。

在仨易六十四卦中,(排左边)为第34卦,表示为:

而在周易六十四卦中,则表示为:。

最后,根据《仨源论与仨源易经》或《周易》,便可查知上述推导出的丰卦和噬嗑卦的相关卦辞和爻辞,即可得知甲、乙情侣的未来爱情吉凶。

在上述爱情中,如果乙方为主导,则爱情为噬嗑卦,吉凶排序为34,爱情卦辞为:上火下震,咬牙切齿,刑酷法严,喻义不吉利。相反,如果甲方为主导,则爱情为丰卦,吉凶排序为52,爱情卦辞为:震下有火,雷电交加,气势盛大,喻义爱情轰轰烈烈。由此可见,爱情中,要把握好主次作用。

案例5:处事之道

有事就有三原:时、度、本;而处事之道的关键就是审时度势利于本。我们把"时"原用红色表示,"度"原用蓝色表示,"本"原用绿色表示,则无论任何事其三原都可用图15-2表示。

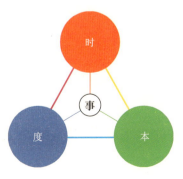

图 15-2

图 15-2 解释如下：

1. "审时"就是把握好时机；
2. "度势"就是把握好度和趋势；
3. "利于本"就是务必弄清楚处事的目的和动机。

处事之道的仨元

古人早就知道公平公正的处事之道就是合情、合理、合法。合理是"神"元，用红色表示；合情是"能"元，用蓝色表示；合法是"质"元，用绿色表示。处事之道中的仨源及其关系可用图 15-3 表示。

图 15-3

图 15-3 解释如下：

1. "合理"就是合乎天理，合乎上帝法则，遵循自然规律；
2. "合情"就是合乎民情，合乎民心，出于良心；
3. "合法"就是合乎国法、行规，依法办事。

处事之道的仨易八卦

十全十美的处事是极少的，现实中处事之道却是如表 15-2 所示的仨易八卦：

表 15-2　处事之通的仨易八卦

序	卦名	卦象	缺损元	矢量	爱情状况
1	坤 kūn	☷	三元皆无		没有处理
2	艮 gèn	☶	情和法	$\vec{V_z}$	合理 但不合情合法
3	坎 kǎn	☵	理和法	$\vec{V_y}$	合情 但不合理合法
4	震 zhèn	☳	情和理	$\vec{V_x}$	合法 但不合情合理
5	巽 xùn	☴	法	$\vec{V_z}+\vec{V_y}$	合情合理 但不合法
6	离 lí	☲	情	$\vec{V_z}+\vec{V_x}$	合理合法 但不合情
7	兑 duì	☱	理	$\vec{V_y}+\vec{V_x}$	合情合法 但不合理
8	乾 qián	☰	仨元齐全	$\vec{V_x}+\vec{V_y}+\vec{V_z}$	完美处事

从表 15-2 告诉我们,现实中的处事之道,其方法和结果就有如下 8 种:

1. 坤卦法:对事情拖着、藏着、掖着、放着或冷处理,这是我们有些领导的惯用方法,其实就是没有处理,或者处理时机未到。

2. 艮卦法:对事情只讲理,不讲法和情。有些少数民族的族长,他们只讲道理,没有法律意识,也不讲情面;还有一些科学家,他们在自然科学研究中,也会抛开法和情,只承认自然规律,如著名科学家哥白尼为了坚持"日心说"真理,他就不听教会的游说,不给当时的宗教"地心说"情面,敢于违背教规,坚持自己的真理。

3. 坎卦法:对事情只讲情,不讲理和法。中国是个人情社会,受孔孟文化的影响,我们中国人都很爱面子,更是看重亲情,因此在处事时,常常会"人情"大于法理,就会出现办事先找"关系",特别是在商业活动中,人脉就显得尤其特别重要,各种招标程序和制度往往都成了摆设。

4. 震卦法：对事情只讲法，不讲情和理。人类社会，自从出现了相关的社会组织后，就有了相关的法规，历朝历代，治国处事，都强调依法办事，现代社会更是如此。在中国古代的秦国，由于受法家思想的影响，依法办事可以说达到了顶峰，无论是提出《商鞅变法》的商鞅，还是作为秦国宰相的李斯，还有李斯的老师荀子，他们都是那个时代最著名的法家思想代表人物；在当今社会，且不说法的自身合法性，就是执法也要做到法律面前人人平等。

5. 巽卦法：对事情处理虽然合情合理，但是不合法。这样的例子很多，譬如，一个警察抓捕一个十恶不赦的坏蛋，抓到后，由于害怕该坏蛋再被释放，所以干脆毙了坏蛋；又譬如，一群人打死了一个小偷，抓小偷和打小偷合情合理，可是把小偷打死了就不合法了；还有一种情况例外，也就是合情合理的事不合法，那是因为该法自身有问题，需要立即更改或修订。

6. 离卦法：对事情处理虽然无情，却也合理合法。80年代，有个上海市长的儿子，丧失天理良心，强暴奸淫了多家妙龄美女，其父将其子毫不留情地送上法庭，这就是虽然违背亲情，但却维护了天理和法律的尊严。

7. 兑卦法：对事情处理虽然违背天理，却也合情合法。罗马教会审判哥白尼和伽利略就是违背天理，却也合情合法，因为罗马教会不去设法理解"日心说"，而是执意认为"地心说"就是违背天理，尽管站在教会角度，我们也能理解他们的做法在当时也有一定的合情合法性。

8. 乾卦法：完美处事之道，合情合理合法，这是人类处事之道的最高境界。这样的例子很多，譬如格力公司制定了一项合理的禁烟规定，说它合理是因为抽烟不仅危害健康而且容易引起火灾。有一天，格力公司美女总裁发现她的老下属违反了上述规定，必须严罚，可是罚完巨款后，当她得知其下属家境贫困时，又自己掏钱给其下属，这就叫着先合法而后合情。这件事很好地告诉了我们什么是合情合理合法地处事。

处事之道的仁易六十四卦

每个人都有自己的处事之道，而处事之道的关键就是选好一个处事之道的仁易八卦的卦象。

针对某个事件的处理,我们只要弄清楚绝大多数公民心中的处事仨易八卦的卦象,再看看我们的官员处事之道的仨易八卦卦象,就能知道官员处事之道的好坏了。

譬如,百姓心中的处事之道仨易卦象为离卦☲;

而官员处事之道的仨易卦象为艮卦☶。

将官员处事之道的仨易卦象为左卦,百姓处事之道仨易卦象为右卦,就可获得代表处事之道好坏的仨易六十四卦卦象为旅卦,即☶☲,旅卦的吉凶排序在六十四卦中为14,相当低,卦辞为:上山着火,赶紧跑路。喻义官员办事不合民心,罢官在即。

案例6:需求

任何人、任何企业和社会都有自己的需求和追求,且其需求和追求也是与时俱进,不断变化的。

任何存在皆为满足"需"的"用",为实现其用,存在必有仨元:质、能、神。

本案例将告诉我们,无论何种"需求"皆有仨元。

美国社会心理学家亚伯拉罕·马斯洛把人类需求分成五个层次,即:生理需求、安全需求、社交需求、尊重需求、自我实现需求和超自我实现六类,依次由较低层次到较高层次排列。

马斯洛需求层次理论金字塔模型如图15-4所示。

马斯洛需求层次理论解释:

1. 生理需求(Physiological needs)是级别最低、最基础的需求,如:食物、水、呼吸、性、睡眠分泌等。

图 15-4

2. 安全需求(Safety needs)同样属于低级别的需求,其中包括对人身安全、家庭稳定以及免遭痛苦、威胁或疾病等。

3. 社交需求(Love and belonging needs)又叫情感和归属需求,属于较高层次的需求,如:对友谊、爱情以及隶属关系的需求。

4. 尊重需求(Esteem needs)属于较高层次的需求,如:成就、名声、地位和晋升机会等。尊重需求既包括对成就或自我价值的个人感觉,也包括他人对自己的认可与尊重。

5. 自我实现需求(Self-actualization)是最高层次的需求,包括对于真善美至高人生境界获得的需求,因此前面四项需求都能满足,最高层次的需求方能相继产生,是一种衍生性需求,如:自我实现,发挥潜能等。

6. 超自我实现(Over Actualization)是当一个人的心理状态充分的满足了自我实现的需求时,所出现短暂的"高峰经验",通常都是在执行一件事情时,或是完成一件事情时,才能深刻体验到的这种感觉,通常都是出现在艺术家或是音乐家身上(第6需求是马斯洛晚期补上的)。

虽然我们非常崇拜和赞赏马斯洛团队所提的人生各种需求和分类,但是针对上述的马斯洛需求层次理论金字塔模型,我们还是有些疑问和异议。

首先,人生的各个时刻,人的需求真的有高低之分吗?

其次,人类的大量需求只是停留在底层吗?

最后,按层满足需求,是不是只有满足了底层的需求,人们才有高层需求?

需求的仨源

根据"仨源论",本书提出需求仨源:生理需求、精神需求和能力需求;并认为,需求仨元既相互独立又相互影响。"生理需求"就是仨元论的"质"元,"精神需求"就是仨元论的"神"元,"能力需求"就是仨元论的"能"元。

用红色表示"能"元,用蓝色表示"神"元,用绿色表示"质"元,那么需求的仨源体就可以表述为图15-5所示。

图 15-5

需求的仨易八卦

每个人在不同时期的需求就是需求的仨易八卦，如表 15-3 所示。

表 15-3　需求的仨易八卦

序	卦名	卦象	缺损元	矢量	需求状况
1	坤 kūn	☷	三元皆无		没有需求
2	艮 gèn	☶	神和质	$\vec{V_z}$	要能力，不要精神和生理
3	坎 kǎn	☵	能和质	$\vec{V_y}$	要精神，不要能力和生理
4	震 zhèn	☳	能和神	$\vec{V_x}$	要生理，不要能力和精神
5	巽 xùn	☴	质	$\vec{V_z}+\vec{V_y}$	要能力和精神，但不要生理
6	离 lí	☲	神	$\vec{V_z}+\vec{V_x}$	要能力和生理，但不要精神
7	兑 duì	☱	能	$\vec{V_y}+\vec{V_x}$	要精神和生理，但不要能力
8	乾 qián	☰	仨元齐全	$\vec{V_x}+\vec{V_y}+\vec{V_z}$	不仅要生理，还要精神和能力

满足需求的仼易六十四卦

如果我们把个人的需求仼易八卦作为左八卦,把社会所能提供的供给仼易八卦作为右八卦,那么形成的仼易六十四卦的卦象就代表了需求得到满足的程度和吉凶排序。

譬如,张仁的需求卦象为离卦:☲,社会供给的卦象为震卦:☳,那么两个八卦合并后,就可得到仼易六十四卦的丰卦:䷶。

丰卦的吉凶排序为52,属于上中中签。卦辞为:震下有火,雷电交加,喻义气势盛大。

假如社会供给的卦象也为离卦:☲,那么此时仼易卦象为离卦:䷝。

仼易离卦的吉凶排序为57,属于上上下签,卦辞为:火上加火,灯火辉煌,喻义光明无限。

案例7:追求

人生不仅有"需求",还要有"追求";过去追求理想,今天追求梦想。

其实,所有的人都在追求自己认可的社会价值观。

西方人追求"自由、平等和博爱";传统的中国人追求"福、禄、寿"。无论在西方还是在东方,还有不少人则追求"色、权、利"。

如果我们把人生分为老、中、青三个阶段,那么,总的来说,年青人会追求"自由、平等、博爱",这个被西方认可的普世人权仼元价值观,中年人会选择追求"色、权、利",这个世俗而现实的仼元价值观,但是许多老年人更喜欢追求"福、禄、寿",这个被中国人几千年来所认可的传统的三星高照的价值观。

根据"仼性论",我们知道,每种社会价值观都是仼性的统一,阳性为大公,阴性为自私,中性为平衡。但是从社会角度来看,西方人的"自由、平等和博爱"可视为中性价值观,中国人的传统"福、禄、寿"可视为大公价值观,而不少人信奉的"色、权、利"可视为自私价值观。

人生变化无常,人们所信奉的社会价值观,也会在不同阶段和不同时代而变化。

需要指出的是所有价值观中的仨元一定是既相互独立而又相互依存和相互影响的仨源,缺一不可。

西方人权

西方人权的仨元

西方人的"自由、平等、博爱"价值观就是一种平衡社会价值观。其愿望就是保障人权。平衡社会价值观必须以理晓之。

在此价值观中,"能元"为自由,喜欢自由;"质元"为平等,追求公平和公正;"神元"为博爱,仁爱是基础。如图 15-6 所示。

图 15-6

西方人权的仨易八卦

每个人在不同时期的人权的仨易八卦可用如表 15-4 来表示。

表 15-4　人权的仨易八卦

序	卦名	卦象	缺损元	矢量	人权状况
1	坤 kūn		仨元皆无		没有追求
2	艮 gèn		神和质	$\vec{V_z}$	要自由， 不要博爱和平等
3	坎 kǎn		能和质	$\vec{V_y}$	要博爱， 不要自由和平等
4	震 zhèn		能和神	$\vec{V_x}$	要平等， 不要自由和博爱
5	巽 xùn		质	$\vec{V_z}+\vec{V_y}$	要自由和博爱， 但不要平等
6	离 lí		神	$\vec{V_z}+\vec{V_x}$	要自由和平等， 但不要博爱
7	兑 duì		能	$\vec{V_y}+\vec{V_x}$	要博爱和平等， 但不要自由
8	乾 qián		仨元齐全	$\vec{V_x}+\vec{V_y}+\vec{V_z}$	不仅要平等， 还要自由和博爱

实现人权的仨易六十四卦

如果我们把个人的人权仨易八卦作为左八卦，把社会所能提供的供给仨易八卦作为右八卦，那么形成的仨易六十四卦的卦象就代表了追求得到满足的程度和吉凶排序。

譬如，张仨的人权追求卦象为离卦：，社会可能供给的人权卦象为震卦：，那么两个八卦合并后，就可得到仨易六十四卦的丰卦：。

丰卦的吉凶排序为 52，属于上中中签。卦辞为：震下有火，雷电交加，喻义气势盛大。

假如社会供给的卦象也为离卦：，那么此时仨易卦象为离卦：，仨易离卦的吉凶排序为 57，属于上上下签，卦辞为：火上加火，灯火辉煌，喻义光明无限。

东方三星

东方三星的仨元

中国人的"福、禄、寿"传统价值观就是一种大公社会价值观。其愿望就是获得社会的承认和敬仰。大公社会价值观必须以情励之。

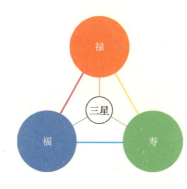

图 15-7

在此价值观中,"质"元为"寿",欲望长寿;"神"元为"福",精神快乐;"能"元为"禄",被社会认可和供养。

东方三星的仨易八卦

每个人在不同时期的三星的仨易八卦,如表 15-5 所示。

表 15-5 三星的仨易八卦

序	卦名	卦象	缺损元	矢量	三星状况
1	坤 kūn	☷	三元皆无		没有追求
2	艮 gèn	☶	神和质	$\vec{V_z}$	要禄,不要福和寿

续表 15-5

序	卦名	卦象	缺损元	矢量	三星状况
3	坎 kǎn		能和质	$\vec{V_y}$	要福, 不要禄和寿
4	震 zhèn		能和神	$\vec{V_x}$	要寿, 不要福和禄
5	巽 xùn		质	$\vec{V_z}+\vec{V_y}$	要福和禄, 但不要寿
6	离 lí		神	$\vec{V_z}+\vec{V_x}$	要禄和寿, 但不要福
7	兑 duì		能	$\vec{V_y}+\vec{V_x}$	要福和寿, 但不要禄
8	乾 qián		仨元齐全	$\vec{V_x}+\vec{V_y}+\vec{V_z}$	不仅要寿, 还要福和禄

东方三星的仨易六十四卦

如果我们把个人的三星仨易八卦作为左八卦,把社会所能提供的供给仨易八卦作为右八卦,那么形成的仨易六十四卦的卦象就代表了追求得到满足的程度和吉凶排序。

譬如,张仨的三星追求卦象为离卦:,社会可能供给的三星卦象为震卦:,那么两个八卦合并后,就可得到仨易六十四卦的丰卦:,丰卦的吉凶排序为52,属于上中中签。卦辞为:震下有火,雷电交加,喻义气势盛大。

假如社会供给的卦象也为离卦:,那么此时仨易卦象为离卦:,仨易离卦的吉凶排序为57,属于上上下签,卦辞为:火上加火,灯火辉煌,喻义光明无限。

东西世俗

东西世俗的仨元

现实的"色、权、利"世俗价值观就是一种自私社会价值观,其愿望就是实现欲望。自私社会价值观必须以法扼之。

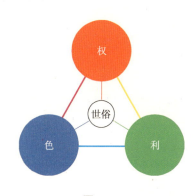

图 15-8

在此价值观中,"质"元为"利",唯利是图;"神"元为"色",荒淫无度;"能"元为"权",依仗权势。

东西世俗的仨易八卦

每个人在不同时期的世俗的仨易八卦,如表 15-6 所示。

表 15-6 世俗的仨易八卦

序	卦名	卦象	缺损元	矢量	三星状况
1	坤 kūn		仨元皆无		没有追求
2	艮 gèn		神和质	$\vec{V_z}$	要权, 不要色和利

续表 15-6

序	卦名	卦象	缺损元	矢量	三星状况
3	坎 kǎn		能和质	$\vec{V_y}$	要色，不要权和利
4	震 zhèn		能和神	$\vec{V_x}$	要利，不要权和色
5	巽 xùn		质	$\vec{V_z}+\vec{V_y}$	要权和色，但不要利
6	离 lí		神	$\vec{V_z}+\vec{V_x}$	要权和利，但不要色
7	兑 duì		能	$\vec{V_y}+\vec{V_x}$	要色和利，但不要权
8	乾 qián		仨元齐全	$\vec{V_x}+\vec{V_y}+\vec{V_z}$	不仅要利，还要权和色

东西世俗的仨易六十四卦

如果我们把个人的世俗仨易八卦作为左八卦，把社会所能提供的供给仨易八卦作为右八卦，那么形成的仨易六十四卦的卦象就代表了追求得到满足的程度和吉凶排序。

譬如，张仨追求世俗的卦象为离卦，社会可能供给的世俗卦象为震卦，那么两个八卦合并后，就可得到仨易六十四卦的丰卦，丰卦的吉凶排序为 52，属于上中中签。卦辞为：震下有火，雷电交加，喻义气势盛大。

假如社会供给的卦象也为离卦，那么此时仨易卦象为离卦。仨易离卦的吉凶排序为 57，属于上上下签，卦辞为：火上加火，灯火辉煌，喻义光明无限。

案例8：养生

本案例当然不是从医学角度谈养生，而是从哲学的本体论角度，用《仨源论与仨源易经》的思想来对其进行分析。

关于"养生"的定义，自古到今，各色各样，五花八门。所谓养，即保养、调养、补养之意；所谓生，就是生命、生存、生长之意。养生就是根据生命的发展规律，达到保养生命、健康精神、增进智慧、延长寿命的目的。

本书把养生定义分狭义与广义两种。

狭义的养生我们定义为初级养生，也可叫"养身"或"养质"，就是保养身体，预防疾病，延年益寿。当下很多源于疾病预防的"养生"，即属于狭义的"养生"。

广义的养生我们定义为高级养生，也可叫"养本"，不仅满足人的最基本的生存需要，而且还最大限度地满足人的高级需求和追求，最大程度地实现人的理想和梦想，是养生的最高境界。

下面我们用《仨源论与仨源易经》的原理从三个层次对养生进行分析与论述：首先对养生进行一般性的分析，再从狭义和广义两个方面对养生进行分析，最后对广义养生的仨源再进行进一步的分析。

一般养生

养生作为一种存在，它必然是由一定的仨源——时原、本原、度原决定的。

一般养生的仨源

要进行养生,我们必须把握好养生的仨源:时、度、本,真正做到"审时适度立于本"。

养生的仨源解释:

1. 养生的时原就是生活要有规律,按季节吃、喝、玩、乐。
2. 养生的度原就是生活要有节制,凡事要有度。
3. 养生的本原就是要充分理解养生的目的和原因。

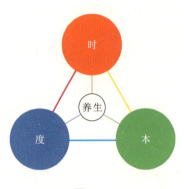

图 15-9

一般养生的仨易八卦

养生的好坏其实就是一个仨易八卦,如表 15-7 所示。

表 15-7 养生仨易八卦

序	卦名	卦象	仨原状况	养生状况
1	坤 kūn	☷	时、度、本都无	无养生
2	艮 gèn	☶	仅有时原	只把握了养生时机

续表 15-7

序	卦名	卦象	仨原状况	养生状况
3	坎 kǎn	☵	仅有度原	只把握了养生的度
4	震 zhèn	☳	仅有本原	只理解养生的目的
5	巽 xùn	☴	有时原和度原，没有本原	把握了养生时机和度，但没有理解养生的目的
6	离 lí	☲	有时原和本原，没有度原	把握了养生时机，也理解养生目的，但没有把握好度
7	兑 duì	☱	有度原和本原，没有时原	把握了养生的度，也理解养生目的，但没有把握好时机
8	乾 qián	☰	时、度、本仨原皆有	不仅理解养生的目的，而且也把握好时机和度

狭义的养生——初级养生

狭义的养生也叫初级养生，初级养生也就是养身体，所以也可叫养身或养质。

中国古代的中医理论《阴阳五行说》，就是一种养身护体之说。中药是食疗，针灸活穴位，气功通经络。

从生理上来讲，初级养生就是尽量满足生理的最基本需要，而且目标必须顺应自然，切实可行，不可过分贪心。譬如：不用想把自己吃成大象，也不要想长生不老，也就是要适"度"，不要拔苗助长。

初级养生的实质就是平衡人体内的动能、势能和质量，也就是平衡身体的仨行"火、水、鋬"。

养身的仨行

养身即养质的仨行就是"火、水、錾"。如果用红色代表"火",用蓝色代表"水",用绿色代表"錾",那么养身的仨行体可表示为如图15-10所示。

图 15-10

养质的仨行解释:
1. 养质的火就是人体的动能,或干燥,或温热;
2. 养质的水就是人体的势能,或潮湿,或寒冷;
3. 养质的錾就是人体的质量,或元素,或碳水化合物。

养身的仨易八卦

初级养生就是满足生理需要的仨易八卦,如表15-8所示。

表 15-8　养质的仨易八卦

序	卦名	卦象	仨行需求状况
1	坤 kūn	☷	火、水、錾都无需求
2	艮 gèn	☶	仅要火行

续表 15-8

序	卦名	卦象	仨行需求状况
3	坎 kǎn		仅要水行
4	震 zhèn		仅要鎏行
5	巽 xùn		要火行和水行，不要鎏行
6	离 lí		要火行和鎏行，不要水行
7	兑 duì		要水行和鎏行，不要火行
8	乾 qián		火、水、鎏仨行皆要

养身的仨易六十四卦

初级养生的关键就是要根据身体的需求八卦配以相应的营养八卦，我们可以根据形成的仨易六十四卦的卦象，就可得知该养身的效果和吉凶。

如果身体需求为巽卦 ，那么最理想就是给他配上营养卦也为巽卦 ；如果贪心给他配上乾卦 ，反而对养身不利。

我们可以比较这两种养身所形成的卦象吉凶。

第一种养身卦象为 ，该卦为巽卦，吉凶排序为 55，为上中上签，卦辞为：风景遇风景，景上天花，喻义好不逊色。

第二种养身卦象为 ，该卦为姤卦，吉凶排序为 19，为中下上签，卦辞为：天上晴空万里，地上风景宜人，易于邂逅，但要防止冲动而交媾。

从以上卦象分析不难看出，第一种养身最佳，而第二种养身过度，过度反而不好。

其实配上一个营养不足的八卦，也比营养过剩要好，比如，配上坎卦 ，可得井卦 ，该卦吉凶排序为 50，虽不如第一种 55 好，可比第二种 19 好得多。

广义的养生——高级养生

高级养生就是养本,就是要让人的仨元"质、能、神"得到充分的发展,也就是俗话讲的"活出个精气神来"。

高级养生的仨源

高级养生即养本的仨源为"精、气、神"。假设"精"代表"质",用绿色表示,"气"代表"能",用红色表示,"神"代表"神",用蓝色表示,那么仨源体可用如图15-11所示。

图 15-11

养本的仨源解释:

1. 养本的"精"不仅指人的身体和自由,还指与人相关的物质财富。"养精"也可指"养身",但它比狭义的"养身"有更大的提升;

2. 养本的"气"不仅指人的心气,还指人的气势和气场。"养气"也可叫"养性"或"养心",就是保持心气平和,气血畅通,气宇轩昂;

3. 养本的"神"不仅指人的神经系统,还指人的精神感受和信仰。"养神"也可叫"修身",就是战胜自我,提升自己的修养与思想境界,保持精神愉悦,反映敏捷,逻辑清晰,思维缜密,也就是孔子所谓的"克己复礼"。

高级养生的仁易八卦

高级养生的好坏其实就是一个仁易八卦,如表15-9所示:

表15-9 养本的仁易八卦

序	卦名	卦象	仁元状况	养本状况
1	坤 kūn		能、神、质都无	无
2	艮 gèn		仅有能元	仅养气
3	坎 kǎn		仅有神元	仅养神
4	震 zhèn		仅有质元	仅养精
5	巽 xùn		有能元和神元,没有质元	养气和养神,缺养精
6	离 lí		有能元和质元,没有神元	养气和养精,缺养神
7	兑 duì		有神元和质元,没有能元	养精和养神,缺养气
8	乾 qián		能、神、质仁元皆有	养精、养神和养气

高级养生的仁易六十四卦

高级养生的关键就要根据养生的现状和需求八卦配以相应的养生八卦,我们可以根据形成的仁易六十四卦的卦象,就可得知该养生的效果和吉凶。

养精

养精就是满足人生的物质享受,做到一生衣食无忧,活得自由自在。

养精不仅要身体健康长寿,还要活得有生活品质,对未来的生活来源无忧无虑。人的一生,一方面不断地蓄精,一方面又不断地耗精。

养精的仨源是长寿、自由和财富。

养精的仨源

养精的仨源为财富、自由和长寿。假设财富为"火",用红色表示,自由为"水",用蓝色表示,长寿为"鳌",用绿色表示,养精仨源体可用图 15-12 表示。

图 15-12

养精的仨源解释:

1. 养精的财富就是拥有的金钱和物质财富;
2. 养精的自由就是人身自由的支配度;
3. 养精的长寿就是延年益寿的程度。

养精的仨易八卦

养精的好坏其实就是一个仨易八卦,如表 15-10 所示。

表 15-10　养精的仨易八卦

序	卦名	卦象	仨行状况	养精状况
1	坤 kūn	☷	火、水、鋆都无	无
2	艮 gèn	☶	仅有火行	仅有财富
3	坎 kǎn	☵	仅有水行	仅有自由
4	震 zhèn	☳	仅有鋆行	仅有长寿
5	巽 xùn	☴	有火行和水行,没有鋆行	有财富和自由,但缺长寿
6	离 lí	☲	有火行和鋆行,没有水行	有财富和长寿,但缺自由
7	兑 duì	☱	有水行和鋆行,没有火行	有自由和长寿,但缺财富
8	乾 qián	☰	火、水、鋆仨行皆有	财富、自由和长寿都有

养精的仨易六十四卦

养精的关键就是要根据精的需求八卦配以相应的养精八卦,我们可以根据形成的仨易六十四卦的卦象,就可得知该养精的效果和吉凶。

养神

养神就是满足人生的精神享受,要活得精神愉快和幸福。

人的精神感受可能来自于家庭的幸福,也可能来自于心中的大爱和信仰,还可能源于对美色的欣赏。

养神的仁源是美色、博爱和幸福。

养神的仁源

养神的仁源为美色、博爱和幸福。假设美色为"火",用红色表示,博爱为"水",用蓝色表示,幸福为"銎",用绿色表示。养神仁源体可表示为如图15-13所示。

图 15-13

养神的仁源解释:

1. 养神的美色就是对美的感受和追求;
2. 养神的博爱就是心中的大爱,或友情,或亲情,或信仰;
3. 养神的幸福就是个人愉悦,家庭欢乐,社会和谐。

养神的仨易八卦

养神状况其实就是一个仨易八卦,如表 15-11 所示。

表 15-11 养神的仨易八卦

序	卦名	卦象	仨行状况	养神状况
1	坤 kūn	☷	火、水、鏊都无	无
2	艮 gèn	☶	仅有火行	仅有美色
3	坎 kǎn	☵	仅有水行	仅有博爱
4	震 zhèn	☳	仅有鏊行	仅有幸福
5	巽 xùn	☴	有火行和水行,没有鏊行	有美色和博爱,但缺幸福
6	离 lí	☲	有火行和鏊行,没有水行	有美色和幸福,但缺博爱
7	兑 duì	☱	有水行和鏊行,没有火行	有博爱和幸福,但缺美色
8	乾 qián	☰	火、水、鏊仨行皆有	美色、博爱和幸福都有

养神的仨易六十四卦

养神的关键就是要根据神的需求八卦配以相应的养神八卦,我们可以根据形成的仨易六十四卦的卦象,就可得知该养神的效果和吉凶。

养气

养气就是养性,也叫养心,就是满足人生的自我实现,要活得有骨气和人气。

说实在的,说养气,倒不如说"消气"和"顺气"。

人为什么会"生气"?当人受到"不公平"的待遇时,人会生气;当人的权力得不到保障时,人会生气;当人活得没有尊严或其个人价值不能实现时,人会生气。

养气的仁源是权力、平等和俸禄。

养气的仁源

养气的仁源为是权力、平等和俸禄。假设权力为"火",用红色表示,平等为"水",用蓝色表示,俸禄为"鏊",用绿色表示。养气仁源体可表示为如图15-14所示。

图 15-14

养气的仁源解释:

1. 养气的权力就是人生享有的处事能力;
2. 养气的平等就是人生享有的平等公正价值;

3. 养气的俸禄就是人生贡献被社会承认的程度。

养气的仨易八卦

养气状况其实就是一个仨易八卦,如表 15-12 所示。

表 15-12 养气的仨易八卦

序	卦名	卦象	仨行状况	养神状况
1	坤 kūn	☷	火、水、鏊都无	无
2	艮 gèn	☶	仅有火行	仅有权力
3	坎 kǎn	☵	仅有水行	仅有平等
4	震 zhèn	☳	仅有鏊行	仅有俸禄
5	巽 xùn	☴	有火行和水行,没有鏊行	有权力和平等,但缺俸禄
6	离 lí	☲	有火行和鏊行,没有水行	有权力和俸禄,但缺平等
7	兑 duì	☱	有水行和鏊行,没有火行	有平等和俸禄,但缺权力
8	乾 qián	☰	火、水、鏊仨行皆有	权力、平等和俸禄都有

养气的仨易六十四卦

养气的关键就是要根据养气的需求八卦配以相应的养气八卦,我们可以根据形成的仨易六十四卦的卦象,就可得知该养精的效果和吉凶。

第十六章　企业经营和管理的案例应用

案例 9：合作共赢

我们目前的合作合同，往往体现的只是合作双方二元之间的利益和义务，而忽略第三方利益。合作的双方只是采用了 Win-Win 双赢模式。

可是，在现实中，任何一个双方合同在执行过程中，往往都会涉及到第三方利益，所以我们必须将 Win-Win 双赢模式拓展为 Win-Win-Win 三赢模式。

就像我们的保险合同，不仅要使合同的双方受益，还要保护第三方利益，这就是典型的 Win-Win-Win 三赢模式。

本案例除了强调合同中的合作利益体仁源外，还指出了合作中可能出现的利益体的仁易八卦。

通过此案例我们将发现只有采用了"仁源"的合作模式，才能真正实现合作共赢，并更能体现合同完美性和可持续性。

合作利益的仁源

我们现实中任何合作合同不应该只是二元之间的事，应该还要考虑到双方利益之外的第三方利益，这里的第三方可以是实体，也可以是"环境"。

双方的合作合同中，考虑了第三方或环境的利益，就将目前的 Win-Win 双赢模式拓展为 Win-Win-Win 三赢模式,这样才能实现我赢、你赢、他(它)也赢。

因此,现代社会的合作和合同模式应该如图16-1所示。

图 16-1

合作利益的仨易八卦

合作总是希望共赢,但是其结果可能是如表 16-1 所示的仨易八卦。

表 16-1　合作的仨易八卦

序	卦名	卦象	损家	矢量	赢家
1	坤 kūn		全部受损		无赢家
2	艮 gèn		我和你	$\vec{V_z}$	他
3	坎 kǎn		他和我	$\vec{V_y}$	你
4	震 zhèn		他和你	$\vec{V_x}$	我
5	巽 xùn		我	$\vec{V_z}+\vec{V_y}$	你和他
6	离 lí		你	$\vec{V_z}+\vec{V_x}$	我和他

续表 16-1

序	卦名	卦象	损家	矢量	赢家
7	兑 duì		他	$\vec{V_y}+\vec{V_x}$	我和你
8	乾 qián		无人受损	$\vec{V_x}+\vec{V_y}+\vec{V_z}$	你、我、他

案例 10：企业经营

本案例将从企业的仨原、仨元和仨行出发，教你如何分析和寻找企业各个层面的仨源，在此基础上，我们将指出如何分析和管控各个层面的仨易八卦和仨易六十四卦。

企业

企业是当今社会的最基本的经济细胞，任何企业都是一种存在，每个企业，作为一个存在，都有其存在的仨原：时、度、本。

只要把握企业的仨原，就可了解企业特征：它是谁？从哪里来？要到哪里去？它为何而来？想干什么？它是何时出生？现在处于发展的何种阶段？

作为一种存在，企业的各个层面，其实都是仨源的。因此，管理企业，首先就要找到企业各个层面的仨源，然后推演出企业各个层面的仨易八卦和仨易六十四卦。

企业的仨原

任何一个企业皆有其仨原：时、度、本。如果用红色表示"时"原，用蓝色表示"度"原，用绿色表示"本"原，那么企业仨原体可用如图 16-2 表示。

图 16-2

仨原解释：

1. "时"原，表示企业的成立时机、时间、发展阶段、发展速度。
2. "度"原，表示企业的规模、地域、品牌、市场领域、行业领先度。
3. "本"原，表示企业的使命和目标，不断宣誓满足市场需求的"用"。

企业的仨易八卦

认清或创立企业其实就是一个仨易八卦，如表 16-2 所示。

表 16-2　企业的仨易八卦

序	卦名	卦象	仨原状况	企业状况
1	坤 kūn	☷	时、度、本都无	企业不存在
2	艮 gèn	☶	仅有时原	只有企业的注册时间和时机，不清楚企业规模和成立的原因
3	坎 kǎn	☵	仅有度原	只有企业的规模和涉足领域，不清楚企业成立的时机和原因
4	震 zhèn	☳	仅有本原	只有企业创立的原因和市场需求，不清楚创立的时机和规模
5	巽 xùn	☴	有时原和度原，没有本原	创立企业的时机和规模恰当，但没有明确的市场需求和目标
6	离 lí	☲	有时原和本原，没有度原	时机和目标需求把握较好，没有控制好规模

续表 16-2

序	卦名	卦象	仨原状况	企业状况
7	兑 duì		有度原和本原，没有时原	企业规模和市场需求较好，只是没有把握好时机
8	乾 qián		时、度、本仨原皆有	企业不仅规模恰当，而且市场需求较好，尤其把握了时机

企业经营

企业的本原是通过企业经营来实现的，因此只有把握好企业经营的仨元：业务、制度和资源，才能实现企业的本原。

企业本原的仨元就是"能、神、质"仨元，它与企业经营的仨元：业务、制度、资源，正好一一对应；即：企业的业务能力就是"能"元，企业的规章制度就是"神"元，企业的可用资源就是"质"元。

企业经营的仨元

企业经营的仨元为业务、制度和资源。企业的"业务"代表"能"元，用红色表示；企业的"制度"代表"神"元，用蓝色表示；企业的"资源"代表"质"元，用绿色表示。企业的仨元体可以用图 16-3 表示。

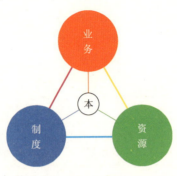

图 16-3

仁元解释：

1. "业务"是指企业获取合同释放价值的能力；
2. "制度"是指企业在法律框架内制定的各项内部规章制度；
3. "资源"是指企业可用的一切内外有形和无形生产要素。

企业经营的仁易八卦

企业经营的好坏其实就是一个仁易八卦如表 16-3 所示。

表 16-3　企业经营的仁易八卦

序	卦名	卦象	仁元状况	经营状况
1	坤 kūn		能、神、质都无	企业无法经营
2	艮 gèn		仅有能元	企业抓业务能力强，可缺乏资源和管理制度
3	坎 kǎn		仅有神元	企业有完好制度，可缺乏业务和资源
4	震 zhèn		仅有质元	企业有很多资源，可缺乏制度和业务能力
5	巽 xùn		有能元和神元，没有质元	企业有业务和完善的制度，就是资源缺乏
6	离 lí		有能元和质元，没有神元	企业有业务也有资源，就是缺乏制度
7	兑 duì		有神元和质元，没有能元	企业资源和制度很好，只是缺乏业务
8	乾 qián		能、神、质仁元皆有	企业业务、制度和资源都好

企业资源

企业资源就是指企业可用的一切内外有形和无形生产要素。

根据《仨源论》，我们知道，企业资源其实就是企业经营的"质"元，而"质"元又是由其"水、火、銎"仨行构成的。

在企业资源中，"火"就是企业资源中与人有关的行，称之为"人"行；"水"就是企业资源中与财有关的行，称之为"财"行；"銎"就是企业资源中与物有关的行，称之为"物"行。

因此，通俗点讲，企业仨行为"人、财、物"仨行。

企业资源使用的仨行

企业资源使用的仨行为"人、财、物"。"人"代表"火"，用红色表示；"财"代表"水"，用蓝色表示；"物"代表"銎"，用绿色表示。企业的仨行体用图16-4表示。

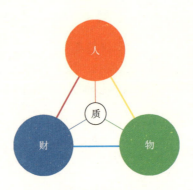

图 16-4

仨行解释：

1. "人"是指一切与企业人力资源有关的有形和无形资源；
2. "财"是指一切与企业资本和资金有关的有形和无形资源；
3. "物"是指一切与企业设施、设备、技术、工具和方法有关的有形和无形资源。

企业资源使用的仨易八卦

企业资源使用的好坏其实就是一个仨易八卦如表 16-4 所示。

表 16-4　企业资源使用的仨易八卦

序	卦名	卦象	仨行状况	企业资源使用状况
1	坤 kūn	☷	火、水、鋆都无	企业无资源可用
2	艮 gèn	☶	仅有火行	企业人力资源较强,可缺财缺物
3	坎 kǎn	☵	仅有水行	企业有财,可缺人缺物
4	震 zhèn	☳	仅有鋆行	企业有物,可缺人缺财
5	巽 xùn	☴	有火行和水行,没有鋆行	企业有人有财,就是缺物
6	离 lí	☲	有火行和鋆行,没有水行	企业有人有物,就是缺财
7	兑 duì	☱	有水行和鋆行,没有火行	企业有财有物,就是缺人
8	乾 qián	☰	火、水、鋆仨行皆有	人财物资源都好用

企业业务

"业务"更白话一些来说,就是各行业中需要处理的事务,但通常偏向指销售的事务,因为任何公司单位最终仍然是以销售产品、销售服务、销售技术等为主。

"业务"最终的目的是"售出产品,换取利润"。所以通常会把业务员等于销售员,也就是这个原因,业务就是进行或处理商业上相关的活动。

企业的业务是企业赖以生存和发展的仨元之一，属于企业经营的"能"元。

企业业务归根到底来源于企业所属行业的市场供求关系和企业自身的营销能力和策划水平。

任何企业的业务必有仨源：供给、需求、营销，企业业务也是通过业务发展的仨源来实现的。

假设"需求"为"火"，"供给"为"水"，"营销"为"蓥"，那么企业业务"能"元的仨源就是"火、水、蓥"仨行。

企业业务的仨源

企业业务的仨源为需求、供给和营销。需求代表"火"，用红色表示；供给代表"水"，用蓝色表示；营销代表"蓥"，用绿色表示。企业业务的仨源体可用图 16-5 表示。

图 16-5

仨源解释：

1. "需求"就是市场对企业业务的需求量和需求程度；
2. "供给"就是市场对企业类似业务的供应量和产能；
3. "营销"就是影响供求关系的营销和策划活动。

企业业务的仨易八卦

企业业务发展的好坏其实就是一个仨易八卦，如表 16-5 所示。

表 16-5　企业业务发展的仨易八卦

序	卦名	卦象	仨行状况	业务发展状况
1	坤 kūn	☷	火、水、錾都无	企业无发展
2	艮 gèn	☶	仅有火行	市场有需求,可企业缺供给和营销
3	坎 kǎn	☵	仅有水行	企业有供给能力,可市场缺需求,企业缺营销
4	震 zhèn	☳	仅有錾行	企业营销很棒,可市场缺需求,企业缺供给
5	巽 xùn	☴	有火行和水行,没有錾行	市场有需求,企业能供给,就是缺营销
6	离 lí	☲	有火行和錾行,没有水行	市场有需求,企业有营销,就是供给能力不够
7	兑 duì	☱	有水行和錾行,没有火行	企业有供给、有营销,就是市场无需求
8	乾 qián	☰	火、水、錾仨行皆有	需求、供给和营销都好

企业制度

制度一词有广义与狭义的解释。就广义而言,在一定条件下形成的政治、经济、文化等方面的体系就是制度(或叫体制),如政治制度、经济制度、文化制度,等等。就狭义来讲,是指一个系统或单位制定的要求全体成员共同遵守的办事规程或行动准则,如工作制度、财务制度等。

企业制度是企业赖以生存和发展的仨元之一,属于企业经营的"神"元。

企业制度归根到底是用来规范和管理企业经营的仨元以及仨元之间的关系,是企业经营的保障。

企业制度的保障都是通过其仨源:业务管理制度、制度管理制度、资源管理制度来实现的。

假设业务管理制度为"火",制度管理制度为"水",资源管理制度为"錾",那么企业制度"神"元的仨源就是"火、水、鏊"仨行。

企业制度保障的仨源

企业制度保障仨源为业务管理制度、资源管理制度和制度管理制度。业务管理制度代表"火",用红色表示;制度管理制度代表"水",用蓝色表示;资源管理制度代表"鏊",用绿色表示。那么企业的制度仨源体可用图16-6表示。

图 16-6

仨源解释:
1. "业务管理制度"就是与企业业务发展相关的管理制度;
2. "制度管理制度"就是与企业制度自身改革相关的管理制度;
3. "资源管理制度"就是与企业资源使用相关的管理制度。

企业制度保障的仨易八卦

企业制度保障的好坏其实就是一个仨易八卦,如表16-6所示。

表 16-6 企业制度保障的仨易八卦

序	卦名	卦象	仨行状况	制度实施状况
1	坤 kūn	☷	火、水、鏊都无	企业无制度
2	艮 gèn	☶	仅有火行	业务管理有制度,可资源使用和制度自身无制度

续表 16-6

序	卦名	卦象	仨行状况	制度实施状况
3	坎 kǎn	☵	仅有水行	制度自身有制度，可业务管理和资源使用无制度
4	震 zhèn	☳	仅有錾行	资源使用有制度，可业务管理和制度自身无制度
5	巽 xùn	☴	有火行和水行，没有錾行	业务管理和制度自身有制度，就是缺资源使用制度
6	离 lí	☲	有火行和錾行，没有水行	业务管理和资源使用有制度，就是缺制度自身制度
7	兑 duì	☱	有水行和錾行，没有火行	资源使用和制度自身有制度，就是缺业务管理制度
8	乾 qián	☰	火、水、錾仨行皆有	业务管理、资源使用和制度自身都有相应的制度

企业供给

企业供给是企业站在供应商的位置为市场提供的各种业务。它是业务仨行：需求、供给和营销中的重要"水"行，也是供应商的看家本领和量能。

但是任何企业的量能都是有限的，因此企业必须有选择和有节制地为市场提供"供给"，如果企业供给无度的话，那么就有可能名利俱损。

企业供给的决策过程其实就是仨源八卦，因为企业是否供给是通过供给决策仨源：执行团队（领导）、分包商和企业产能来决定的。

企业供给决策的仨源

企业供给决策的仨源为执行团队、分包商和企业产能。假设执行团队代表"火"，用红色表示，分包商代表"水"，用蓝色表示，企业产能代表"錾"，用绿色表示，那么供给决策仨源体可表示为如图 16-7 所示。

图 16-7

仨源解释：

1. "执行团队"就是供给企业能决定是否接单的领导团队；
2. "分包商"就是与供给企业绑定的分包供应商；
3. "企业产能"就是供给企业自身的生产能力。

企业供给决策的仨易八卦

企业供给决策的确定其实就是一个仨易八卦如表 16-7 所示。

表 16-7 企业供给决策的仨易八卦

序	卦名	卦象	仨行状况	企业供给决策状况
1	坤 kūn		火、水、錾都无	无供给决策
2	艮 gèn		仅有火行	只听执行团队意见
3	坎 kǎn		仅有水行	只看分包商意见
4	震 zhèn		仅有錾行	仅看企业产能
5	巽 xùn		有火行和水行，没有錾行	要看执行团队和分包商意见，无需看产能

续表 16-7

序	卦名	卦象	仨行状况	企业供给决策状况
6	离 lí	☲	有火行和蛰行,没有水行	要听执行团队意见和企业产能,无需听分包商意见
7	兑 duì	☱	有水行和蛰行,没有火行	要听分包商意见,要看产能,不用管领导意见
8	乾 qián	☰	火、水、蛰仨行皆有	既要看产能,又要听分包商和执行团队领导的意见

市场需求

市场需求就是市场对企业业务的需求量和需求程度。

市场需求是指一定的客户在一定的地区、一定的时间、一定的市场营销方案下对某种商品或服务愿意而且能够购买的数量。

市场需求是企业业务发展的前提,是企业业务发展的仨行之一。因此研究市场需求的决策过程和决策元素就变得非常重要。

市场需求的决策也是通过其决策仨源:采购团队、竞争博弈和采购要求来确定的。

市场需求决策的仨源

市场需求决策的仨源为采购团队、竞争博弈和采购要求。假设采购团队代表"火",用红色表示,竞争博弈代表"水",用蓝色表示,采购要求代表"蛰",用绿色表示,那么市场需求决策的仨源体可用如图16-8所示。

仨源解释:
1. "采购团队"就是决定是否采购的决策者;
2. "竞争博弈"就是采用竞争者之间的博弈来为采购做决策;
3. "采购要求"就是根据需求的客观要求做出采购决策。

图 16-8

市场需求决策的仨易八卦

市场需求决策的确定其实就是一个仨易八卦如表 16-8 所示。

表 16-8 市场需求决策的仨易八卦

序	卦名	卦象	仨行状况	决策状况
1	坤 kūn		火、水、鳌都无	无需求决策
2	艮 gèn		仅有火行	只听采购团队意见
3	坎 kǎn		仅有水行	只看竞争博弈结果
4	震 zhèn		仅有鳌行	仅看采购要求的满足程度
5	巽 xùn		有火行和水行，没有鳌行	要看采购团队和竞争博弈，不看采购要求
6	离 lí		有火行和鳌行，没有水行	要看采购团队和采购要求，无需竞争博弈
7	兑 duì		有水行和鳌行，没有火行	要看竞争博弈和采购要求，不用管采购团队意见
8	乾 qián		火、水、鳌仨行皆有	既要看竞争，又要满足采购要求，还要让采购团队满意

市场营销

所谓市场营销,就是在变化的市场环境中,旨在满足消费需要、实现企业目标的商务活动过程,包括市场调研、选择目标市场、产品开发、产品促销等一系列与市场有关的企业业务经营活动。

市场营销是个人和集体通过创造产品和价值,并同别人自由交换产品和价值,来获得其所需所欲之物的一种社会和管理过程。

营销是创造、传播、传递和交换对顾客、客户、合作伙伴乃至整个社会有价值的产品和服务的一系列活动、机制和过程。

市场营销就是影响供求关系的营销和策划活动。市场营销是发展企业业务的重要手段,也是业务发展的仨行之一。

市场营销也是一个仨源八卦,市场营销的仨源就是渠道策划、推广策划和竞标策划。

市场营销的仨源

市场营销的仨源为竞标策划、推广策划和渠道策划。假设竞标策划代表"火",用红色表示,推广策划代表"水",用蓝色表示,渠道策划代表"垫",用绿色表示,那么市场营销的仨源体可表示为如图16-9所示。

图 16-9

仁源解释：

1. "竞标策划"就是既能击败对手又能使客户满意的投标策划；
2. "推广策划"就是能让用户"知其然"和"知其所以然"的宣传策划；
3. "渠道策划"就是指企业业务营销过程和方式的策划。

市场营销的仁易八卦

市场营销策划其实就是一个仁易八卦如表 16-9 所示。

表 16-9　市场营销的仁易八卦

序	卦名	卦象	仁行状况	策划状况
1	坤 kūn		火、水、鉌都无	无策划
2	艮 gèn		仅有火行	只有竞标策划
3	坎 kǎn		仅有水行	只有推广策划
4	震 zhèn		仅有鉌行	只有渠道策划
5	巽 xùn		有火行和水行，没有鉌行	有竞标和推广策划，缺渠道策划
6	离 lí		有火行和鉌行，没有水行	有竞标和渠道策划，缺推广策划
7	兑 duì		有水行和鉌行，没有火行	有推广和渠道策划，缺竞标策划
8	乾 qián		火、水、鉌仁行皆有	竞标、推广和渠道策划皆有

竞标策划

竞标是在招投标中的一种过程和目的，投标便是竞标过程中所做出的行为。

竞标策划通常是对已知的目标业务所作的策划。

竞标策划是营销的最后环节的策划，是营销仨源的重要之源。

竞标策划就是参与客户招标的投标策划，它的核心内容也是由其仨源：报价、商务和订制（技术）构成的。

竞标策划的仨源

竞标策划的仨源是报价、商务和订制，订制也叫技术。假设报价代表"火"，用红色表示，商务代表"水"，用蓝色表示，订制代表"蛰"，用绿色表示，那么竞标策划的仨源体可表示为如图 16-10 所示。

图 16-10

仨源解释：

1. "报价"就是考虑客户意愿和竞争情况针对目标业务的出价；
2. "商务"就是针对业务报价的商务条款；
3. "订制"就是完全满足客户（或技术）要求的特别订制业务。

竞标策划的仨易八卦

竞标策划其实就是一个仨易八卦，如表 16-10 所示。

表 16-10　竞标策划的仨易八卦

序	卦名	卦象	仨行状况	策划状况
1	坤 kūn	☷	火、水、錾都无	无策划
2	艮 gèn	☶	仅有火行	只有报价
3	坎 kǎn	☵	仅有水行	只有商务
4	震 zhèn	☳	仅有錾行	只有订制
5	巽 xùn	☴	有火行和水行,没有錾行	有报价和商务,缺订制
6	离 lí	☲	有火行和錾行,没有水行	有报价和订制,缺商务
7	兑 duì	☱	有水行和錾行,没有火行	有商务和订制,缺报价
8	乾 qián	☰	火、水、錾仨行皆有	报价、商务和订制皆有

推广策划

所谓市场推广是指企业为扩大产品市场份额,提高产品销量和知名度,而将有关产品或服务的信息传递给目标消费者,激发和强化其购买动机,并促使这种购买动机转化为实际购买行为而采取的一系列措施。推广策划通常是对潜在客户所作的策划。

推广策划是营销的中间环节策划,是营销仨源的重要之源。

推广策划就是让客户更好地了解企业及其业务的策划,它的核心内容也是由其仨源:创新推广、品质推广和价值推广构成的。

推广策划的仨源

推广策划的仨源是创新推广、品质推广和价值推广。假设创新推广代表"火",用红色表示,品质推广代表"水",用蓝色表示,价值推广代表"鏊",用绿色表示,那么推广策划的仨源体可表示为如图16-11所示。

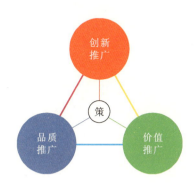

图 16-11

仨源解释:

1. "创新推广"就是企业重点宣传其业务的创新点和竞争优势;
2. "品质推广"就是重点宣传企业品牌、业务品质和服务保障;
3. "价值推广"就是重点宣传业务的货真价实,物有所值。

推广策划的仨易八卦

推广策划其实就是一个仨易八卦,如表 16-11 所示。

表 16-11　推广策划的仨易八卦

序	卦名	卦象	仨行状况	推广状况
1	坤 kūn	☷	火、水、鏊都无	无推广
2	艮 gèn	☶	仅有火行	只有创新推广

续表 16-11

序	卦名	卦象	仨行状况	推广状况
3	坎 kǎn		仅有水行	只有品质推广
4	震 zhèn		仅有鋆行	只有价值推广
5	巽 xùn		有火行和水行，没有鋆行	有创新和品质推广，缺价值推广
6	离 lí		有火行和鋆行，没有水行	有创新和价值推广，缺品质推广
7	兑 duì		有水行和鋆行，没有火行	有品质和价值推广，缺创新推广
8	乾 qián		火、水、鋆仨行皆有	创新、品质和价值推广皆有

渠道策划

营销渠道是指某种货物或劳务从生产者向消费者移动时，取得这种货物或劳务所有权或帮助转移其所有权的所有企业或个人。简单地说，营销渠道就是商品和服务从生产者向消费者转移过程的具体通道或路径。渠道策划通常是对所有消费者所做的策划。

渠道策划是营销的最先环节策划，是营销仨源的重要之源。

渠道策划就是策划客户购买企业货物或劳务的流程、方式和地点，它的核心内容也是由其仨源：网络渠道策划、代销渠道策划和直销渠道策划构成的。

渠道策划的仨源

渠道策划的仨源是网络渠道策划、代销渠道策划和直销渠道策划。假设网络渠道策划代表"火",用红色表示,代销渠道策划代表"水",用蓝色表示,直销渠道策划代表"蟄",用绿色表示,那么渠道策划的仨源体可表示为如图16-12所示。

图 16-12

仨源解释:

1. "网络渠道"就是利用互联网进行销售的渠道策划;
2. "代销渠道"就是利用代理商进行销售的渠道策划;
3. "直销渠道"就是企业集团自己直接销售的渠道策划。

渠道策划的仨易八卦

渠道策划其实就是一个仨易八卦,如表16-12所示。

表 16-12　渠道策划的仨易八卦

序	卦名	卦象	仨行状况	渠道状况
1	坤 kūn	☷	火、水、蟄都无	无渠道
2	艮 gèn	☶	仅有火行	只有网络渠道
3	坎 kǎn	☵	仅有水行	只有代销渠道
4	震 zhèn	☳	仅有蟄行	只有直销渠道

续表

序	卦名	卦象	仨行状况	渠道状况
5	巽 xùn	☴	有火行和水行，没有鏊行	有网络和代销渠道，缺直销渠道
6	离 lí	☲	有火行和鏊行，没有水行	有网络和直销渠道，缺代销渠道
7	兑 duì	☱	有水行和鏊行，没有火行	有代销和直销渠道，缺网络渠道
8	乾 qián	☰	火、水、鏊仨行皆有	网络、代销和直销渠道皆有

案例11：项目投标

俗话说，商场如战场。正因如此，《孙子兵法》和《三十六计》早已被用于现代市场营销学的战略战术策划。

商场与战场一样，要做到"战必胜"，就得慎重选择和确定战场。

"打江山不易，坐江山更难"，商场上拿到项目不易，而要执行好项目更难，因此在发动商战之前，我们必须确定和研究好目标项目，并制定好商战中各个阶段的战略和战术。

本案例将用一个真实项目投标，告诉读者如何使用《仨源论与仨源易经》来帮你策划商战，并大获全胜。

这个真实项目就是 X 市地铁三号线的车辆牵引系统的招投标。

对目标项目真实性的确定

寻找项目就是确定目标项目。选择投标项目首先是确定项目的真实性。

确定项目的真实性就是找出项目中的三原：时、度、本。

"时原"就是项目可能出现的时间和阶段或进度；"度原"就是项目可能出现的地域、规模和现场迹象；"本原"就是项目之所以会启动的原因和动机。

只有充分地分析了项目的"时原、度原和本原"之后，我们才能判断某个项目存在的真实性。

针对 X 市地铁三号线的车辆牵引系统招投标的真实性进行分析，我们可以对项目的有无和虚实用图 16-13 来分析并确认。

图 16-13

首先，我们从 X 市建设地铁的"本原"上看，其目标和用途是非常清楚的。X 市作为一个人口超过 800 万的城市，为了解决日益增长的大规模城市交通问题的需要，X 市必须采用地铁运输方式。

其次，我们从 X 市建设地铁的"度原"上看，其决心建设地铁的迹象也是非常明显的。X 市规划的九条地铁线，早已得到国家发改委的审批；而且 X 市已经完成了一条线的建设，目前正在建设第二条线，因此将要建设第三条线理应不言而喻的；这也符合工程延续的科学要求和 X 市政府的工作计划。

最后，我们从 X 市建设地铁的"时原"上看，最近国家开发银行与 X 市刚签订了贷款协议，确保了 X 市地铁建设没有资金的困扰，这样又保证了 X 市地铁的建设将严格按照既定计划执行，因此我们就能进一步确定 X 市地铁三号线车辆牵引系统的招投标时间。

对项目投标的整体谋划

争取、获得和完成一个项目一般都要经过三个阶段,即:项目前期就是投标前期的战略分析阶段;项目中期就是投标的战术谋划阶段;项目后期就是中标后项目管理执行阶段。

项目的前期、中期和后期体现了一个项目的完整性,在项目谋划过程中,我们需要整体考虑,也就是我们必须认识到项目的前期、中期和后期之间的关系是一个相互作用和影响的三角关系,如图16-14。

无论是在项目前期,还是在项目中期和项目后期,都要制定一个与之相适应的项目前期战略分析、项目中期战术谋划和项目后期管控执行。用如图16-15表示。

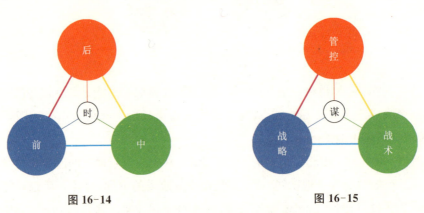

图 16-14　　　　　　　　图 16-15

从上述三个阶段谋略中,我们不难看出,前期的"战略"策略,与后期的"管控"策略和中期的"战术"策略,都有紧密的关系,可以说,它们三者之间既相互独立又相互作用。

在我们制定项目前期战略的时候,我们就必须想到后期的项目管控,否则即使我们拿下目标项目,也无法给客户和社会甚至我们自己带来利益。

因此,一个完美商战策略制定是一个系统工程,而且从社会和企业的长远和根本利益来看,我们需要牢记的是:"战略不如战术,战术不如管控"。

前期战略分析

在确定了项目的真实性后,我们就进入了项目前期谋划阶段,在此阶段,我们要通过战略分析来确定该项目是否是我们的目标项目。

俗话说"谋事在人,成事在天",谋事就是找到和分析决定战略的仨源。

针对一场商战,战还是不战?战的获胜几率有多大?关键是分析战略仨源的相对优势。

前期战略分析的仨源

前期战略分析的仨源为天时、地利和人和。"天时"就是"能"元,我们用红色表示,"地利"就是"神"元,用蓝色表示,"人和"为"质"元,用绿色表示,因此战略仨源可用图16-16表示。

图 16-16

仨元解释:
1. "天时"就是时机和运气;
2. "地利"就是战场可用的有利条件;
3. "人和"就是与项目有关的人脉以及团队信心。

前期战略分析的仨易八卦

商战的前期战略分析其实就是一个仨易八卦分析,如表16-13所示。

表 16-13 前期战略分析的仨易八卦

序	卦名	卦象	缺损元	矢量	优势状况
1	坤 kūn	☷	三元皆无		没有优势
2	艮 gèn	☶	神和质	$\vec{V_z}$	仅得天时
3	坎 kǎn	☵	能和质	$\vec{V_y}$	仅得地利
4	震 zhèn	☳	能和神	$\vec{V_x}$	仅得人和
5	巽 xùn	☴	质	$\vec{V_z}+\vec{V_y}$	得天时和地利
6	离 lí	☲	神	$\vec{V_z}+\vec{V_x}$	得天时和人和
7	兑 duì	☱	能	$\vec{V_y}+\vec{V_x}$	得地利和人和
8	乾 qián	☰	仨元齐全	$\vec{V_x}+\vec{V_y}+\vec{V_z}$	既得天时,又得地利和人和

A 公司在 X 市地铁三号线车辆牵引系统招投标前期的战略分析

天时

由于日本 R 公司已经拿到了 X 市地铁一号线和二号线的车辆牵引系统项目合同,因此,不言而喻,其他所有想参加 X 市地铁三号线牵引系统招投标的公司都把日本 R 公司看成其主要竞争对手。同时,针对 X 市地铁三号线车辆牵引系统的招投标出现了三个对日本 R 公司不利的因素:

一是,日本大地震后,R 公司的日本总部工厂受到了地震的严重破坏,影响了 X 市地铁一号线和二号线的设备供应和售后服务。

二是,作为与 X 市本地合资的日本 R 公司在 X 市已经拿到了二条线车辆牵引系统项目的合同,因此 X 市政府照顾本地合资企业的面子已经给足了,不能一而再再而三地照顾该公司了。

三是,中日关系由于钓鱼岛问题变得非常严峻,因此无论中国政府还是 X 市百姓都有抵触购买日货的情绪。

地利

A公司在X市其实也有一个合资企业,只是缺乏宣传,使得当地政府相关领导和地铁公司对该合资公司不甚了解。只要A公司加强宣传和公关,就一定能获得X市政府的关心和支持。

人和

A公司和X市政府可以建立较好的人脉关系,A公司的副总裁是该省的省长顾问。

总之,A公司在X市地铁三号线牵引系统项目招投标中,其战略仨易八卦是乾卦,表示为: ,喻义既得天时,又得地利和人和。结论就是A公司应该积极参与招投标,而且优势很大。

前期战略分析的仨易六十四卦

前面我们已经通过前期战略仨源八卦的分析得出结论:A公司应该积极参与竞争,而且具有明显优势。

但是到底有多少战略优势呢?因此我们还要用仨易六十四卦来分析与主要对手的竞争吉凶排序。

很显然,这次项目招投标中公司的主要竞争对手是日本R公司,通过把A公司与对手进行比较,不难发现:

天时为强,地利为平,人和为强,由此可得,竞争吉凶卦象为仨易六十四卦的大有卦,表示为: 。

大有卦的吉凶排序为62,属于上上上签。

卦辞为:火在天上,如日当空,普照万物,喻义大有收获,胜券在握。

因此,A公司胜过日本R公司的几率为62/64＝97%。

中期战术谋划

上面通过分析前期战略的仨源:天时、地利和人和,我们已经对目标项目有了清楚的认识。如果前期的战略分析,告诉我们一定要"战",那么除了继续维持和完善前期战略仨源:天时、地利和人和以外,我们就得开始中期的战术谋划。

中期战术谋划包括投标决策分析、招标决策分析和竞标把握分析。

投标决策分析

投标决策分析是指供应商针对客户的可能要求和自身的供给能力而作出的是否投标的决定。

供应商也不是什么合同都愿意签订的。比如，如果供应商的生产能力有限，而客户的工期要求又很紧，那么供应商就不会参加竞标；又比如，如果供应商觉得自己无法满足客户的质量要求，那么供应商也不会参加投标，以免毁坏品牌或造成巨亏。

供应商是否投标取决于供应商的投标决策。而投标决策的仨源就是供应管理团队、分包商和生产能力。

投标决策的仨源

投标决策仨源为供应管理团队、分包商和生产能力。供应管理团队就是"能"元，用红色表示，分包商就是"神"元，用蓝色表示，生产能力就是"质"元，用绿色表示，这样仨源体可以表示为如图16-17所示。

图 16-17

仨源解释：

1. "供应管理团队"就是将来负责项目执行的团队；
2. "分包商"就是将来为项目提供分包的公司；
3. "生产能力"就是供应商的产能限制。

投标决策的仨易八卦

投标决策其实就是一个仨易八卦,如表 16-14 所示。

表 16-14 投标决策的仨易八卦

序	卦名	卦象	缺损元	矢量	决策状况
1	坤 kūn	☷	三元皆无		不投
2	艮 gèn	☶	神和质	$\vec{V_z}$	领导决定
3	坎 kǎn	☵	能和质	$\vec{V_y}$	分包商决定
4	震 zhèn	☳	能和神	$\vec{V_x}$	产能决定
5	巽 xùn	☴	质	$\vec{V_z}+\vec{V_y}$	领导和分包商共同决定
6	离 lí	☲	神	$\vec{V_z}+\vec{V_x}$	领导和产能共同决定
7	兑 duì	☱	能	$\vec{V_y}+\vec{V_x}$	分包商和产能共同决定
8	乾 qián	☰	仨元齐全	$\vec{V_x}+\vec{V_y}+\vec{V_z}$	领导、分包商和产能共同决定

招标决策分析

招标决策分析是指供应商把自己放在采购者的位置思考采购决策是如何作出的。

每个客户在做出采购决策时都有自己的决策方式和方法。

作为供应商,要想夺标,就得预先知道客户可能采用的招标决策过程。

比如,有的客户,虽有招标形式,但还是领导说了算,而有的采购则取决于技术,还有更多的采购则通过竞争选拔的。

其实,招标的决策分析就是一个仨源八卦分析。

招标决策分析的仨源

招标决策分析仨源为采购团队、竞争对手和招标要求。采购团队就是"能"元,用红色表示,竞争对手就是"神"元,用蓝色表示,招标要求就是"质"元,用绿色表示,这样仨源体可以表示为如图16-18所示。

图 16-18

仨源解释:
1. "采购团队"就是客户中负责项目采购的决策者;
2. "竞争对手"就是潜在供应商;
3. "招标要求"就是客户为项目采购提出的技术和商务要求。

招标决策分析的仨易八卦

招标决策分析其实就是一个仨易八卦分析,如表16-15所示。

表 16-15 招标决策分析的仨易八卦

序	卦名	卦象	缺损元	矢量	决策状况
1	坤 kūn		三元皆无		无采购
2	艮 gèn		神和质	$\vec{V_z}$	采购团队决定
3	坎 kǎn		能和质	$\vec{V_y}$	竞争对手决定
4	震 zhèn		能和神	$\vec{V_x}$	招标要求决定

续表 16-15

序	卦名	卦象	缺损元	矢量	决策状况
5	巽 xùn	☴	质	$\vec{V_z}+\vec{V_y}$	采购团队和竞争对手决定
6	离 lí	☲	神	$\vec{V_z}+\vec{V_x}$	采购团队和招标要求决定
7	兑 duì	☱	能	$\vec{V_y}+\vec{V_x}$	竞争对手和招标要求决定
8	乾 qián	☰	仨元齐全	$\vec{V_x}+\vec{V_y}+\vec{V_z}$	采购团队、竞争对手和招标要求共同决定

竞标把握分析

竞标把握分析是指供应商在投标前根据招标要求分析竞争优势和合标形势。

中期谋划后期阶段，在分析了招标需求和投标决策后，我们要用评标仨源来分析竞标把握。

战略确定了"战"，而战术则要求"战必胜"。

供应商要拿到客户的合同，首先当然要满足客户项目的要求，其次还得要在竞争中超过对手取胜，最后必须得到决策者的认可。

评标的仨源

评标战术仨源为价格、商务和技术。"价格"为"能"元，用红色表示，"商务"为"神"元，用蓝色表示，"技术"为"质"元，用绿色表示，这样评标战术仨源体可用如图 16-19 表示。

仨源解释：

1. "价格"就是投标的标价；
2. "商务"就是投标的商务条件和标书；
3. "技术"就是投标的技术条件和标书。

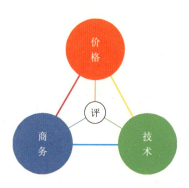

图 16-19

评标的仨易八卦

满足标书要求其实就是一个仨易八卦,如表 16-16 所示。

表 16-16 评标的仨易八卦

序	卦名	卦象	缺损元	矢量	满足状况
1	坤 kūn		三元皆无		无
2	艮 gèn		神和质	$\vec{V_z}$	仅价格满足
3	坎 kǎn		能和质	$\vec{V_y}$	仅商务满足
4	震 zhèn		能和神	$\vec{V_x}$	仅技术满足
5	巽 xùn		质	$\vec{V_z}+\vec{V_y}$	满足价格和商务
6	离 lí		神	$\vec{V_z}+\vec{V_x}$	满足价格和技术
7	兑 duì		能	$\vec{V_y}+\vec{V_x}$	满足商务和技术
8	乾 qián		仨元齐全	$\vec{V_x}+\vec{V_y}+\vec{V_z}$	价格、商务和技术都能满足

与对手竞争的仨易六十四卦

对于 X 市地铁三号线车辆牵引系统的招标,A 公司的自我评价完全能够达标。但是 A 公司还要必须确保其评标结果得分比主要对手强。

经过细致分析,我们发现客户看中欧美技术胜过日本技术,商务条件几乎差不多,最后就看各家的报价了。

因此,我们假设三种报价来分析竞争吉凶,一是比对手价格高,二是与对手价格一样,三是比对手报价低。

1. 如果比对手价格高,那么 A 公司的竞争仨易卦象为归妹卦 ,归妹卦的吉凶排序为54,属于上中上签,卦辞为:上震下泽,夫唱妇随,喻义喜结良缘。

2. 如果与对手价格一样,那么 A 公司的竞争仨易卦象为大壮卦 ,大壮卦的吉凶排序为59，属于上上中签，卦辞为：雷在天上轰轰作响，声势壮大，喻义事业发达，如火如荼。

3. 如果比对手价格低，那么A公司的竞争壬易卦象为大有卦，大有卦的吉凶排序为62，属于上上上签，卦辞为：火在天上，如日当空，普照万物，喻义大有收获胜券在握。

由此可见，A公司只要参与投标，就会胜券在握。

后期管控执行

供应商取得项目，签订合同后，只是完成了项目的第一步，而更重要的是如何执行好项目，让客户满意，为社会作出贡献。

在夺取目标项目后，我们就进入了项目后期执行阶段，在此阶段，我们要用管控壬源"TCQ"来保证执行好中标的项目。

商战的目的不仅是要拿到项目，还要保证执行好项目，并为未来获取更多的项目创造条件和口碑。只有管控壬源"TCQ"才能保证项目的顺利执行。

所谓"TCQ"就是指"项目的工期、成本和质量"。

管控的壬源

管控壬源为工期、成本和质量。"工期"为"能"元，用红色表示，"成本"为"神"元，用蓝色表示，"质量"为"质"元，用绿色表示，这样管控壬源可用如图16-20表示。

图 16-20

仨源解释：

1. "工期"就是工程期限，或进度，或周期；
2. "成本"就是工程造价，或工程花费；
3. "质量"就是工程建设标准，或精湛技术。

管控的仨易八卦

项目管控评价其实就是一个仨易八卦，如表 16-17 所示。

表 16-17 管控的仨易八卦

序	卦名	卦象	缺损元	矢量	进展状况
1	坤 kūn	☷	三元皆无	无	无
2	艮 gèn	☶	神和质	$\vec{V_z}$	仅工期满意
3	坎 kǎn	☵	能和质	$\vec{V_y}$	仅成本满意
4	震 zhèn	☳	能和神	$\vec{V_x}$	仅质量满意
5	巽 xùn	☴	质	$\vec{V_z}+\vec{V_y}$	满意工期和成本
6	离 lí	☲	神	$\vec{V_z}+\vec{V_x}$	满意工期和质量
7	兑 duì	☱	能	$\vec{V_y}+\vec{V_x}$	满意成本和质量
8	乾 qián	☰	仨元齐全	$\vec{V_x}+\vec{V_y}+\vec{V_z}$	工期、成本和质量都满意

附录

附录一：仨易和周易八卦查询表

仨易八卦的定义表

表 F-1

序	卦名	卦象	标量(S)	矢量($\vec{V}$)	积量($\vec{P}$ or P)
1	坤 kūn				
2	艮 gèn		S^+	$\vec{V_z}$	$\|A_z\|$
3	坎 kǎn		S^-	$\vec{V_y}$	$\|B_y\|$
4	震 zhèn		S^0	$\vec{V_x}$	$\|C_x\|$
5	巽 xùn		$S^+ + S^-$	$\vec{V_z} + \vec{V_y}$	$\|A_z\| * \|B_y\|$
6	离 lí		$S^+ + S^0$	$\vec{V_z} + \vec{V_x}$	$\|A_z\| * \|C_x\|$
7	兑 duì		$S^- + S^0$	$\vec{V_y} + \vec{V_x}$	$\|B_y\| * \|C_x\|$
8	乾 qián		$S^0 + S^- + S^+$	$\vec{V_x} + \vec{V_y} + \vec{V_z}$	$\|A_z\| * \|B_y\| * \|C_x\|$

仨易八卦的吉凶表

表 F-2

序	卦名	仨易八卦	二进制码	吉码
1	坤 kūn		$\begin{pmatrix} 0 \\ 0 \\ 0 \end{pmatrix}$	0
2	艮 gèn		$\begin{pmatrix} 1 \\ 0 \\ 0 \end{pmatrix}$	1.1
3	坎 kǎn		$\begin{pmatrix} 0 \\ 1 \\ 0 \end{pmatrix}$	1.2
4	震 zhèn		$\begin{pmatrix} 0 \\ 0 \\ 1 \end{pmatrix}$	1.3
5	巽 xùn		$\begin{pmatrix} 1 \\ 1 \\ 0 \end{pmatrix}$	2.1
6	离 lí		$\begin{pmatrix} 1 \\ 0 \\ 1 \end{pmatrix}$	2.2
7	兑 duì		$\begin{pmatrix} 0 \\ 1 \\ 1 \end{pmatrix}$	2.3
8	乾 qián		$\begin{pmatrix} 1 \\ 1 \\ 1 \end{pmatrix}$	3.3

仁易和周易八卦的卦辞表

表 F-3

卦名	仁易	仁易八卦内涵	周易	周易八卦内涵
坤 kūn	☷	三爻皆虚空,空为有生,地载万物,喻义大地,养育众生	☷	三爻皆阴,喻义大地和母性,包藏万物,养育众生
艮 gèn	☶	上爻为阳,喻义大山,阻止万物行动	☶	上爻为鳌,喻义大山,阻止万物行动
坎 kǎn	☵	中爻为水,喻义水,滋润万物	☵	中爻为阳,喻义水,滋润万物
震 zhèn	☳	下爻为火,地火发热,喻义雷,鼓动万物	☳	下爻为阳,喻义雷,鼓动万物
巽 xùn	☴	上、中爻为鳌、水,表示有山有水,喻义风和景,驱散阴气	☴	上、中爻为阳,下爻为阴,喻义风和景,驱散阴气
离 lí	☲	上、下爻为鳌、火,有木有火,喻义火旺,提供温暖和干爽	☲	上、下爻为阳,中爻为阴,喻义火和日,提供温暖和干爽
兑 duì	☱	中、下爻为水、火,生气,喻义泽和雨露,使万物和悦和谐	☱	中、下爻为阳,上爻为阴,喻义泽和雨露,使万物和悦和谐
乾 qián	☰	三爻皆得,天生万物,喻义天和父,覆盖万物,主宰一切	☰	三爻皆阳,喻义天和父,覆盖万物,主宰一切

附录二：仨易和周易六十四卦查询表

仨易六十四卦的定义表

表 F-4-1　仨易六十四卦，卦序 1 仨源皆隐，2～10 只有一源为显性

序	仨易卦象	仨码	标量(S)	矢量($\vec{V}$)	积量($\vec{P}$ or P)
1		$\begin{pmatrix} F1 \\ F1 \\ F1 \end{pmatrix}$	全隐	全隐	全隐
2		$\begin{pmatrix} FF \\ F1 \\ F1 \end{pmatrix}$	$\downarrow S^+$	$\overrightarrow{\downarrow V_z}$	$\lvert \downarrow A_z \rvert$
3		$\begin{pmatrix} 1F \\ F1 \\ F1 \end{pmatrix}$	S^+	$\overrightarrow{V_z}$	$\lvert A_z \rvert$
4		$\begin{pmatrix} 11 \\ F1 \\ F1 \end{pmatrix}$	$\uparrow S^+$	$\overrightarrow{\uparrow V_z}$	$\lvert \uparrow A_z \rvert$
5		$\begin{pmatrix} F1 \\ FF \\ F1 \end{pmatrix}$	$\downarrow S^-$	$\overrightarrow{\downarrow V_y}$	$\lvert \downarrow B_y \rvert$

续表

序	仨易卦象	仨码	标量(S)	矢量($\vec{V}$)	积量($\vec{P}$ or P)
6		$\begin{pmatrix} F1 \\ 1F \\ F1 \end{pmatrix}$	S^-	$\vec{V_y}$	$\lvert B_y \rvert$
7		$\begin{pmatrix} F1 \\ 11 \\ F1 \end{pmatrix}$	$\uparrow S^-$	$\uparrow \vec{V_y}$	$\lvert \uparrow B_y \rvert$
8		$\begin{pmatrix} F1 \\ F1 \\ FF \end{pmatrix}$	$\downarrow S^0$	$\downarrow \vec{V_x}$	$\lvert \downarrow C_x \rvert$
9		$\begin{pmatrix} F1 \\ F1 \\ 1F \end{pmatrix}$	S^0	$\vec{V_x}$	$\lvert C_x \rvert$
10		$\begin{pmatrix} F1 \\ F1 \\ 11 \end{pmatrix}$	$\uparrow S^0$	$\uparrow \vec{V_x}$	$\lvert \uparrow C_x \rvert$

表 F-4-2　仨易六十四卦，卦序 11～19 只有 x 源为隐性

序	仨易卦象	仨码	标量(S)	矢量($\vec{V}$)	积量($\vec{P}$ or P)
11		$\begin{pmatrix} FF \\ FF \\ F1 \end{pmatrix}$	$\downarrow S^+ + \downarrow S^-$	$\downarrow \vec{V_z} + \downarrow \vec{V_y}$	$\lvert \downarrow A_z \rvert \cdot \lvert \downarrow B_y \rvert$
12		$\begin{pmatrix} 1F \\ FF \\ F1 \end{pmatrix}$	$S^+ + \downarrow S^-$	$\vec{V_z} + \downarrow \vec{V_y}$	$\lvert A_z \rvert \cdot \lvert \downarrow B_y \rvert$
13		$\begin{pmatrix} FF \\ 1F \\ F1 \end{pmatrix}$	$\downarrow S^+ + S^-$	$\downarrow \vec{V_z} + \vec{V_y}$	$\lvert \downarrow A_z \rvert \cdot \lvert B_y \rvert$

续表

序	仨易卦象	仨码	标量(S)	矢量($\vec{V}$)	积量($\vec{P}$ or P)
14		$\begin{pmatrix} 11 \\ FF \\ F1 \end{pmatrix}$	$\uparrow S^+ + \downarrow S^-$	$\overrightarrow{\uparrow V_z} + \overrightarrow{\downarrow V_y}$	$\|\uparrow A_z\| \cdot \|\downarrow B_y\|$
15		$\begin{pmatrix} 1F \\ 1F \\ F1 \end{pmatrix}$	$S^+ + S^-$	$\overrightarrow{V_z} + \overrightarrow{V_y}$	$\|A_z\| \cdot \|B_y\|$
16		$\begin{pmatrix} FF \\ 11 \\ F1 \end{pmatrix}$	$\downarrow S^+ + \uparrow S^-$	$\overrightarrow{\downarrow V_z} + \overrightarrow{\uparrow V_y}$	$\|\downarrow A_z\| \cdot \|\uparrow B_y\|$
17		$\begin{pmatrix} 11 \\ 1F \\ F1 \end{pmatrix}$	$\uparrow S^+ + S^-$	$\overrightarrow{\uparrow V_z} + \overrightarrow{V_y}$	$\|\uparrow A_z\| \cdot \|B_y\|$
18		$\begin{pmatrix} 1F \\ 11 \\ F1 \end{pmatrix}$	$S^+ + \uparrow S^-$	$\overrightarrow{V_z} + \overrightarrow{\uparrow V_y}$	$\|A_z\| \cdot \|\uparrow B_y\|$
19		$\begin{pmatrix} 11 \\ 11 \\ F1 \end{pmatrix}$	$\uparrow S^+ + \uparrow S^-$	$\overrightarrow{\uparrow V_z} + \overrightarrow{\uparrow V_y}$	$\|\uparrow A_z\| \cdot \|\uparrow B_y\|$

表 F-4-3　仨易六十四卦，卦序 20～28 只有 y 源为隐性

序	仨易卦象	仨码	标量(S)	矢量($\vec{V}$)	积量($\vec{P}$ or P)
20		$\begin{pmatrix} FF \\ F1 \\ FF \end{pmatrix}$	$\downarrow S^+ + \downarrow S^0$	$\overrightarrow{\downarrow V_z} + \overrightarrow{\downarrow V_x}$	$\|\downarrow A_z\| \cdot \|\downarrow C_x\|$
21		$\begin{pmatrix} 1F \\ F1 \\ FF \end{pmatrix}$	$S^+ + \downarrow S^0$	$\overrightarrow{V_z} + \overrightarrow{\downarrow V_x}$	$\|A_z\| \cdot \|\downarrow C_x\|$

续表

序	仨易卦象	仨码	标量(S)	矢量($\vec{V}$)	积量($\vec{P}$ or P)
22		$\begin{pmatrix} FF \\ F1 \\ 1F \end{pmatrix}$	$\downarrow S^+ + S^0$	$\overrightarrow{\downarrow V_z} + \overrightarrow{V_x}$	$\lvert \downarrow A_z \rvert \cdot \lvert C_x \rvert$
23		$\begin{pmatrix} 11 \\ F1 \\ FF \end{pmatrix}$	$\uparrow S^+ + \downarrow S^0$	$\overrightarrow{\uparrow V_z} + \overrightarrow{\downarrow V_x}$	$\lvert \uparrow A_z \rvert \cdot \lvert \downarrow C_x \rvert$
24		$\begin{pmatrix} 1F \\ F1 \\ 1F \end{pmatrix}$	$S^+ + S^0$	$\overrightarrow{V_z} + \overrightarrow{V_x}$	$\lvert A_z \rvert \cdot \lvert C_x \rvert$
25		$\begin{pmatrix} FF \\ F1 \\ 11 \end{pmatrix}$	$\downarrow S^+ + \uparrow S^0$	$\overrightarrow{\downarrow V_z} + \overrightarrow{\uparrow V_x}$	$\lvert \downarrow A_z \rvert \cdot \lvert \uparrow C_x \rvert$
26		$\begin{pmatrix} 11 \\ F1 \\ 1F \end{pmatrix}$	$\uparrow S^+ + S^0$	$\overrightarrow{\uparrow V_z} + \overrightarrow{V_x}$	$\lvert \uparrow A_z \rvert \cdot \lvert C_x \rvert$
27		$\begin{pmatrix} 1F \\ F1 \\ 11 \end{pmatrix}$	$S^+ + \uparrow S^0$	$\overrightarrow{V_z} + \overrightarrow{\uparrow V_x}$	$\lvert A_z \rvert \cdot \lvert \uparrow C_x \rvert$
28		$\begin{pmatrix} 11 \\ F1 \\ 11 \end{pmatrix}$	$\uparrow S^+ + \uparrow S^0$	$\overrightarrow{\uparrow V_z} + \overrightarrow{\uparrow V_x}$	$\lvert \uparrow A_z \rvert \cdot \lvert \uparrow C_x \rvert$

表 F-4-4　仨易六十四卦，卦序 29～37 只有 z 源为隐性

序	仨易卦象	仨码	标量(S)	矢量($\vec{V}$)	积量($\vec{P}$ or P)
29		$\begin{pmatrix} F1 \\ FF \\ FF \end{pmatrix}$	$\downarrow S^- + \downarrow S^0$	$\overrightarrow{\downarrow V_y} + \overrightarrow{\downarrow V_x}$	$\lvert \downarrow B_y \rvert \cdot \lvert \downarrow C_x \rvert$

续表

序	仨易卦象	仨码	标量(S)	矢量($\vec{V}$)	积量($\vec{P}$ or P)
30		$\begin{pmatrix} F1 \\ 1F \\ FF \end{pmatrix}$	$S^- + \downarrow S^0$	$\vec{V_y} + \overrightarrow{\downarrow V_x}$	$\lvert B_y \rvert \cdot \lvert \downarrow C_x \rvert$
31		$\begin{pmatrix} F1 \\ FF \\ 1F \end{pmatrix}$	$\downarrow S^- + S^0$	$\overrightarrow{\downarrow V_y} + \vec{V_x}$	$\lvert \downarrow B_y \rvert \cdot \lvert C_x \rvert$
32		$\begin{pmatrix} F1 \\ 11 \\ FF \end{pmatrix}$	$\uparrow S^- + \downarrow S^0$	$\overrightarrow{\uparrow V_y} + \overrightarrow{\downarrow V_x}$	$\lvert \uparrow B_y \rvert \cdot \lvert \downarrow C_x \rvert$
33		$\begin{pmatrix} F1 \\ 1F \\ 1F \end{pmatrix}$	$S^- + S^0$	$\vec{V_y} + \vec{V_x}$	$\lvert B_y \rvert \cdot \lvert C_x \rvert$
34		$\begin{pmatrix} F1 \\ FF \\ 11 \end{pmatrix}$	$\downarrow S^- + \uparrow S^0$	$\overrightarrow{\downarrow V_y} + \overrightarrow{\uparrow V_x}$	$\lvert \downarrow B_y \rvert \cdot \lvert \uparrow C_x \rvert$
35		$\begin{pmatrix} F1 \\ 11 \\ 1F \end{pmatrix}$	$\uparrow S^- + S^0$	$\overrightarrow{\uparrow V_y} + \vec{V_x}$	$\lvert \uparrow B_y \rvert \cdot \lvert C_x \rvert$
36		$\begin{pmatrix} F1 \\ 1F \\ 11 \end{pmatrix}$	$S^- + \uparrow S^0$	$\vec{V_y} + \overrightarrow{\uparrow V_x}$	$\lvert B_y \rvert \cdot \lvert \uparrow C_x \rvert$
37		$\begin{pmatrix} F1 \\ 11 \\ 11 \end{pmatrix}$	$\uparrow S^- + \uparrow S^0$	$\overrightarrow{\uparrow V_y} + \overrightarrow{\uparrow V_x}$	$\lvert \uparrow B_y \rvert \cdot \lvert \uparrow C_x \rvert$

表 F-4-5　仨易六十四卦，卦序 38～46 仨源皆显性

序	仨易卦象	仨码	标量(S)	矢量($\vec{V}$)	积量($\vec{P}$ or P)
38		$\begin{pmatrix} FF \\ FF \\ FF \end{pmatrix}$	$\downarrow S^+ + \downarrow S^- + \downarrow S^0$	$\overrightarrow{\downarrow V_z} + \overrightarrow{\downarrow V_y} + \overrightarrow{\downarrow V_x}$	$\lvert \downarrow A_z \rvert \cdot \lvert \downarrow B_y \rvert \cdot \lvert \downarrow C_x \rvert$
39		$\begin{pmatrix} 1F \\ FF \\ FF \end{pmatrix}$	$S^+ + \downarrow S^- + \downarrow S^0$	$\overrightarrow{V_z} + \overrightarrow{\downarrow V_y} + \overrightarrow{\downarrow V_x}$	$\lvert A_z \rvert \cdot \lvert \downarrow B_y \rvert \cdot \lvert \downarrow C_x \rvert$
40		$\begin{pmatrix} FF \\ 1F \\ FF \end{pmatrix}$	$\downarrow S^+ + S^- + \downarrow S^0$	$\overrightarrow{\downarrow V_z} + \overrightarrow{V_y} + \overrightarrow{\downarrow V_x}$	$\lvert \downarrow A_z \rvert \cdot \lvert B_y \rvert \cdot \lvert \downarrow C_x \rvert$
41		$\begin{pmatrix} FF \\ FF \\ 1F \end{pmatrix}$	$\downarrow S^+ + \downarrow S^- + S^0$	$\overrightarrow{\downarrow V_z} + \overrightarrow{\downarrow V_y} + \overrightarrow{V_x}$	$\lvert \downarrow A_z \rvert \cdot \lvert \downarrow B_y \rvert \cdot \lvert C_x \rvert$
42		$\begin{pmatrix} 11 \\ FF \\ FF \end{pmatrix}$	$\uparrow S^+ + \downarrow S^- + \downarrow S^0$	$\overrightarrow{\uparrow V_z} + \overrightarrow{\downarrow V_y} + \overrightarrow{\downarrow V_x}$	$\lvert \uparrow A_z \rvert \cdot \lvert \downarrow B_y \rvert \cdot \lvert \downarrow C_x \rvert$
43		$\begin{pmatrix} 1F \\ 1F \\ FF \end{pmatrix}$	$S^+ + S^- + \downarrow S^0$	$\overrightarrow{V_z} + \overrightarrow{V_y} + \overrightarrow{\downarrow V_x}$	$\lvert A_z \rvert \cdot \lvert B_y \rvert \cdot \lvert \downarrow C_x \rvert$
44		$\begin{pmatrix} 1F \\ FF \\ 1F \end{pmatrix}$	$S^+ + \downarrow S^- + S^0$	$\overrightarrow{V_z} + \overrightarrow{\downarrow V_y} + \overrightarrow{V_x}$	$\lvert A_z \rvert \cdot \lvert \downarrow B_y \rvert \cdot \lvert C_x \rvert$
45		$\begin{pmatrix} FF \\ 11 \\ FF \end{pmatrix}$	$\downarrow S^+ + \uparrow S^- + \downarrow S^0$	$\overrightarrow{\downarrow V_z} + \overrightarrow{\uparrow V_y} + \overrightarrow{\downarrow V_x}$	$\lvert \downarrow A_z \rvert \cdot \lvert \uparrow B_y \rvert \cdot \lvert \downarrow C_x \rvert$
46		$\begin{pmatrix} FF \\ 1F \\ 1F \end{pmatrix}$	$\downarrow S^+ + S^- + S^0$	$\overrightarrow{\downarrow V_z} + \overrightarrow{V_y} + \overrightarrow{V_x}$	$\lvert \downarrow A_z \rvert \cdot \lvert B_y \rvert \cdot \lvert C_x \rvert$

表 F-4-6　仨易六十四卦，卦序 47～55 仨源皆显性

序	仨易卦象	仨码	标量(S)	矢量($\vec{V}$)	积量($\vec{P}$ or P)
47		$\begin{pmatrix} FF \\ FF \\ 11 \end{pmatrix}$	$\downarrow S^+ + \downarrow S^- + \uparrow S^0$	$\overrightarrow{\downarrow V_z} + \overrightarrow{\downarrow V_y} + \overrightarrow{V_x}$	$\|\downarrow A_z\| \cdot \|\downarrow B_y\| \cdot \|\uparrow C_x\|$
48		$\begin{pmatrix} 11 \\ 1F \\ FF \end{pmatrix}$	$\uparrow S^+ + S^- + \downarrow S^0$	$\overrightarrow{V_z} + \overrightarrow{V_y} + \overrightarrow{\downarrow V_x}$	$\|\uparrow A_z\| \cdot \|B_y\| \cdot \|\downarrow C_x\|$
49		$\begin{pmatrix} 11 \\ FF \\ 1F \end{pmatrix}$	$\uparrow S^+ + \downarrow S^- + S^0$	$\overrightarrow{V_z} + \overrightarrow{\downarrow V_y} + \overrightarrow{V_x}$	$\|\uparrow A_z\| \cdot \|\downarrow B_y\| \cdot \|C_x\|$
50		$\begin{pmatrix} 1F \\ 11 \\ FF \end{pmatrix}$	$S^+ + \uparrow S^- + \downarrow S^0$	$\overrightarrow{V_z} + \overrightarrow{V_y} + \overrightarrow{\downarrow V_x}$	$\|A_z\| \cdot \|\uparrow B_y\| \cdot \|\downarrow C_x\|$
51		$\begin{pmatrix} 1F \\ 1F \\ 1F \end{pmatrix}$	$S^+ + S^- + S^0$	$\overrightarrow{V_z} + \overrightarrow{V_y} + \overrightarrow{V_x}$	$\|A_z\| \cdot \|B_y\| \cdot \|C_x\|$
52		$\begin{pmatrix} 1F \\ FF \\ 11 \end{pmatrix}$	$S^+ + \downarrow S^- + \uparrow S^0$	$\overrightarrow{V_z} + \overrightarrow{\downarrow V_y} + \overrightarrow{\uparrow V_x}$	$\|A_z\| \cdot \|\downarrow B_y\| \cdot \|\uparrow C_x\|$
53		$\begin{pmatrix} FF \\ 11 \\ 1F \end{pmatrix}$	$\downarrow S^+ + \uparrow S^- + S^0$	$\overrightarrow{\downarrow V_z} + \overrightarrow{\uparrow V_y} + \overrightarrow{V_x}$	$\|\downarrow A_z\| \cdot \|\uparrow B_y\| \cdot \|C_x\|$
54		$\begin{pmatrix} FF \\ 1F \\ 11 \end{pmatrix}$	$\downarrow S^+ + S^- + \uparrow S^0$	$\overrightarrow{\downarrow V_z} + \overrightarrow{V_y} + \overrightarrow{\uparrow V_x}$	$\|\downarrow A_z\| \cdot \|B_y\| \cdot \|\uparrow C_x\|$
55		$\begin{pmatrix} 11 \\ 11 \\ FF \end{pmatrix}$	$\uparrow S^+ + \uparrow S^- + \downarrow S^0$	$\overrightarrow{\uparrow V_z} + \overrightarrow{\uparrow V_y} + \overrightarrow{\downarrow V_x}$	$\|\uparrow A_z\| \cdot \|\uparrow B_y\| \cdot \|\downarrow C_x\|$

表 F-4-7　仨易六十四卦，卦序 56～64 仨源皆显性

序	仨易卦象	仨码	标量(S)	矢量($\vec{V}$)	积量($\vec{P}$ or P)
56		$\begin{pmatrix}11\\1F\\1F\end{pmatrix}$	$\uparrow S^+ + S^- + S^0$	$\uparrow\vec{V_z} + \vec{V_y} + \vec{V_x}$	$\lvert\uparrow A_z\rvert \cdot \lvert B_y\rvert \cdot \lvert C_x\rvert$
57		$\begin{pmatrix}11\\FF\\11\end{pmatrix}$	$\uparrow S^+ + \downarrow S^- + \uparrow S^0$	$\uparrow\vec{V_z} + \downarrow\vec{V_y} + \uparrow\vec{V_x}$	$\lvert\uparrow A_z\rvert \cdot \lvert\downarrow B_y\rvert \cdot \lvert\uparrow C_x\rvert$
58		$\begin{pmatrix}1F\\11\\1F\end{pmatrix}$	$S^+ + \uparrow S^- + S^0$	$\vec{V_z} + \uparrow\vec{V_y} + \vec{V_x}$	$\lvert A_z\rvert \cdot \lvert\uparrow B_y\rvert \cdot \lvert C_x\rvert$
59		$\begin{pmatrix}1F\\1F\\11\end{pmatrix}$	$S^+ + S^- + \uparrow S^0$	$\vec{V_z} + \vec{V_y} + \uparrow\vec{V_x}$	$\lvert A_z\rvert \cdot \lvert B_y\rvert \cdot \lvert\uparrow C_x\rvert$
60		$\begin{pmatrix}FF\\11\\11\end{pmatrix}$	$\downarrow S^+ + \uparrow S^- + \uparrow S^0$	$\downarrow\vec{V_z} + \uparrow\vec{V_y} + \uparrow\vec{V_x}$	$\lvert\downarrow A_z\rvert \cdot \lvert\uparrow B_y\rvert \cdot \lvert\uparrow C_x\rvert$
61		$\begin{pmatrix}11\\11\\1F\end{pmatrix}$	$\uparrow S^+ + \uparrow S^- + S^0$	$\uparrow\vec{V_z} + \uparrow\vec{V_y} + \vec{V_x}$	$\lvert\uparrow A_z\rvert \cdot \lvert\uparrow B_y\rvert \cdot \lvert C_x\rvert$
62		$\begin{pmatrix}11\\1F\\11\end{pmatrix}$	$\uparrow S^+ + S^- + \uparrow S^0$	$\uparrow\vec{V_z} + \vec{V_y} + \uparrow\vec{V_x}$	$\lvert\uparrow A_z\rvert \cdot \lvert B_y\rvert \cdot \lvert\uparrow C_x\rvert$
63		$\begin{pmatrix}1F\\11\\11\end{pmatrix}$	$S^+ + \uparrow S^- + \uparrow S^0$	$\vec{V_z} + \uparrow\vec{V_y} + \uparrow\vec{V_x}$	$\lvert A_z\rvert \cdot \lvert\uparrow B_y\rvert \cdot \lvert\uparrow C_x\rvert$
64		$\begin{pmatrix}11\\11\\11\end{pmatrix}$	$\uparrow S^+ + \uparrow S^- + \uparrow S^0$	$\uparrow\vec{V_z} + \uparrow\vec{V_y} + \uparrow\vec{V_x}$	$\lvert\uparrow A_z\rvert \cdot \lvert\uparrow B_y\rvert \cdot \lvert\uparrow C_x\rvert$

仁易六十四卦的相生相克表

表 F-5-1　仁易六十四卦卦象与仁源之间的相生相克关系　序号：1～10

序	仁易卦象	仁码	Y→Z 源←X	X→Y 源←Z	Z→X 源←Y
1		$\begin{pmatrix} F1 \\ F1 \\ F1 \end{pmatrix}$	Y克Z,X生Z	X克Y,Z生Y	Z克X,Y生X
2		$\begin{pmatrix} FF \\ F1 \\ F1 \end{pmatrix}$	Y克Z,X克Z	X克Y,Z生Y	Z克X,Y生X
3		$\begin{pmatrix} 1F \\ F1 \\ F1 \end{pmatrix}$	Y生Z,X克Z	X克Y,Z生Y	Z克X,Y生X
4		$\begin{pmatrix} 11 \\ F1 \\ F1 \end{pmatrix}$	Y生Z,X生Z	X克Y,Z生Y	Z克X,Y生X
5		$\begin{pmatrix} F1 \\ FF \\ F1 \end{pmatrix}$	Y克Z,X生Z	X克Y,Z克Y	Z克X,Y生X
6		$\begin{pmatrix} F1 \\ 1F \\ F1 \end{pmatrix}$	Y克Z,X生Z	X生Y,Z克Y	Z克X,Y生X
7		$\begin{pmatrix} F1 \\ 11 \\ F1 \end{pmatrix}$	Y克Z,X生Z	X生Y,Z生Y	Z克X,Y生X

续表

序	仨易卦象	仨码	Y→Z 源←X	X→Y 源←Z	Z→X 源←Y
8		$\begin{pmatrix} F1 \\ F1 \\ FF \end{pmatrix}$	Y 克 Z, X 生 Z	X 克 Y, Z 生 Y	Z 克 X, Y 克 X
9		$\begin{pmatrix} F1 \\ F1 \\ 1F \end{pmatrix}$	Y 克 Z, X 生 Z	X 克 Y, Z 生 Y	Z 生 X, Y 克 X
10		$\begin{pmatrix} F1 \\ F1 \\ 11 \end{pmatrix}$	Y 克 Z, X 生 Z	X 克 Y, Z 生 Y	Z 生 X, Y 生 X

表 F-5-2　仨易六十四卦卦象与仨源之间的相生相克关系　序号:11~19

序	仨易卦象	仨码	Y→Z 源←X	X→Y 源←Z	Z→X 源←Y
11		$\begin{pmatrix} FF \\ FF \\ F1 \end{pmatrix}$	Y 克 Z, X 克 Z	X 克 Y, Z 克 Y	Z 克 X, Y 生 X
12		$\begin{pmatrix} 1F \\ FF \\ F1 \end{pmatrix}$	Y 生 Z, X 克 Z	X 克 Y, Z 克 Y	Z 克 X, Y 生 X
13		$\begin{pmatrix} FF \\ 1F \\ F1 \end{pmatrix}$	Y 克 Z, X 克 Z	X 生 Y, Z 克 Y	Z 克 X, Y 生 X
14		$\begin{pmatrix} 11 \\ FF \\ F1 \end{pmatrix}$	Y 生 Z, X 生 Z	X 克 Y, Z 克 Y	Z 克 X, Y 生 X
15		$\begin{pmatrix} 1F \\ 1F \\ F1 \end{pmatrix}$	Y 生 Z, X 克 Z	X 生 Y, Z 克 Y	Z 克 X, Y 生 X

续表

序	仁易卦象	仁码	Y→Z源←X	X→Y源←Z	Z→X源←Y
16		$\begin{pmatrix} FF \\ 11 \\ F1 \end{pmatrix}$	Y克Z,X克Z	X生Y,Z生Y	Z克X,Y生X
17		$\begin{pmatrix} 11 \\ 1F \\ F1 \end{pmatrix}$	Y生Z,X生Z	X生Y,Z克Y	Z克X,Y生X
18		$\begin{pmatrix} 1F \\ 11 \\ F1 \end{pmatrix}$	Y生Z,X克Z	X生Y,Z生Y	Z克X,Y生X
19		$\begin{pmatrix} 11 \\ 11 \\ F1 \end{pmatrix}$	Y生Z,X生Z	X生Y,Z生Y	Z克X,Y生X

表 F-5-3　仁易六十四卦卦象与仁源之间的相生相克关系　序号:20~28

序	仁易卦象	仁码	Y→Z源←X	X→Y源←Z	Z→X源←Y
20		$\begin{pmatrix} FF \\ F1 \\ FF \end{pmatrix}$	Y克Z,X克Z	X克Y,Z生Y	Z克X,Y生X
21		$\begin{pmatrix} 1F \\ F1 \\ FF \end{pmatrix}$	Y生Z,X克Z	X克Y,Z生Y	Z克X,Y克X
22		$\begin{pmatrix} FF \\ F1 \\ 1F \end{pmatrix}$	Y克Z,X克Z	X克Y,Z生Y	Z生X,Y克X
23		$\begin{pmatrix} 11 \\ F1 \\ FF \end{pmatrix}$	Y生Z,X生Z	X克Y,Z生Y	Z克X,Y克X

续表

序	仨易卦象	仨码	$Y{\to}Z$源${\leftarrow}X$	$X{\to}Y$源${\leftarrow}Z$	$Z{\to}X$源${\leftarrow}Y$
24		$\begin{pmatrix}1F\\F1\\1F\end{pmatrix}$	Y生Z,X克Z	X克Y,Z生Y	Z生X,Y克X
25		$\begin{pmatrix}FF\\F1\\11\end{pmatrix}$	Y克Z,X克Z	X克Y,Z生Y	Z生X,Y生X
26		$\begin{pmatrix}11\\F1\\1F\end{pmatrix}$	Y生Z,X生Z	X克Y,Z生Y	Z生X,Y生X
27		$\begin{pmatrix}1F\\F1\\11\end{pmatrix}$	Y生Z,X克Z	X克Y,Z生Y	Z生X,Y生X
28		$\begin{pmatrix}11\\F1\\11\end{pmatrix}$	Y生Z,X生Z	X克Y,Z生Y	Z生X,Y生X

表 F-5-4　仨易六十四卦卦象与仨源之间的相生相克关系　序号：29～37

序	仨易卦象	仨码	$Y{\to}Z$源${\leftarrow}X$	$X{\to}Y$源${\leftarrow}Z$	$Z{\to}X$源${\leftarrow}Y$
29		$\begin{pmatrix}F1\\FF\\FF\end{pmatrix}$	Y克Z,X生Z	X克Y,Z克Y	Z克X,Y克X
30		$\begin{pmatrix}F1\\1F\\FF\end{pmatrix}$	Y克Z,X生Z	X生Y,Z克Y	Z克X,Y克X
31		$\begin{pmatrix}F1\\FF\\1F\end{pmatrix}$	Y克Z,X生Z	X克Y,Z克Y	Z生X,Y克X

续表

序	仨易卦象	仨码	Y→Z源←X	X→Y源←Z	Z→X源←Y
32		$\begin{cases} F1 \\ 11 \\ FF \end{cases}$	Y克Z,X生Z	X生Y,Z生Y	Z克X,Y克X
33		$\begin{cases} F1 \\ 1F \\ 1F \end{cases}$	Y克Z,X生Z	X生Y,Z克Y	Z生X,Y克X
34		$\begin{cases} F1 \\ FF \\ 11 \end{cases}$	Y克Z,X生Z	X克Y,Z克Y	Z生X,Y生X
35		$\begin{cases} F1 \\ 11 \\ 1F \end{cases}$	Y克Z,X生Z	X生Y,Z生Y	Z生X,Y克X
36		$\begin{cases} F1 \\ 1F \\ 11 \end{cases}$	Y克Z,X生Z	X生Y,Z克Y	Z生X,Y生X
37		$\begin{cases} F1 \\ 11 \\ 11 \end{cases}$	Y克Z,X生Z	X生Y,Z生Y	Z生X,Y生X

表 F-5-5　仨易六十四卦卦象与仨源之间的相生相克关系　序号:38～46

序	仨易卦象	仨码	Y→Z源←X	X→Y源←Z	Z→X源←Y
38		$\begin{cases} FF \\ FF \\ FF \end{cases}$	Y克Z,X克Z	X克Y,Z克Y	Z克X,Y克X
39		$\begin{cases} 1F \\ FF \\ FF \end{cases}$	Y生Z,X克Z	X克Y,Z克Y	Z克X,Y克X

续表

序	仨易卦象	仨码	Y→Z源←X	X→Y源←Z	Z→X源←Y
40		$\begin{pmatrix} FF \\ 1F \\ FF \end{pmatrix}$	Y克Z,X克Z	X生Y,Z克Y	Z克X,Y克X
41		$\begin{pmatrix} FF \\ FF \\ 1F \end{pmatrix}$	Y克Z,X克Z	X克Y,Z克Y	Z生X,Y克X
42		$\begin{pmatrix} 11 \\ FF \\ FF \end{pmatrix}$	Y生Z,X生Z	X克Y,Z克Y	Z克X,Y克X
43		$\begin{pmatrix} 1F \\ 1F \\ FF \end{pmatrix}$	Y生Z,X克Z	X生Y,Z克Y	Z克X,Y克X
44		$\begin{pmatrix} 1F \\ FF \\ 1F \end{pmatrix}$	Y生Z,X克Z	X克Y,Z克Y	Z生X,Y克X
45		$\begin{pmatrix} FF \\ 11 \\ FF \end{pmatrix}$	Y克Z,X克Z	X生Y,Z生Y	Z克X,Y克X
46		$\begin{pmatrix} FF \\ 1F \\ 1F \end{pmatrix}$	Y克Z,X克Z	X生Y,Z克Y	Z生X,Y克X

表 F-5-6　仨易六十四卦卦象与仨源之间的相生相克关系　序号:47～55

序	仨易卦象	仨码	Y→Z源←X	X→Y源←Z	Z→X源←Y
47		$\begin{pmatrix} FF \\ FF \\ 11 \end{pmatrix}$	Y克Z,X克Z	X克Y,Z克Y	Z生X,Y生X

续表

序	仁易卦象	仁码	Y→Z 源←X	X→Y 源←Z	Z→X 源←Y
48		$\begin{pmatrix}11\\1F\\FF\end{pmatrix}$	Y生Z,X生Z	X生Y,Z克Y	Z克X,Y克X
49		$\begin{pmatrix}11\\FF\\1F\end{pmatrix}$	Y生Z,X生Z	X克Y,Z克Y	Z生X,Y克X
50		$\begin{pmatrix}1F\\11\\FF\end{pmatrix}$	Y生Z,X克Z	X生Y,Z生Y	Z克X,Y克X
51		$\begin{pmatrix}1F\\1F\\1F\end{pmatrix}$	Y生Z,X克Z	X生Y,Z克Y	Z生X,Y克X
52		$\begin{pmatrix}1F\\FF\\11\end{pmatrix}$	Y生Z,X克Z	X克Y,Z克Y	Z生X,Y生X
53		$\begin{pmatrix}FF\\11\\1F\end{pmatrix}$	Y克Z,X克Z	X生Y,Z生Y	Z生X,Y克X
54		$\begin{pmatrix}FF\\1F\\11\end{pmatrix}$	Y克Z,X克Z	X生Y,Z克Y	Z生X,Y生X
55		$\begin{pmatrix}11\\11\\FF\end{pmatrix}$	Y生Z,X生Z	X生Y,Z生Y	Z克X,Y克X

表 F-5-7　仨易六十四卦卦象与仨源之间的相生相克关系　序号:56～64

序	仨易卦象	仨码	Y→Z源←X	X→Y源←Z	Z→X源←Y
56		$\begin{pmatrix}11\\1F\\1F\end{pmatrix}$	Y生Z,X生Z	X生Y,Z克Y	Z生X,Y克X
57		$\begin{pmatrix}11\\FF\\11\end{pmatrix}$	Y生Z,X生Z	X克Y,Z克Y	Z生X,Y生X
58		$\begin{pmatrix}1F\\11\\1F\end{pmatrix}$	Y生Z,X克Z	X生Y,Z生Y	Z生X,Y生X
59		$\begin{pmatrix}1F\\1F\\11\end{pmatrix}$	Y生Z,X克Z	X生Y,Z克Y	Z生X,Y生X
60		$\begin{pmatrix}FF\\11\\11\end{pmatrix}$	Y克Z,X克Z	X生Y,Z生Y	Z生X,Y生X
61		$\begin{pmatrix}11\\11\\1F\end{pmatrix}$	Y生Z,X生Z	X生Y,Z生Y	Z生X,Y克X
62		$\begin{pmatrix}11\\1F\\11\end{pmatrix}$	Y生Z,X生Z	X生Y,Z克Y	Z生X,Y生X
63		$\begin{pmatrix}1F\\11\\11\end{pmatrix}$	Y生Z,X克Z	X生Y,Z生Y	Z生X,Y生X
64		$\begin{pmatrix}11\\11\\11\end{pmatrix}$	Y生Z,X生Z	X生Y,Z生Y	Z生X,Y生X

仨易六十四卦的内因外因表

表 F-6-1　仨易六十四卦分解为内因八卦和外因八卦(上)

序	卦名	外卦 内卦	坤 1	艮 2	坎 3	震 4
1	坤 kūn		38 坤	29 剥	20 比	11 豫
2	艮 gèn		39 谦	42 艮	21 蹇	12 小过
3	坎 kǎn		40 师	30 蒙	45 坎	13 解
4	震 zhèn		41 复	31 颐	22 屯	47 震
5	巽 xùn		43 升	48 蛊	50 井	15 恒
6	离 lí		44 明夷	49 贲	24 既济	52 丰
7	兑 duì		46 临	33 损	53 节	54 归妹
8	乾 qián		51 泰	56 大畜	58 需	59 大壮

表 F-6-2　仨易六十四卦分解为内因八卦和外因八卦（下）

序	卦名	外卦＼内卦	巽 5	离 6	兑 7	乾 8
1	坤 kūn		8 观	5 晋	2 萃	1 否
2	艮 gèn		23 渐	14 旅	3 咸	4 遁
3	坎 kǎn		32 涣	6 未济	16 困	7 讼
4	震 zhèn		9 益	34 噬嗑	25 随	10 无妄
5	巽 xùn		55 巽	17 鼎	18 大过	19 姤
6	离 lí		26 家人	57 离	27 革	28 同人
7	兑 duì		35 中孚	36 睽	60 兑	37 履
8	乾 qián		61 小畜	62 大有	63 夬	64 乾

仁易和周易六十四卦的吉凶表

表 F-7-1　仁易和周易的吉凶，卦序 2～10 只有一源为显性

仁序	周序	卦名	仁易卦象	周易卦象	吉凶标签
1	12	否 pǐ			
2	45	萃 cuì			下下下签
3	31	咸 xián			下下中签
4	33	遁 dùn			下下上签
5	35	晋 jìn			下中下签
6	64	未济 wèi jì			下中中签
7	6	讼 sòng			下中上签
8	20	观 guān			下上下签

续表

仨序	周序	卦名	仨易卦象	周易卦象	吉凶标签
9	42	益 yì			下上中签
10	25	无妄 wú wàng			下上上签

表 F-7-2 仨易和周易的吉凶,卦序 11~19 只有 x 源为隐性

仨序	周序	卦名	仨易卦象	周易卦象	吉凶标签
11	16	豫 yù			中下下签
12	62	小过 xiǎo guò			中下下签
13	40	解 jiě			中下下签
14	56	旅 lǚ			中下中签
15	32	恒 héng			中下中签
16	47	困 kùn			中下中签

续表

仨序	周序	卦名	仨易卦象	周易卦象	吉凶标签
17	50	鼎 dǐng			中下上签
18	28	大过 dà guò			中下上签
19	44	姤 gòu			中下上签

表 F-7-3　仨易和周易的吉凶，卦序 20～28 只有 y 源为隐性

仨序	周序	卦名	仨易卦象	周易卦象	吉凶标签
20	8	比 bì			中中下签
21	39	蹇 jiǎn			中中下签
22	3	屯 zhūn			中中下签
23	53	渐 jiàn			中中中签
24	63	既济 jì jì			中中中签

续表

仁序	周序	卦名	仁易卦象	周易卦象	吉凶标签
25	17	随 suí			中中中签
26	37	家人 jiā rén			中中上签
27	49	革 gé			中中上签
28	13	同人 tóng rén			中中上签

表 F-7-4　仁易和周易的吉凶，卦序 29～37 只有 z 源为隐性

仁序	周序	卦名	仁易卦象	周易卦象	吉凶标签
29	23	剥 bō			中上下签
30	4	蒙 méng			中上下签
31	27	颐 yí			中上下签
32	59	涣 huàn			中上中签

续表

仨序	周序	卦名	仨易卦象	周易卦象	吉凶标签
33	41	损 sǔn			中上中签
34	21	噬嗑 shì kè			中上中签
35	61	中孚 zhōng fú			中上上签
36	38	睽 kuí			中上上签
37	10	履 lǚ			中上上签

表 F-7-5　仨易和周易的吉凶，卦序 38～46 仨源皆显性

仨序	周序	卦名	仨易卦象	周易卦象	吉凶标签
38	2	坤 kūn			上下下签
39	15	谦 qiān			上下下签
40	7	师 shī			上下下签

续表

仨序	周序	卦名	仨易卦象	周易卦象	吉凶标签
41	24	复 fù			上下中签
42	52	艮 gèn			上下中签
43	46	升 shēng			上下中签
44	36	明夷 míng yí			上下上签
45	29	坎 kǎn			上下上签
46	19	临 lín			上下上签

表 F-7-6　仨易和周易的吉凶,卦序 47~55 仨源皆显性

仨序	周序	卦名	周易卦象	仨易卦象	吉凶标签
47	51	震 zhèn			上中下签
48	18	蛊 gǔ			上中下签

续表

仨序	周序	卦名	仨易卦象	周易卦象	吉凶标签
49	22	贲 bì			上中下签
50	48	井 jǐng			上中中签
51	11	泰 tài			上中中签
52	55	丰 fēng			上中中签
53	60	节 jié			上中上签
54	54	归妹 guī mèi			上中上签
55	57	巽 xùn			上中上签

表 F-7-7　仨易和周易的吉凶，卦序 56～64 仨源皆显性

仨序	周序	卦名	仨易卦象	周易卦象	吉凶标签
56	26	大畜 dà xù			上上下签

续表

任序	周序	卦名	任易卦象	周易卦象	吉凶标签
57	30	离 lí			上上下签
58	5	需 xū			上上下签
59	34	大壮 dà zhuàng			上上中签
60	58	兑 duì			上上中签
61	9	小畜 xiǎo xù			上上中签
62	14	大有 dà yǒu			上上上签
63	43	夬 guài			上上上签
64	1	乾 qián			上上上签

仁易和周易六十四卦的卦辞表

在本附录中,我们特意将"周易六十四卦"的卦象序号,按照"仁易六十四卦"的卦序,进行排序,一是为了方便查询对照,二是为了从整体上更好地理解六十四卦之间的吉凶行事逻辑。

从表F-8-1~7中,我们不难发现:

1. 周易六十四卦与仁易六十四卦的卦名相同,同一卦名包含同一涵义,只是同一卦名在其六十四卦中的排序不同。

2. 仁易六十四卦的卦序,反映了六十四卦的卦象吉凶排序,而周易六十四卦的卦序则不能为之。

3. 仔细推敲,按照仁易六十四卦排序的卦辞,我们把它串联起来,就会发现一个惊天秘密:整个周易六十四卦就是在描述一个王朝的衰退和另外一个王朝的兴起过程,也许就是暗指商周的兴衰更替过程。

表 F-8-1　仁易和周易六十四卦卦辞,仁易卦序 1~10

仁序	周序	卦名	卦辞
1	12	否 pǐ	上实下虚,内虚外刚,大去小来
2	45	萃 cuì	泽落地而聚,草木丛生而旺,先顺而后升
3	31	咸 xián	色泽显于大山之上,虽搭配自然,还需跟着感觉走
4	33	遁 dùn	山高高不过天,退避可求亨通
5	35	晋 jìn	光照大地,万物感激,喻义诸侯晋见天子
6	64	未济 wèi jì	火在水上,用火克水,无济于事

续表

仁序	周序	卦名	卦辞
7	6	讼 sòng	天在上，水在下，意愿相悖，恐生诉讼
8	20	观 guān	大地之上皆风景，值得观赏，需谨防骄傲自满
9	42	益 yì	上有风，下有雷，强风电雷有益形成大川，不利于冒险行事
10	25	无妄 wú wàng	晴天打雷，既是无妄之福，也是无妄之祸

表 F-8-2　仁易和周易六十四卦卦辞，仁易卦序 11~19

仁序	周序	卦名	卦辞
11	16	豫 yù	雷在地上震动，预兆万物蠢蠢欲动
12	62	小过 xiǎo guò	雷在山上，不足为奇
13	40	解 jiě	雷雨交加，旱情解除，但要防止水灾
14	56	旅 lǚ	上山着火，赶紧跑路
15	32	恒 héng	雷在风上，只有持之以恒，方可见甘露
16	47	困 kùn	泽中漏水，无计可施，喻义穷困
17	50	鼎 dǐng	木上有火，喻义圣王以鼎烹饪，祭祀天地，祈求保佑
18	28	大过 dà guò	泽在木上，水已覆舟，不可轻视，必生大过
19	44	姤 gòu	天上晴空万里，地上风景宜人，易于邂逅，但要防止冲动而交媾

表 F-8-3　仁易和周易六十四卦卦辞,仁易卦序 20～28

仁序	周序	卦名	卦辞
20	8	比 bì	水在地上,水少则旱,水多则成灾,喻义比例要适中
21	39	蹇 jiǎn	水在山上必下行,喻义前途多蹇
22	3	屯 zhūn	云腾雨作,虽生机勃勃,还是难免初创的艰难
23	53	渐 jiàn	风遇山受阻渐停
24	63	既济 jì jì	水在火上,水既可以被火烧开,也可以将火扑灭
25	17	随 suí	泽在震上,泽随雷动而动
26	37	家人 jiā rén	风在火上,既可助之,也可灭之
27	49	革 gé	泽在火中,易于蒸发,喻义变革
28	13	同人 tóng rén	天在上,火在下,天上烈日,地上熊火,喻义顺民心,防民愤

表 F-8-4　仁易和周易六十四卦卦辞,仁易卦序 29～37

仁序	周序	卦名	卦辞
29	23	剥 bō	山于地上为剥落,"坤"为顺,"艮"为止,喻义大势所趋,唯有顺从
30	4	蒙 méng	山在雾中,形成朦胧之状,喻义还在梦中
31	27	颐 yí	雷在山下震动,喻义草木萌发,人需养生修性
32	59	涣 huàn	风吹水面形成涣,喻义君王需要改变涣散局面
33	41	损 sǔn	山高泽低,喻义损下益上,国富民穷

续表

仨序	周序	卦名	卦辞
34	21	噬嗑 shì kè	上火下震,咬牙切齿,喻义刑酷法严
35	61	中孚 zhōng fú	泽上有风,水汽飘浮,喻义不可掉以轻心,洋洋自得
36	38	睽 kuí	火上泽下,互不干涉,喻义目不相视
37	10	履 lǚ	天高泽低,自然常识,喻义可以效仿履行

表 F-8-5 仨易和周易六十四卦卦辞,仨易卦序 38~46

仨序	周序	卦名	卦辞
38	2	坤 kūn	上下皆为坤,虽空待有,喻义包容顺从
39	15	谦 qiān	山不显高,而藏于地下,喻义谦虚美德
40	7	师 shī	水于地下,不外溢,喻义军藏于民不外露,此乃军师之道
41	24	复 fù	地上雷下,阳刚初起,喻义周而复始
42	52	艮 gèn	二山重叠,如泰山之稳,喻义君仁、臣忠、子孝、父刚、母慈、朋信
43	46	升 shēng	木庇护于地下,蓄势待发,且不会受阻,喻义将会上升
44	36	明夷 míng yí	火在地下,蓄势待发,喻义韬光养晦
45	29	坎 kǎn	水水相叠,上善若水,虽柔克刚,喻义如鱼得水,行善则亨通
46	19	临 lín	地上泽下,因为水汽遇冷则向下,本来居高而临下,喻义阴阳相应,上下亨通

表 F-8-6　仨易和周易六十四卦卦辞,仨易卦序 47～55

仨序	周序	卦名	卦辞
47	51	震 zhèn	上下雷震,山崩地裂,喻义伟大的变革开始
48	18	蛊 gǔ	风遇山应止而不止,犹如蛊入瓮而不死,喻义蛊惑人心,寻求变革
49	22	贲 bì	火被压在山下,暂时不会爆发,喻义民需教化,方可移风易俗
50	48	井 jǐng	上水下木,犹如木桶在水井中取水,喻义雨水改变不了风景,也无法阻止繁华的"市井"
51	11	泰 tài	地上天下,阳气自下而上,阴气由上而下,阴阳呼应,喻义太平亨通
52	55	丰 fēng	震下有火,雷电交加,喻义气势盛大
53	60	节 jié	水上泽下,滴水成泽,喻义泽有水源,还应使用节约和节制
54	54	归妹 guī mèi	上震下泽,夫唱妇随,喻义喜结良缘
55	57	巽 xùn	风景遇风景,景上添花,喻义毫不逊色

表 F-8-7　仨易和周易六十四卦卦辞,仨易卦序 56～64

仨序	周序	卦名	卦辞
56	26	大畜 dà xù	山虽压天,自不量力,喻义君王正在积蓄大德
57	30	离 lí	火上加火,灯火辉煌,喻义光明无限
58	5	需 xū	天上有云,才有雨,喻义吉兆,需求可得满足
59	34	大壮 dà zhuàng	雷在天上轰轰作响,声势壮大,喻义事业发达,如火如荼
60	58	兑 duì	泽上加泽,水汽上下相通,彼此受益,喻义和悦,喜上加喜

附录

续表

任序	周序	卦名	卦辞
61	9	小畜 xiǎo xù	天上虽已有风,但还未形成雨,喻义吉兆,还需积蓄力量,等待时机
62	14	大有 dà yōu	火在天上,如日当空,普照万物,喻义大有收获,胜券在握
63	43	夬 guài	泽在天上,天降甘露,喻义大功告成,要惠及于民,驱除小人
64	1	乾 qián	天上有天,刚更刚,健更健,喻义变革后的王朝,国强民富,王道乐土

表 F-8-6　仨易和周易六十四卦卦辞，仨易卦序 47～55

仨序	周序	卦名	卦辞
47	51	震 zhèn	上下雷震，山崩地裂，喻义伟大的变革开始
48	18	蛊 gǔ	风遇山应止而不止，犹如蛊入瓮而不死，喻义蛊惑人心，寻求变革
49	22	贲 bì	火被压在山下，暂时不会爆发，喻义民需教化，方可移风易俗
50	48	井 jǐng	上水下木，犹如木桶在水井中取水，喻义雨水改变不了风景，也无法阻止繁华的"市井"
51	11	泰 tài	地上天下，阳气自下而上，阴气由上而下，阴阳呼应，喻义太平亨通
52	55	丰 fēng	震下有火，雷电交加，喻义气势盛大
53	60	节 jié	水上泽下，滴水成泽，喻义泽有水源，还应使用节约和节制
54	54	归妹 guī mèi	上震下泽，夫唱妇随，喻义喜结良缘
55	57	巽 xùn	风景遇风景，景上添花，喻义毫不逊色

表 F-8-7　仨易和周易六十四卦卦辞，仨易卦序 56～64

仨序	周序	卦名	卦辞
56	26	大畜 dà xù	山虽压天，自不量力，喻义君王正在积蓄大德
57	30	离 lí	火上加火，灯火辉煌，喻义光明无限
58	5	需 xū	天上有云，才有雨，喻义吉兆，需求可得满足
59	34	大壮 dà zhuàng	雷在天上轰轰作响，声势壮大，喻义事业发达，如火如荼
60	58	兑 duì	泽上加泽，水汽上下相通，彼此受益，喻义和悦，喜上加喜

续表

任序	周序	卦名	卦辞
61	9	小畜 xiǎo xù	天上虽已有风，但还未形成雨，喻义吉兆，还需积蓄力量，等待时机
62	14	大有 dà yōu	火在天上，如日当空，普照万物，喻义大有收获，胜券在握
63	43	夬 guài	泽在天上，天降甘露，喻义大功告成，要惠及于民，驱除小人
64	1	乾 qián	天上有天，刚更刚，健更健，喻义变革后的王朝，国强民富，王道乐土

参考文献

[1] [美] 撒穆尔·伊诺克·斯通普夫,詹姆斯·菲泽著;邓晓芒,匡宏等译.西方哲学史:从苏格拉底到萨特及其后(修订第8版).北京:世界图书出版公司,2009年

[2] [美] 威尔·杜兰特著;梁春译.西方哲学的故事.西安:陕西师范大学出版社,2009年

[3] [美] Peter van Inwagen 著;宫睿译.形而上学.北京:北京大学出版社,2007年

[4] 傅佩荣著.哲学与人生.北京:东方出版社,2005年

[5] 周春才编绘;Anne-line Siegler 审定.易经图典.北京:海豚出版社,2006年

[6] 周伦佑编著.周易决策学.西宁:青海人民出版社,1999年

[7] (春秋)孔子著.(原注)论语.南宁:广西民族出版社,1996年

[8] 老子著.道德经.西安:三秦出版社,1995年

[9] 孟子.北京:中华书局,2006年

[10] 荀子.北京:中华书局,2011年

[11] 商君书.北京:中华书局,2009年

[12] 慎子.上海:华东师范大学出版社,2010年

[13] (战国)墨翟著.墨子.长春:吉林大学出版社,2011年

[14] 韩非子.Paris:Librairie You—Feng,1987年

[15] 吕不韦著.吕氏春秋.长春:吉林大学出版社,2011年

[16] 赵安郎主编.孙子兵法百战韬略.南京:东南大学出版社,1992年

[17] Pierre Guenancia. Livre Descartes. Paris:Gallimard,2000年

[18] Arnaud TOMES. Karl MARX et L'HISTOIRE. Paris:SCEREN,2012年

[19] Rene DECARTES. Principes de la Philosophie. Paris:VRIN,2009年

[20] 李树菁.周易象数通论.北京:光明日报出版社,2007年

[21] 晏新明著.中华大同书(上、中、下).巴黎:新意出版社,1997年

[22] [美] G·伽莫夫著;暴永宁译.从一到无穷大.北京:科学出版社,2002年

[23] Tony Crilly 著;王悦译.你不可不知的50个数学知识.北京:人民邮电出版社,2010年

[24] 余亚纲著.生命三元论.南京:南京大学出版社,1993年

[25] 冯友兰著.中国哲学史(上、下).重庆:重庆出版社,2009年

[26] Dennis LOCK. Project Management. London:GOWER,1996年

后 记

在我快写完这本书的时候,我的耳边时常响起三个不同代表人物的声音:

2012年,诺贝尔奖经济学获得者、经济学家科斯说,中国缺乏思想市场;

2013年,美国总统奥巴马说,中国没有创新;

2014年,梵蒂冈教皇方济各访韩后说,他喜欢伟大的中国人民,喜欢中国的历史和文化。

其实,西方的近代文明就是从意大利的文艺复兴和文化复兴开始的。美国人只谈创新,因为他们没有什么可复兴;我不觉得中国人缺乏创新,否则科斯为什么在他死前,还要鼓励中国要在商品市场的基础上发展思想市场呢?!

我的这本书既是创新,也是复兴,更为未来的多元化思想的和谐共存提供了科学的理论依据。我们的未来不是梦,只要我们坚持"复兴、创新和聚心",中华民族的民富国强和繁荣盛世就一定会实现。

复兴不是复古,而是使经典变得科学化和现代化,因此,复兴也是创新。

创新不是闭门造车,而是要引进和自创并举,是中国化和国际化的聚合。

只有建立一个真正的公平公正的思想市场机制,才能真正做到尊重和保护知识产权、尊重和保护创新思想。

总之,我就是我,放了一把不一样的焰火,没有名人作序,没有名人效应;但我相信,习惯了1+1=2的您,一定不会拒绝3−1=2,更能接受哥德巴赫的另一个猜想就是3=1+1+1。

王礼强